¡Ah, un mundo maravilloso se abre ante nosotros!

HARD
HAT
AREA

A descubrir maravillas

Autoras
Alma Flor Ada • F. Isabel Campoy

www.harcourtschool.com

Printed in the United States of America

ISBN: 10: 0-15-354278-0
ISBN: 13: 978-0-15-354278-7

1 2 3 4 5 6 7 8 9 10 048 17 16 15 14 13 12 11 10 09 08

A descubrir maravillas

www.harcourtschool.com

Tema 4

Cuentos para contar

Contenido

Estudios Sociales
Arte
Estudios Sociales
Artes del Lenguaje
Artes Escénicas
Artes del Lenguaje
Lecturas conjuntas
Lecturas conjuntas
Destreza de enfoque

Tema 5

Un lugar para todos

Contenido

Estudios Sociales

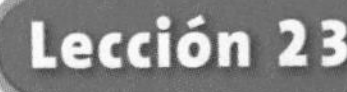

Lección 23

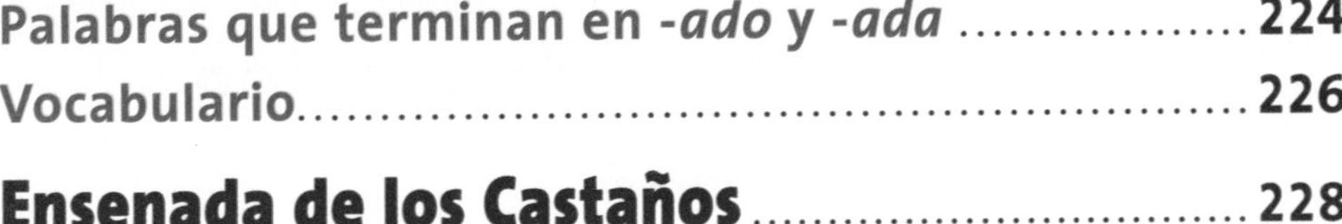

Estudios Sociales

Estudios Sociales

Lección 24

Artes del Lenguaje

Ciencias

Lección 25 Repaso del tema

Estudios Sociales

Tema 6

Descubrimientos

Contenido

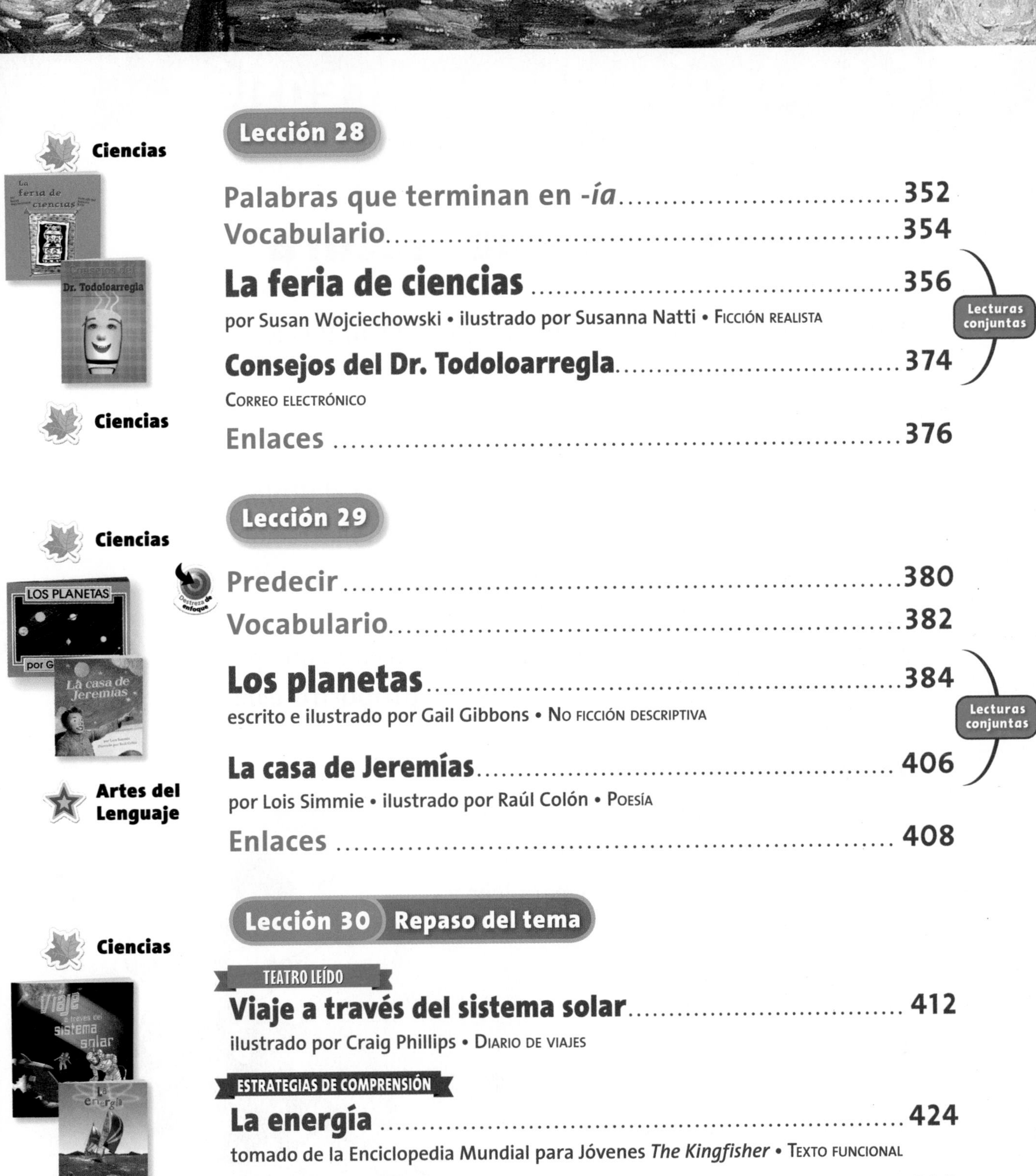

Estrategias de comprensión

Estrategias de lectura

Una **estrategia** es un plan para hacer algo bien. Puedes usar estrategias antes, durante y después de la lectura.

Antes de leer

- **Dale un vistazo preliminar al texto:** lee el título, los encabezamientos y observa las fotografías o ilustraciones.
- **Usa los conocimientos previos** intentando recordar lo que ya sabes sobre el tema.
- **Predice** de lo que tratará el texto y también lo que podrías aprender de él. Después **establece un propósito** para leer.

Mientras lees

Observa lo que entiendes y lo que no te queda claro aún. Usa las estrategias de comprensión de la página 11 para leer y comprender mejor la lectura.

Después de leer

Comenta con un compañero de clases cuáles estrategias usaste y por qué elegiste ésas.

Estrategias que debes usar durante la lectura

- **Usar la estructura del cuento** Mantente atento a los personajes, el escenario y los sucesos de la trama para que comprendas mejor la lectura.
- **Resumir** Haz una pausa en la lectura para que pienses en las ideas más importantes del texto.
- **Preguntar y contestar** Plantéate a ti mismo y a otros compañeros algunas preguntas sobre lo que estás leyendo. Contesta las preguntas que haga tu maestro para comprender mejor la lectura.
- **Usar organizadores gráficos** Usa tablas y gráficas para apoyar la lectura.
- **Verificar la comprensión** Cuando no entiendas bien lo que estás leyendo, usa algunas de las siguientes estrategias de apoyo.
  - **Volver a leer**
  - **Hacer una lectura anticipada**
  - **Regular el ritmo de lectura**
  - **Autocorregirse**

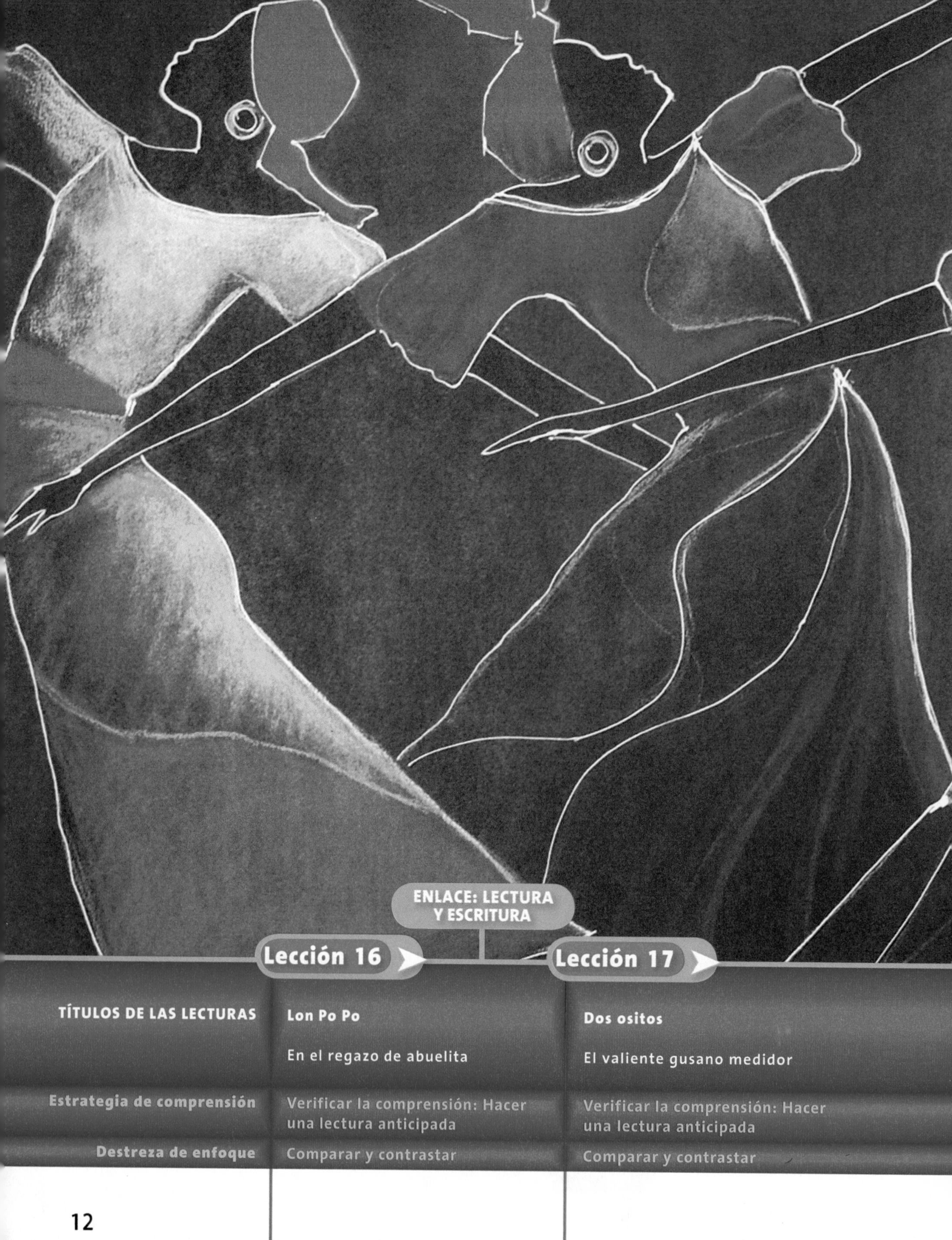

ENLACE: LECTURA Y ESCRITURA

	Lección 16	Lección 17
TÍTULOS DE LAS LECTURAS	**Lon Po Po** En el regazo de abuelita	**Dos ositos** El valiente gusano medidor
Estrategia de comprensión	Verificar la comprensión: Hacer una lectura anticipada	Verificar la comprensión: Hacer una lectura anticipada
Destreza de enfoque	Comparar y contrastar	Comparar y contrastar

Tema 4 Cuentos para contar

Bailarines del Caribe, Monica Stewart

Lección 18	Lección 19	Lección 20 Repaso
El tío Romi y yo	**Mediopollito**	**Entre bastidores con Cristóbal y Casandra**
El arte del *collage*	A bordo de medio barco	El cántaro roto
Usar la estructura del cuento	Usar la estructura del cuento	Repasar las destrezas y estrategias
Tema	Tema	

CONTENIDO

Lección 16

Género: Cuento de hadas

Lon Po Po

UN CUENTO CHINO DE CAPERUCITA

TRADUCIDO AL INGLÉS E ILUSTRADO POR

TRADUCIDO AL ESPAÑOL POR

F. ISABEL CAMPOY Y ALMA FLOR

En el regazo de abuelita

poema de Pat Mora

ilustrado por

Lu Vazquez

Género: Poesía

Destreza de enfoque

 Comparar y contrastar

Cuando **comparas,** dices cómo dos cosas se parecen. Cuando **contrastas,** dices cómo dos cosas se diferencian.

- Entre las palabras clave que indican que dos cosas se parecen, se incluyen: *igual, ambos, similar, como* y *al igual que.*
- Entre las palabras clave que indican que dos cosas se diferencian, se incluyen: *sin embargo, a diferencia de* y *pero.*

Si observas en qué se parecen y se diferencian los personajes, escenarios y sucesos de un cuento, puedes entender mejor la lectura.

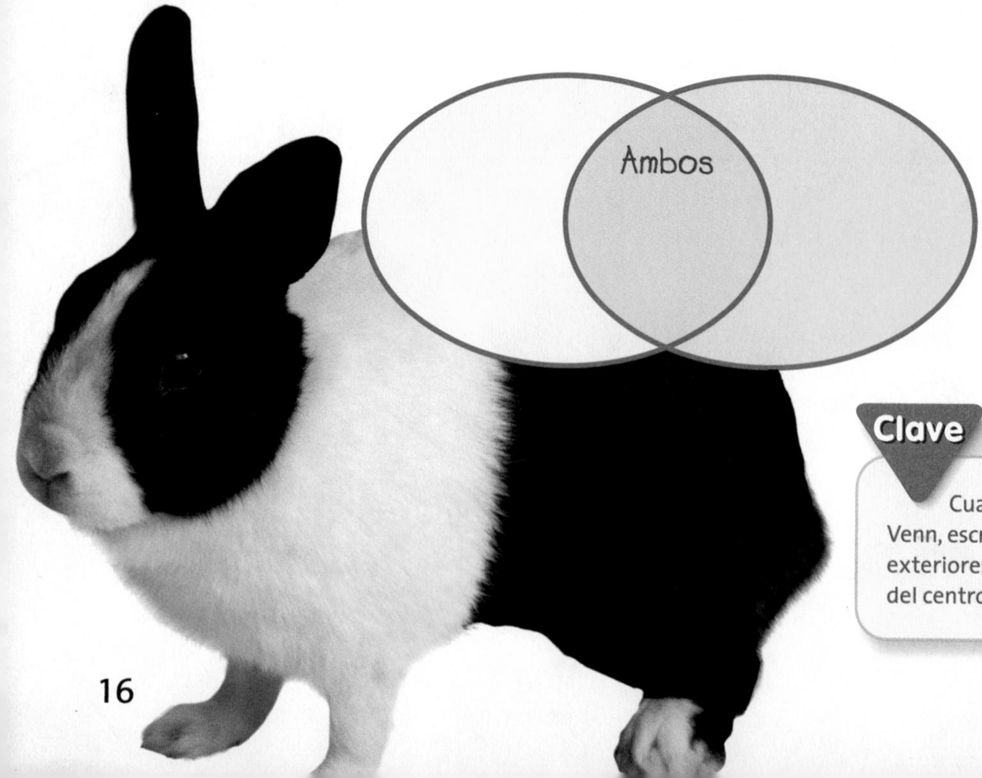

Ambos

Clave

Cuando completes un diagrama de Venn, escribe las diferencias en las secciones exteriores y las semejanzas en la sección del centro.

Lee el siguiente cuento. El diagrama de Venn te muestra en qué se parecen Conejo y Tortuga. Usa el mismo diagrama para explicar en qué se diferencian.

Conejo alardeaba todo el tiempo de lo veloz que él era. Los animales estaban hartos de oír sus alardes, especialmente Tortuga. Un día, ésta decidió desafiar a Conejo en una carrera.

Perro sopló el silbato y la carrera comenzó. De inmediato, Conejo dejó muy atrás a su contrincante. Entonces decidió tomar una siesta bajo un árbol. Pero Tortuga lo rebasó sin que él se diera cuenta. Tortuga no se detuvo hasta alcanzar la línea de meta. Conejo al fin se despertó y corrió demasiado tarde a la meta. Tortuga dijo: "El que persevera, triunfa".

Inténtalo

¿En qué parte del diagrama de Venn escribirías *terminó en primer lugar la carrera*?

www.harcourtschool.com/reading

Vocabulario

Desarrollar un vocabulario rico

tierno

quebradizos

abrazó

encantado

astuto

disfrazado

De visita en casa de mi abuelita

Desde ayer dejé todo listo para ir a casa de mi abuelita. En una canasta puse pollo **tierno** y fruta fresca. Sabía que mi abuelita se alegraría de mi visita. Ella no sale mucho de casa por temor a caerse. Dice que tiene los huesos **quebradizos**.

Mi mamá me **abrazó** antes de irme a la cama. Me dijo:

—Mañana debes irte por el bosque. Es el camino más corto. No te desvíes del sendero y estarás a salvo.

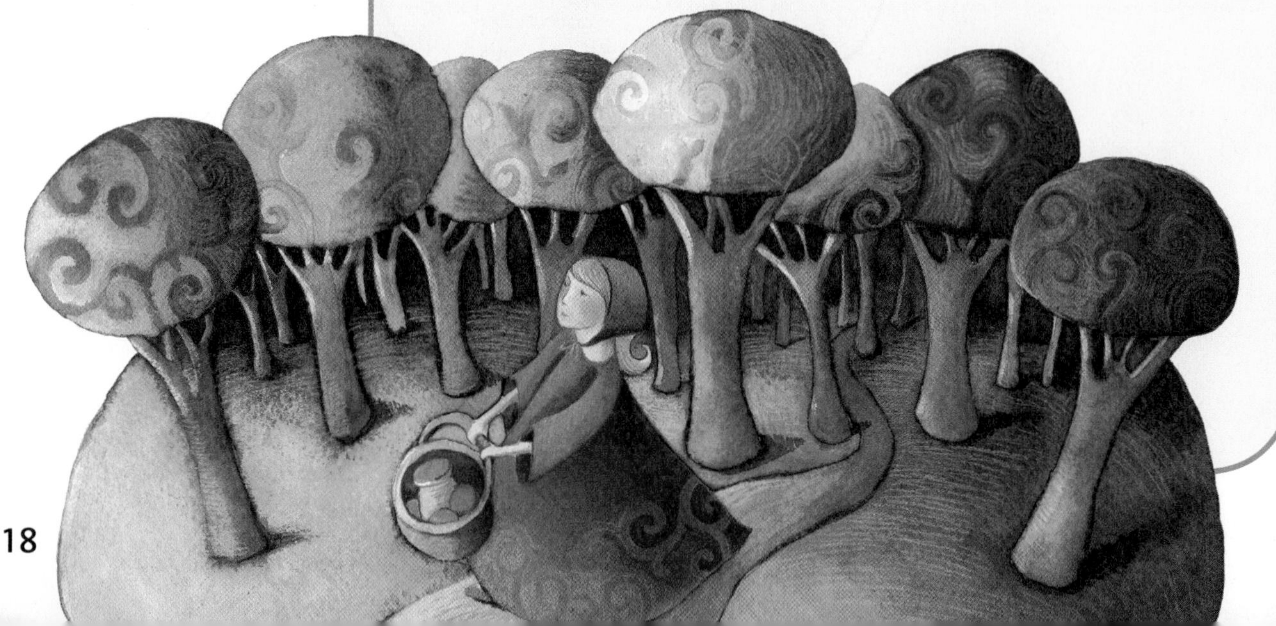

Esta mañana conocí a un lobo en el bosque. Estaba **encantado** de verme. Me dijo que él podía ayudarme a llevar la canasta a casa de mi abuelita.

—No, gracias —le dije.

Más tarde, me di cuenta de que ese lobo era muy **astuto**. Se adelantó corriendo a casa de mi abuelita, la escondió en el armario y luego se vistió **disfrazado** de ella. El lobo planeaba comerme, pero un leñador nos salvó a mi abuelita y a mí. ¡Vaya qué día!

www.harcourtschool.com/reading

Escribientes

Tu misión de esta semana es usar palabras del vocabulario en tu escritura. Por ejemplo, podrías escribir un cuento sobre un chico que se disfrazó de alguien. Escribe en tu diario de vocabulario las oraciones que contengan palabras del vocabulario.

Estudio del género

Un **cuento de hadas** es una historia que se desarrolla en un mundo fantástico. Identifica

- un personaje que intenta engañar a los niños.
- un personaje que es muy listo y valiente.

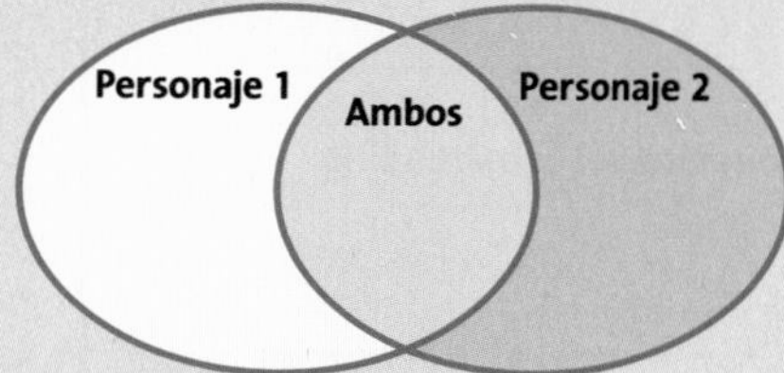

Estrategia de comprensión

Verificar la comprensión: Haz una lectura anticipada si no entiendes algo de la lectura. El significado puede quedarte más claro cuando cuentas con más información.

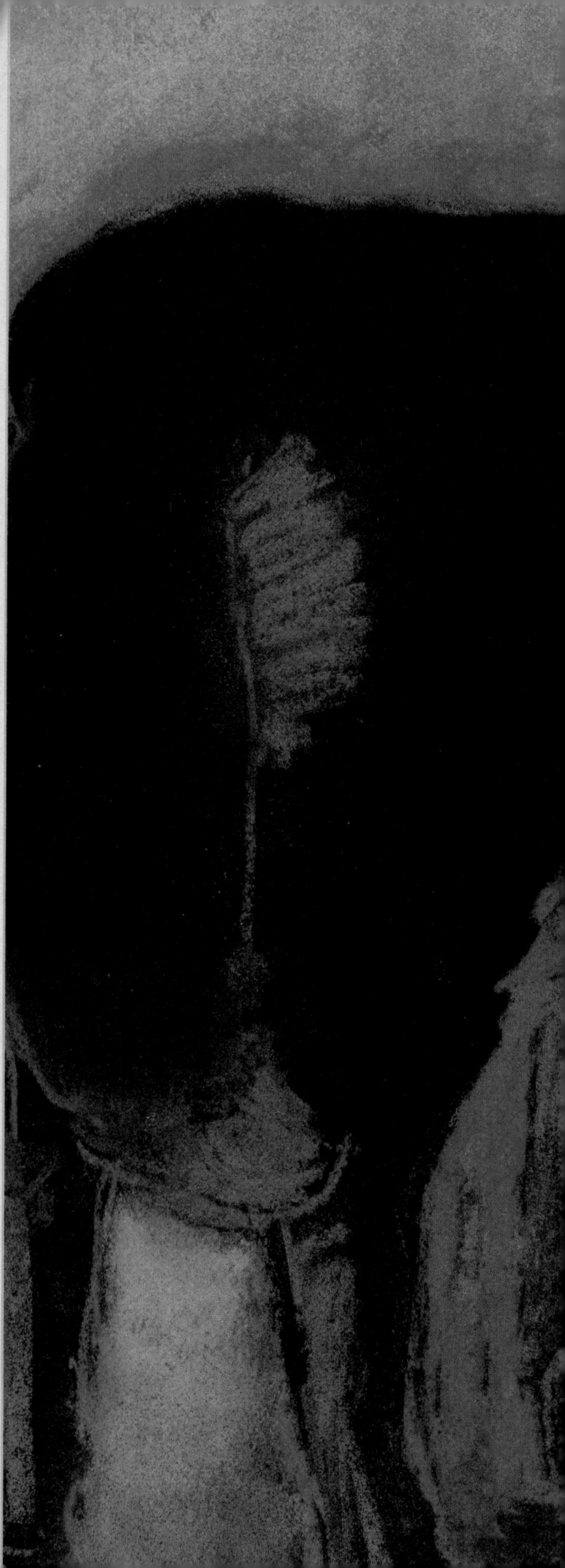

Lon Po Po

Un cuento chino de Caperucita Roja

Traducido al inglés e ilustrado por Ed Young

Traducido al español por

F. Isabel Campoy y Alma Flor Ada

Érase una vez una mujer que vivía sola en el campo con sus tres hijas: Shang, Tao y Paotze. El día del cumpleaños de la abuela de las niñas, la buena mujer fue a visitarla, dejando a sus hijas solas en casa.

Antes de irse, les dijo:

—Pórtense bien mientras estoy fuera, hijitas queridas. No volveré esta noche. Recuerden cerrar bien la puerta al atardecer y pónganle el cerrojo.

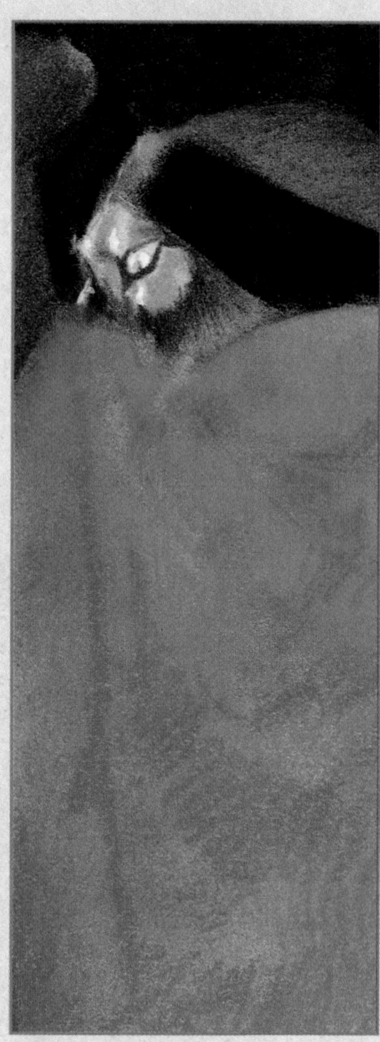

Pero un viejo lobo que vivía allí cerca vio salir a la buena mujer. Al anochecer, disfrazado de vieja, se acercó a la casa de las niñas y tocó la puerta dos veces: pum, pum.

Shang, que era la mayor, preguntó desde detrás de la puerta cerrada:

—¿Quién es?

—Joyitas mías —dijo el lobo—, es su abuelita, su Po Po.

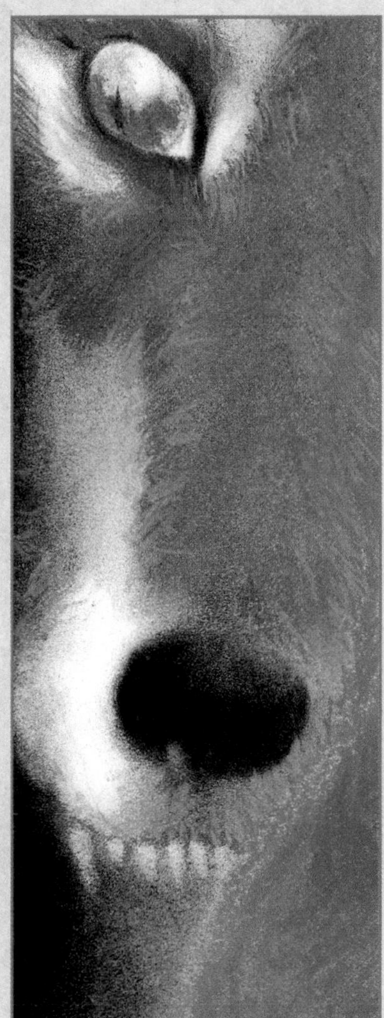

—¡Po Po! —dijo Shang—. ¡Mamá ha ido a visitarte!

El lobo simuló estar sorprendido: —¿A visitarme? No me la he encontrado. Debe haber tomado otro camino.

—¡Po Po! —preguntó Shang—. ¿Por qué has venido tan tarde?

El lobo contestó: —El camino es largo, hijitas, y el día es corto.

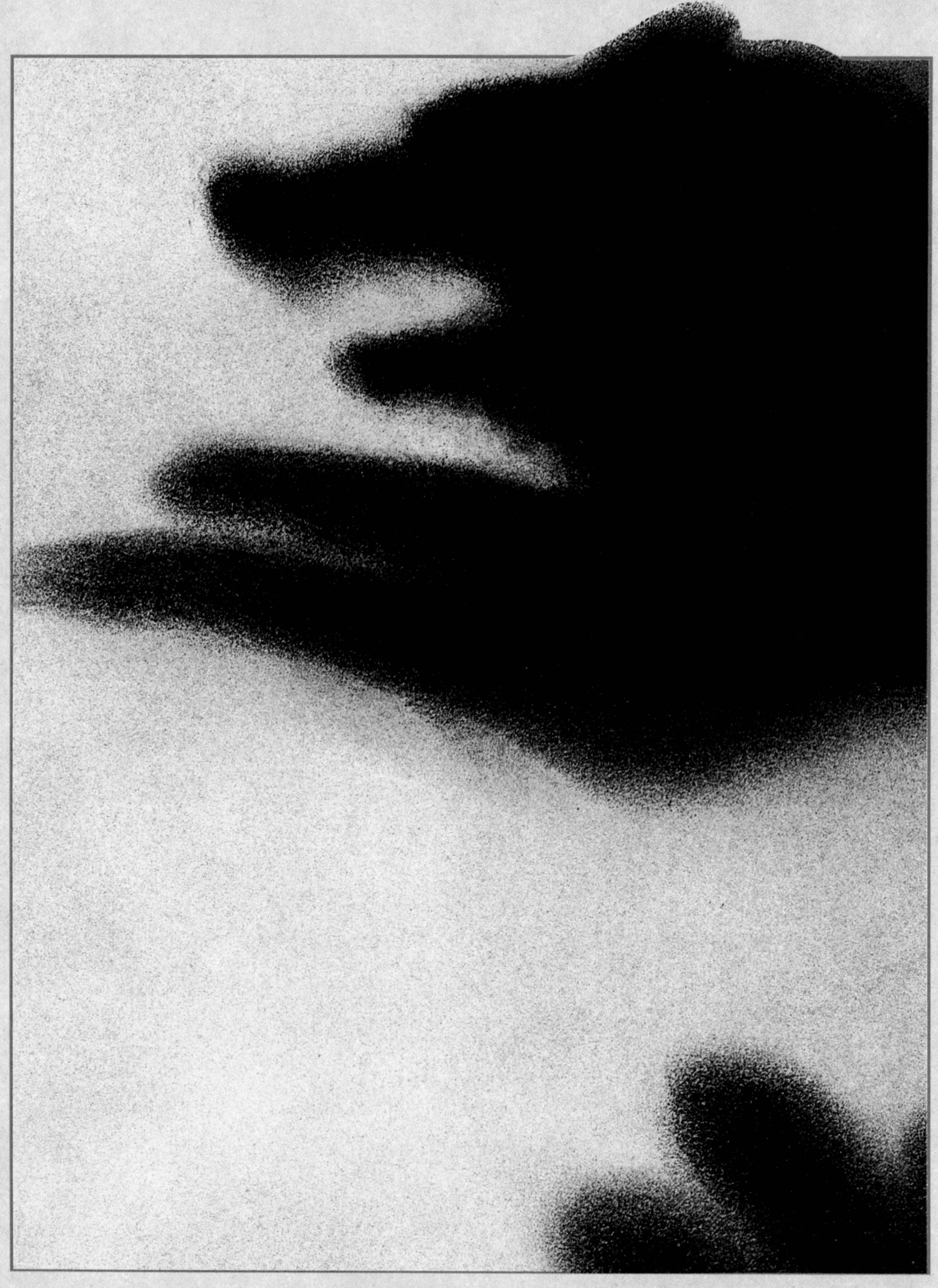

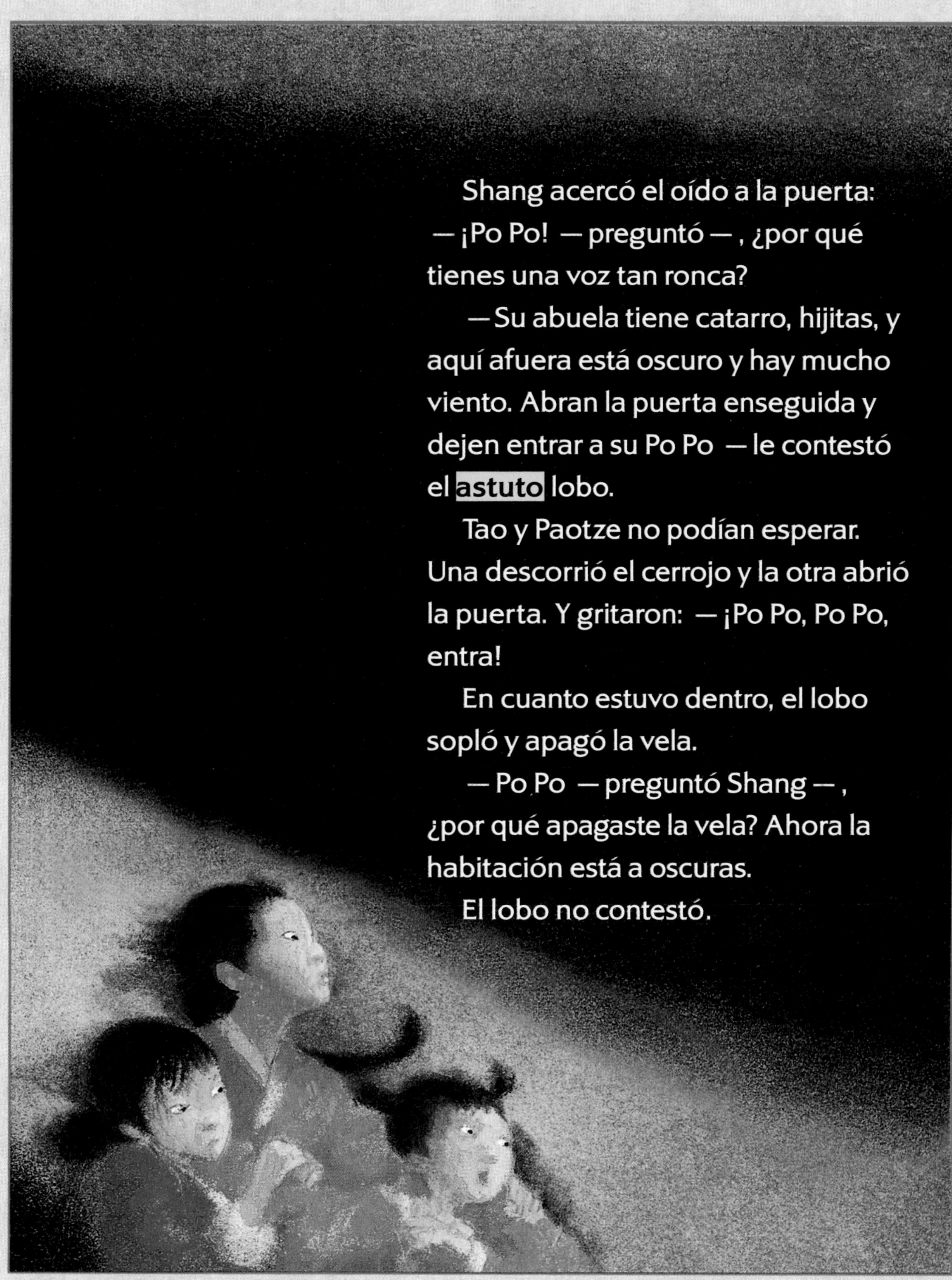

Shang acercó el oído a la puerta:

—¡Po Po! —preguntó—, ¿por qué tienes una voz tan ronca?

—Su abuela tiene catarro, hijitas, y aquí afuera está oscuro y hay mucho viento. Abran la puerta enseguida y dejen entrar a su Po Po —le contestó el astuto lobo.

Tao y Paotze no podían esperar. Una descorrió el cerrojo y la otra abrió la puerta. Y gritaron: —¡Po Po, Po Po, entra!

En cuanto estuvo dentro, el lobo sopló y apagó la vela.

—Po Po —preguntó Shang—, ¿por qué apagaste la vela? Ahora la habitación está a oscuras.

El lobo no contestó.

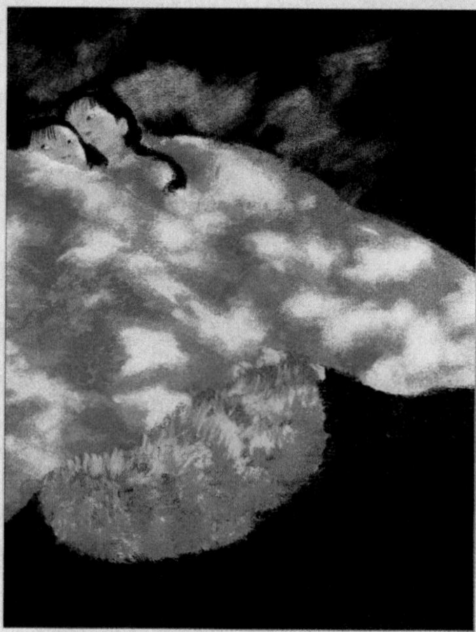

Tao y Paotze corrieron a que la abuelita les diera un abrazo. El viejo lobo abrazó a Tao.

—Hijita, qué gordita estás.

Luego abrazó a Paotze.

—Hijita, qué dulce eres.

Pronto el lobo simuló tener sueño. Bostezó.

—Las gallinas ya están en el gallinero. Po Po también tiene sueño.

Cuando el lobo subió a la enorme cama, Paotze subió a su lado y Shang y Tao subieron al otro lado.

Pero cuando Shang se estiró, tocó el rabo del lobo.

—Po Po, Po Po, tienes un arbusto en el pie.

—Po Po ha traído esparto para hacerles una cesta —dijo el lobo.

Shang tocó las garras afiladas de la abuela.

—Po Po, Po Po, tus manos tienen espinas.

—Po Po ha traído una lezna para hacerles zapatos —dijo el lobo.

De repente, Shang encendió la vela y el lobo la volvió a apagar, pero Shang le había visto la cara peluda.

—Po Po, Po Po —dijo, porque no sólo era la mayor sino también la más lista—, debes tener hambre. ¿Has comido nueces de ginkgo?

—¿Qué es ginkgo? —preguntó el lobo.

El ginkgo es suave y tierno, como la piel de un bebé. Si lo pruebas vivirás eternamente —dijo Shang—, y las nueces crecen en la copa del árbol que hay junto a la puerta.

El lobo suspiró.

—Ay, hijita. Po Po ya es vieja y sus huesos son quebradizos. Ya no puede treparse a los árboles.

—Abuelita buena, nosotras te recogeremos algunas —dijo Shang.

El lobo estaba encantado.

Shang saltó de la cama y Tao y Paotze la acompañaron al árbol de ginkgo. Allí, Shang les explicó a sus hermanas que quien estaba en la casa era el lobo. Y las tres se subieron al árbol alto.

El lobo esperó y esperó y esperó. La gordita Tao no regresaba. La dulce Paotze no regresaba. Shang no regresaba y nadie le traía nueces del árbol de ginkgo. Por fin el lobo gritó: —Niñas, ¿dónde están?

—Po Po —contestó Shang—, estamos en la copa del árbol comiendo nueces de ginkgo.

—Hijitas buenas —rogó el lobo—, recojan algunas para mí.

—Pero Po Po, la magia del ginkgo sólo funciona cuando se come directamente del árbol. Tienes que venir y recoger las nueces tú misma.

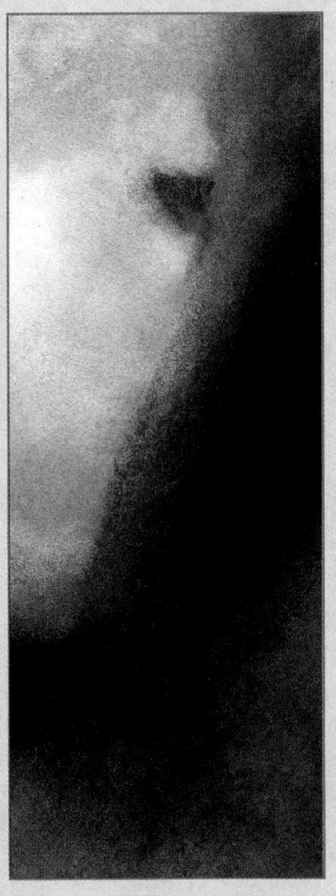

El lobo salió de la casa y dio unos pasos a derecha e izquierda junto al tronco del árbol. Y oía a las niñas comiendo nueces en las ramas más altas.

—¡Oh, Po Po, estas nueces son deliciosas! ¡Su piel es tan suave! —dijo Shang. Y al lobo empezó a hacérsele agua la boca.

Por fin Shang, la mayor y más lista de las niñas, dijo:

—Po Po, tengo un plan. Junto a la puerta hay un cesto grande. Detrás hay una cuerda. Ata la cuerda al cesto, métete dentro y tírame el otro extremo de la soga. Así podré subirte.

El lobo estaba encantado y buscó el cesto y la cuerda y luego lanzó un extremo de la soga a la copa del árbol. Shang agarró la cuerda y comenzó a tirar del cesto que iba subiendo y subiendo.

A mitad del camino soltó la cuerda y el cesto y el lobo cayeron al suelo.

—Soy tan pequeña y tan débil, Po Po —simuló Shang—. No pude sujetar la cuerda yo sola.

—Esta vez yo te ayudaré —dijo Tao—. Vamos a intentarlo de nuevo.

El lobo sólo podía pensar en probar las nueces de ginkgo. Así que se metió de nuevo en el cesto. Shang y Tao tiraron juntas de la cuerda y fueron alzando el cesto más y más alto.

De nuevo soltaron la cuerda y el lobo se precipitó hacia abajo, hacia abajo y se dio un golpe en la cabeza.

El lobo estaba furioso. Gruñía y maldecía.

—No pudimos sujetar la cuerda, Po Po —dijo Shang—, pero bastará que te comas una nuez de ginkgo y te pondrás bien.

—Yo ayudaré a mis hermanas esta vez —dijo Paotze, la más pequeña—. Esta vez no fallaremos.

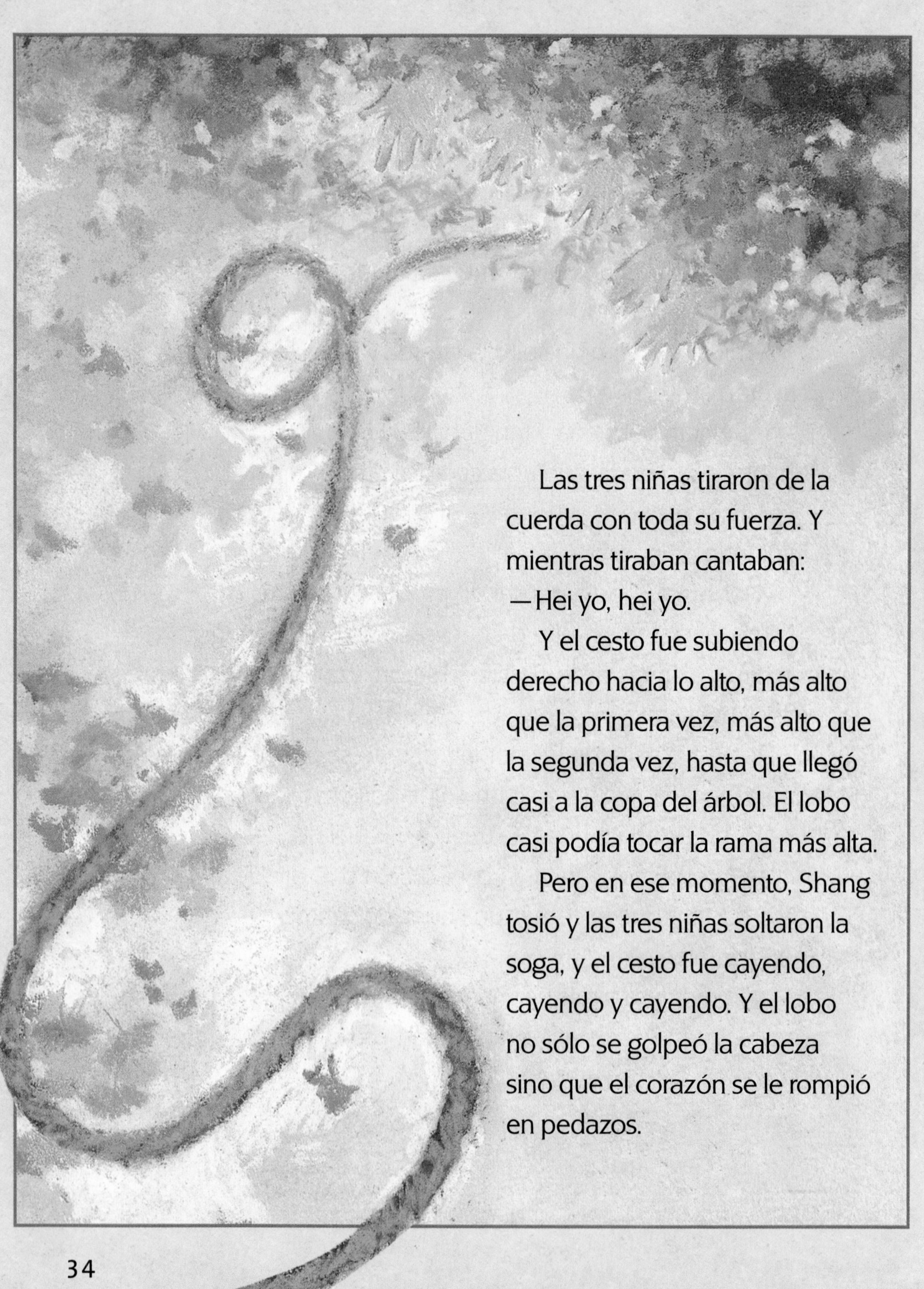

Las tres niñas tiraron de la cuerda con toda su fuerza. Y mientras tiraban cantaban:

—Hei yo, hei yo.

Y el cesto fue subiendo derecho hacia lo alto, más alto que la primera vez, más alto que la segunda vez, hasta que llegó casi a la copa del árbol. El lobo casi podía tocar la rama más alta.

Pero en ese momento, Shang tosió y las tres niñas soltaron la soga, y el cesto fue cayendo, cayendo y cayendo. Y el lobo no sólo se golpeó la cabeza sino que el corazón se le rompió en pedazos.

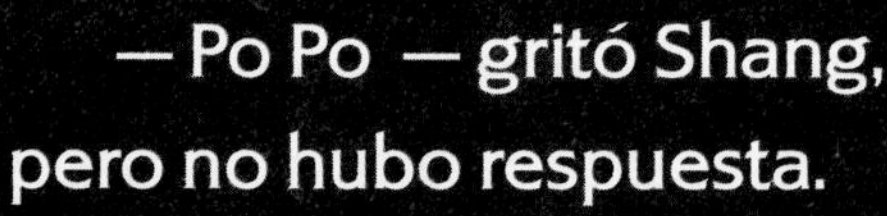

—Po Po —gritó Shang, pero no hubo respuesta.

—Po Po —gritó Tao, pero no hubo respuesta.

—Po Po —gritó Paotze. Y tampoco hubo ninguna respuesta.

Las niñas bajaron a las ramas que había justamente encima de la cabeza del lobo y comprobaron que estaba muerto del todo. Entonces bajaron del árbol, entraron en la casa, cerraron la puerta con cerrojo y se quedaron tranquilamente dormidas.

Al día siguiente, su madre regresó con cestas llenas de comida que les enviaba la Po Po verdadera, y las tres hermanas le contaron la historia de la falsa Po Po que había venido a visitarlas.

PENSAMIENTO CRÍTICO

1. ¿En qué se parecen Shang y el lobo? ¿En qué se diferencian? COMPARAR Y CONTRASTAR

2. ¿Por qué se mete el lobo dentro del cesto?
   DETALLES IMPORTANTES

3. ¿Cuál cuento te parece más interesante, "Lon Po Po" o la lectura en voz alta de "La Caperucita Roja"? ¿Por qué? EXPRESAR OPINIONES PERSONALES

4. ¿Cómo puedes saber que el autor siente más simpatía por Shang y sus hermanas que por el lobo?
   SACAR CONCLUSIONES

5. **ESCRIBIR** ¿Qué le hizo sospechar a Shang que no era su Po Po quien tocaba a la puerta? Apoya tu respuesta con ejemplos de la propia lectura.

   RESPUESTA BREVE

CONOCE AL AUTOR E ILUSTRADOR

ED YOUNG

Desde su infancia, Ed Young leía todo lo que caía en sus manos: historietas, libros ilustrados, cuentos cortos, novelas, historias de detectives y revistas. Al mismo tiempo inventaba obras teatrales y hacía dibujos. Siempre supo que se dedicaría al arte, pero nunca se imaginó que se especializaría en la creación de libros infantiles.

Ed Young se inspira en muchas cosas para hacer sus libros, pero principalmente en la naturaleza. Va a diferentes lugares para dibujar lo que ve a su alrededor y suele hacer muchos bosquejos. Antes de hacer un libro infantil, pasa mucho tiempo haciendo dibujos de los animales del Parque Zoológico de Nueva York.

www.harcourtschool.com/reading

Poesía

En el regazo de abuelita

poema de **Pat Mora**
ilustrado por
Lu Vazquez

Sé de un lugar donde me puedo sentar
y hablar de mi día del principio al final,
contar el color de todas las cosas
hojas verdes, cielo azul y gris nopal.

Sé de un lugar donde me puedo sentar
y escuchar mi sonido favorito,
su corazón que late en el pasado
con cuentos, olores y ritmos exquisitos.

Sé de un lugar donde me puedo sentar
y escuchar las estrellas a lo lejos,
con canciones suaves y calladas
que se acercan con blancos destellos.

Sé de un lugar donde me puedo sentar
y escuchar el viento en noches de luna,
mientras ondula alrededor de mi casa,
y me trae viejas canciones de cuna.

Enlaces

Comparar textos

1. Compara el propósito del autor de "Lon Po Po" con el de la autora de "En el regazo de abuelita".
2. ¿Qué te pareció más interesante de la manera en que las niñas resuelven el problema con el lobo?
3. ¿Cómo puedes asegurar que "Lon Po Po" no podría suceder en la vida real?

Repaso del vocabulario

Califica la situación

Trabaja en equipo con un compañero. Túrnense para leer en voz alta cada una de las siguientes oraciones. Coloquen un punto en la línea para expresar qué tan encantados o desdichados se sentirían en cada situación. Comenten sus respuestas.

encantado ———————————— desdichado

- Tu amigo te hizo un chiste muy **astuto.**
- Te comiste un durazno **tierno** y fresco.
- Tuviste que sostener dos jarrones **quebradizos.**
- Tu hermano **abrazó** un cactus.

tierno

quebradizos

abrazó

encantado

astuto

disfrazado

Práctica de la fluidez

Teatro leído

Forma un equipo de trabajo. Cada uno escoja un rol de "Lon Po Po", incluyendo al narrador. Practiquen leyendo un fragmento del cuento como teatro leído. Exprésense correctamente, pero también concéntrense en leer con precisión. Preséntense ante el resto de sus compañeros y pídanles su opinión.

Escritura

Escribe una comparación

Shang comparó al lobo con su abuelita. Usa un diagrama de Venn para analizar la comparación que ella hizo. Después, escribe un párrafo para explicar cómo Shang supo que el lobo estaba disfrazado de su abuelita.

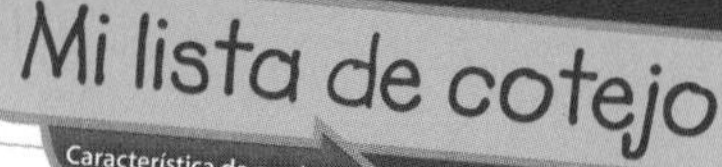

- ✔ **Utilizo adjetivos para describir mejor las claves.**
- ✔ **Escribo con mayúsculas la primera letra de los nombres propios.**

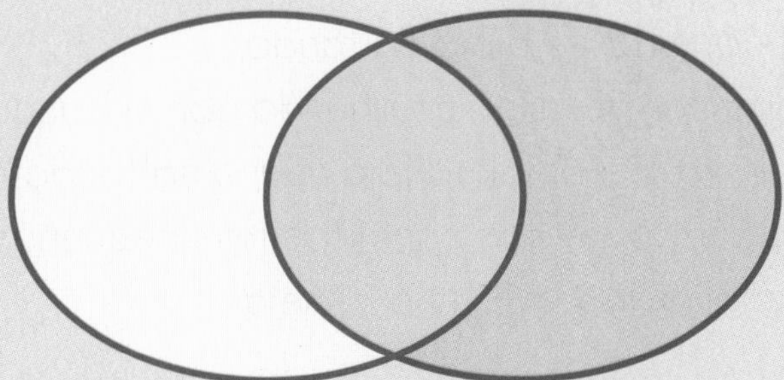

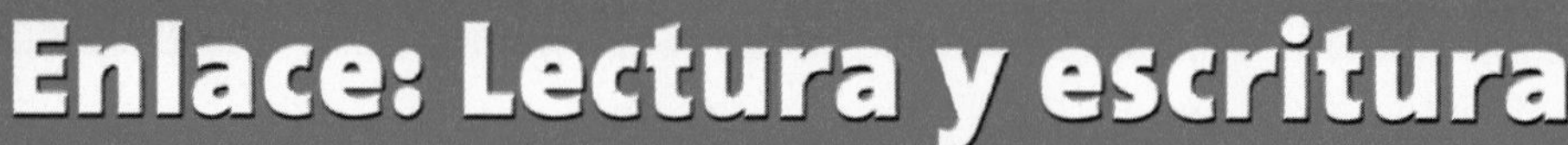

Enlace: Lectura y escritura

Cuento

Un **cuento** tiene un escenario, varios personajes y una trama. Por lo general, también tiene diálogos. Escribí este cuento después de leer "Lon Po Po".

Ejemplo de escritura

Teo rescata un conejo
por Lisa

Teo y su mamá se despertaron muy temprano para caminar por el bosque. No habían avanzado mucho cuando Teo vio un pequeño conejo negro debajo de un montón de hojas.

¡Mira! –le dijo Teo a su mamá–. Parece que está herido.

–Vamos a buscar al guardabosques –respondió ella.

Cuando lo encontraron, el guardabosques observó que una de las patas del conejo estaba atrapada en un envase de plástico. El guardabosques cortó con cuidado el plástico y el conejito se alejó saltando.

Teo y su mamá continuaron caminando por el bosque. En la cima del cerro vieron al conejo negro saltando en el pasto, acompañado de dos conejitos más pequeños.

–¡Mira! –exclamó Teo–. ¡Es una coneja!

Característica de escritura

NORMAS Escribe con mayúsculas la primera letra de un título y de los nombres propios.

Característica de escritura

VOZ
Ponle una voz diferente a cada personaje.

A continuación explico cómo escribo un cuento.

1. **Pienso en los cuentos que he leído. Pienso en el problema que planteaba cada uno de ellos y en cómo fue resuelto.**

2. **Hago una lluvia de ideas de mis propios pensamientos. Con ellas hago una lista o una gráfica.**

   En bicicleta hasta la colina del pueblo
   El rescate de un conejo
   Flotando en el espacio sideral
   La carrera de las jirafas gigantes

3. **Escojo la idea que pienso que será más interesante para mis lectores.**

   En bicicleta hasta la colina del pueblo
   El rescate de un conejo
   Flotando en el espacio sideral
   La carrera de las jirafas gigantes

4. **A continuación hago un mapa del cuento para que me ayude a planear mi escritura.**

Personajes	Escenario
Teo mamá de Teo guardabosques	el bosque por la mañana

Trama

Problema

Teo encuentra un conejo que parece estar herido.

Sucesos importantes

La mamá de Teo llama al guardabosques. El guardabosques observa que una de las patas del conejo está atrapada en un envase de plástico.

Solución

El guardabosques corta el plástico y libera al conejo.

5. **Escribo mi cuento. Lo reviso para corregirlo y le pongo un título.**

Ésta es la lista de cotejo que me gusta usar cuando escribo un cuento. Es posible que a ti también te guste usarla.

Lista de cotejo para escribir un cuento

- ☐ En el comienzo, indico quiénes son los personajes y cuál es el escenario.
- ☐ Le pongo a cada personaje una voz que le quede bien.
- ☐ En el medio, indico cuál es el problema que enfrenta el personaje.
- ☐ Incluyo sucesos importantes que se relacionen con el problema planteado.
- ☐ Escribo con mayúsculas la primera letra del título y de los nombres propios.
- ☐ Al final, escribo de manera interesante cómo se solucionó el problema.

CONTENIDO

Lección 17

Género: Obra de teatro
Dos Ositos
tomado de un mito miwok
adaptación de Robert D. San Souci
versión en español de Alma Flor Ada
ilustraciones de Tracy Walker

El
Valiente
Gusano
Medidor
un mito miwok
adaptación de
Robert D. San Souci
ilustraciones de
Kristina Swarner
Género: Mito

Destreza de enfoque

Comparar y contrastar

Cuando **comparas,** piensas en qué se parecen dos cosas. Cuando **contrastas,** piensas en qué se diferencian. Cuando leas un cuento, compara y contrasta los personajes, el escenario y los sucesos con aquellos que hayas leído en otros cuentos.

Identificar las cosas que se parecen en los cuentos, puede ayudarte a hacer mejores predicciones de la lectura. Identificar las cosas que son diferentes, puede hacer más interesante lo que lees.

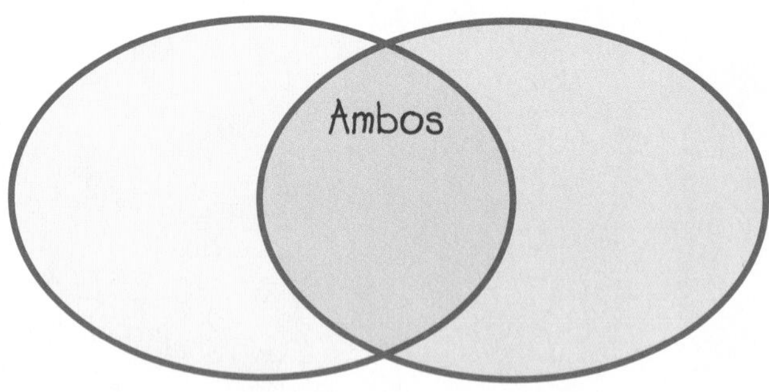

Clave

No olvides preguntarte mientras lees si los personajes y el escenario se parecen o se diferencian de aquellos que has leído en otros cuentos.

Lee estos párrafos del comienzo de dos cuentos. El diagrama de Venn muestra las diferencias entre ambos escenarios. Mientras lees, piensa en los detalles que muestran las semejanzas entre ambos escenarios.

1. Ana caminó por la playa hasta la cueva. Adentro estaba más oscuro y fresco que en la playa. Sintió la húmeda aspereza de las paredes. Cuando sus ojos se acostumbraron a la oscuridad, pudo ver unas rocas enormes que despuntaban entre el suelo arenoso. Salvo el ruido de las olas, no se escuchaba nada más.

2. Iván siguió la vereda que salía del pueblo para internarse en el bosque. De inmediato se dio cuenta de que allí estaba más oscuro y húmedo que en el pueblo. Cuando sus ojos se acostumbraron a la oscuridad, pudo ver unos troncos gigantescos que se elevaban desde el suelo cubierto de hojas. Los pájaros y otros animales chillaban a su alrededor.

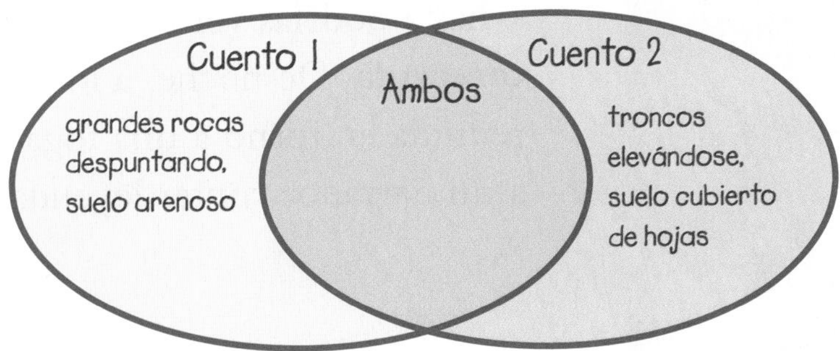

Inténtalo

¿Qué otras diferencias hay entre ambos cuentos?

www.harcourtschool.com/reading

Vocabulario

Desarrollar un vocabulario rico

bostezan

regañándolos

consolarla

heroico

adormilados

carga

La tribu miwok

Podrías aprender mucho de la tribu miwok con sólo observar sus pueblos. Algunos de estos amerindios podrían estar haciendo ropas con cuero de venado. Otros podrían estar moliendo bellotas para hacer harina, mientras los niños juegan y los bebés **bostezan** junto a sus madres. Quizás verías a una de ellas **regañándolos** porque desperdiciaron la comida.

Más allá, una niña podría estar llorando porque la asustó el aullido de un coyote, y hasta podrías ver a su madre correr a **consolarla**. De noche, a lo mejor ves gente reunida en torno a una fogata, escuchando a un narrador contar leyendas.

La leyenda del fuego

Una de las leyendas que cuenta el narrador explica cómo su pueblo se hizo del fuego. Al igual que en otras leyendas miwok, Coyote representa aquí a un personaje **heroico**. En este cuento, Tortuga es la única dueña del fuego. Lo lleva escondido debajo de su caparazón e, increíblemente, el fuego no la lastima. Un día, Coyote visita a Tortuga. Después de conversar hasta el cansancio, Coyote le hace creer que ambos están **adormilados** y Tortuga, confiada, se queda dormida. Entonces, Coyote la empuja lejos del fuego. Coyote le regala la preciada **carga** de fuego a los miwok.

En Internet www.harcourtschool.com/reading

Detectives de las palabras

Tu misión de esta semana es buscar palabras del vocabulario en cuentos populares de las culturas amerindias. Cada vez que encuentres una palabra del vocabulario, escríbela en tu diario de vocabulario. Recuerda anotar dónde encontraste cada palabra.

Obra de teatro

Estudio del género

Una **obra de teatro** es un cuento que puede ser representado para un público. Identifica

- las partes que leen y actúan los actores.
- personajes que se parecen en muchos aspectos, pero que se diferencian en otros.

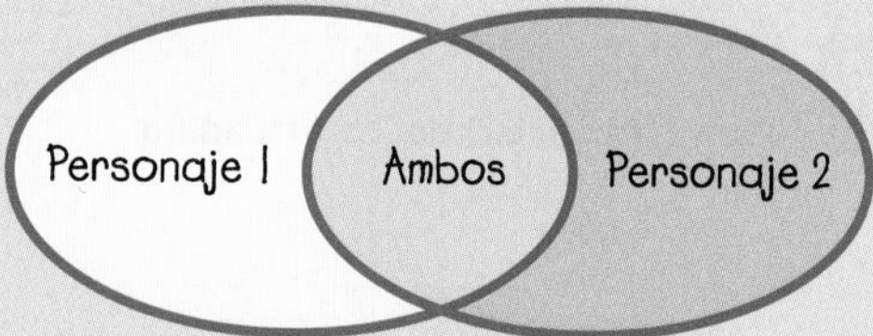

Estrategia de comprensión

Verificar la comprensión: Haz una lectura anticipada de lo que sigue para obtener información que puede ayudarte a comprender mejor el significado del cuento.

Dos ositos

tomado de un mito miwok

adaptación de Robert D. San Souci
versión en español de Alma Flor Ada
ilustraciones de Tracy Walker

Personajes:

CUENTACUENTOS
MADRE OSA PARDA
HERMANO MAYOR
HERMANO MENOR
HALCÓN
ZORRO
TEJÓN
MADRE CIERVA
2 CERVATILLOS
PUMA
RATÓN
GUSANO MEDIDOR *(Tu-Tok-A-Na)*

PRÓLOGO

Cuentacuentos (*entra por la izquierda*): Muchas nieves han caído y desaparecido desde la primera vez que se contó este cuento. Mi pueblo, los miwok, viven en California —algunos viven en el valle que hoy se conoce como Yosemite. Contamos cuentos de los viejos tiempos, cuando en el valle vivían animales que hablaban como personas. Un cuento comienza cuando Madre Osa Parda fue al río a pescar para ella y sus cachorros (*sale del escenario*).

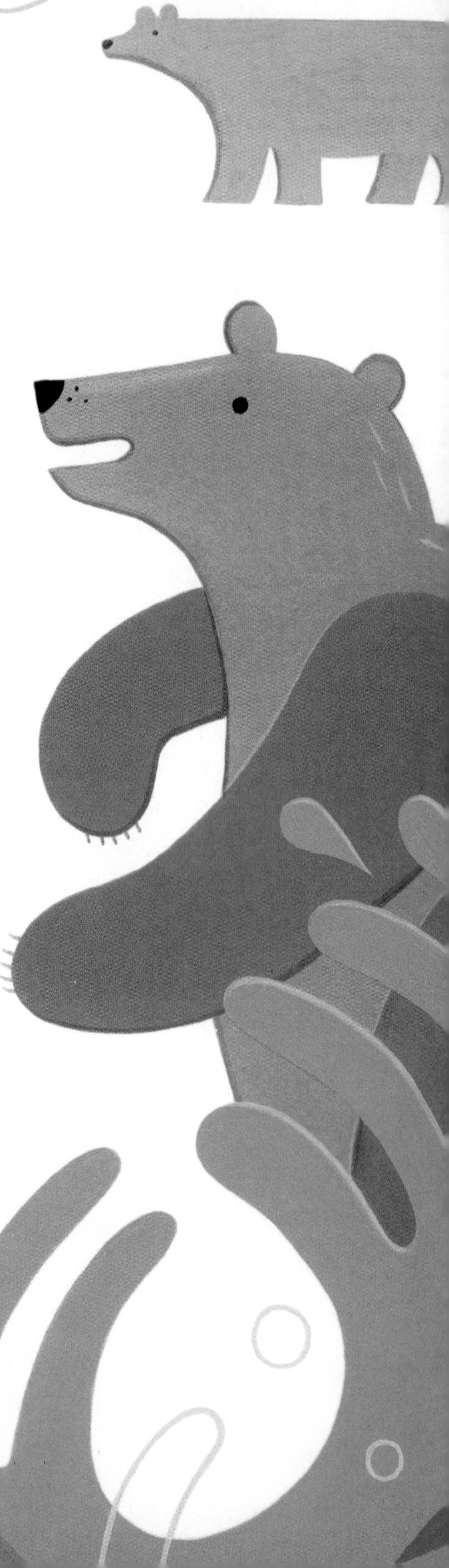

ESCENA 1

Escenario: *Un bosque y una montaña a la izquierda; cielo abierto salpicado de nubes a la derecha. Una tela azul o un trozo de cartón, pintado de ese color, al frente del escenario sugiere un río.*

(Madre Osa Parda *entra por la izquierda con una cesta de pescador y se detiene junto al río. Sus cachorros,* Hermano Menor *y* Hermano Mayor, *entran y empiezan a jugar en el "agua"*).

Hermano Mayor *(riéndose y salpicando)*: ¡No le tengas miedo a un poco de agua, Hermano Menor!

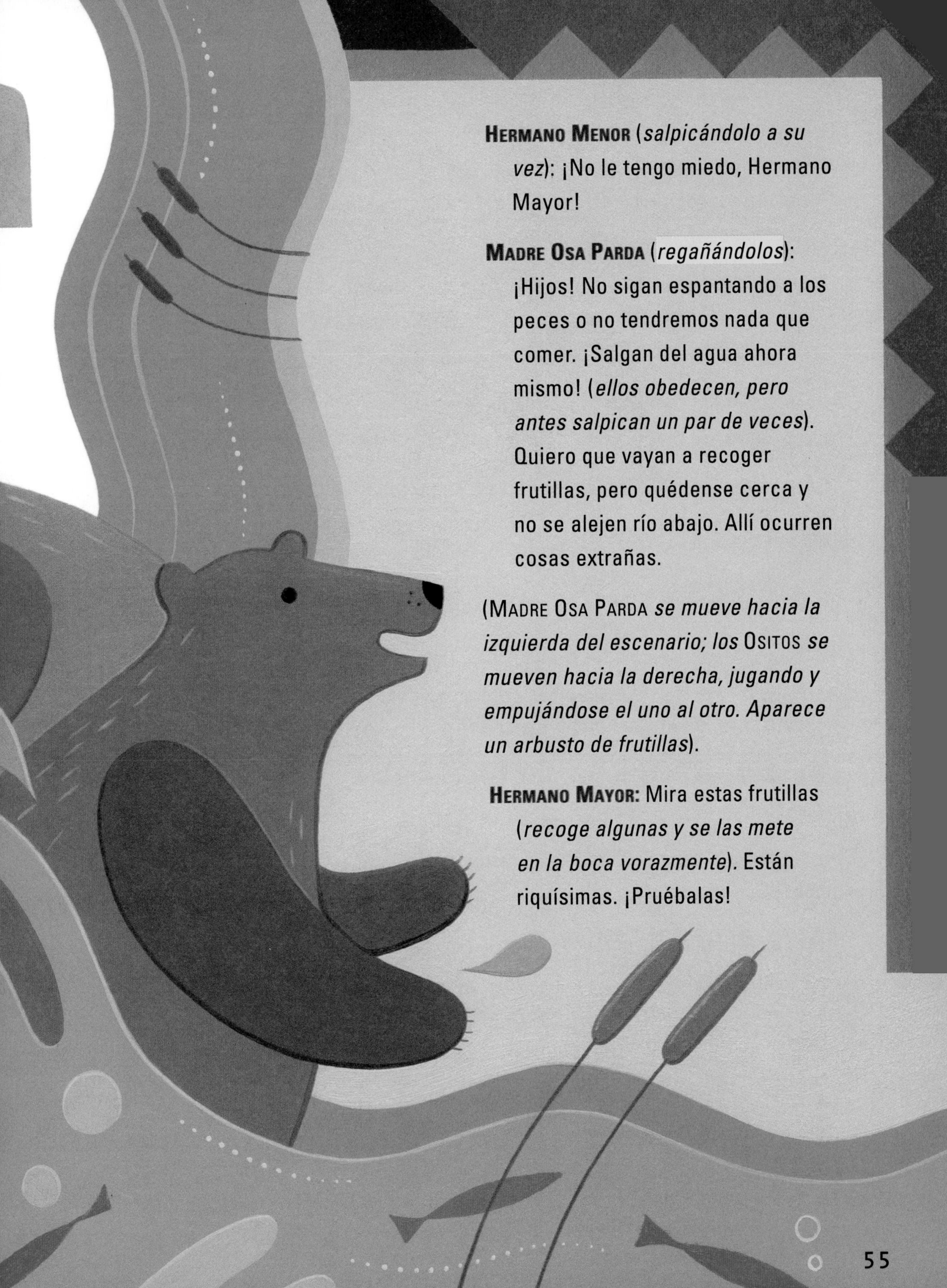

Hermano Menor (*salpicándolo a su vez*): ¡No le tengo miedo, Hermano Mayor!

Madre Osa Parda (*regañándolos*): ¡Hijos! No sigan espantando a los peces o no tendremos nada que comer. ¡Salgan del agua ahora mismo! (*ellos obedecen, pero antes salpican un par de veces*). Quiero que vayan a recoger frutillas, pero quédense cerca y no se alejen río abajo. Allí ocurren cosas extrañas.

(Madre Osa Parda *se mueve hacia la izquierda del escenario; los* Ositos *se mueven hacia la derecha, jugando y empujándose el uno al otro. Aparece un arbusto de frutillas*).

Hermano Mayor: Mira estas frutillas (*recoge algunas y se las mete en la boca vorazmente*). Están riquísimas. ¡Pruébalas!

Hermano Menor: Debiéramos llevárselas a mamá (*cuando* Hermano Mayor *no le hace caso, el osito menor empieza a comer frutillas también. De pronto se frota el estómago*). He comido demasiado.

Hermano Mayor: Luego le llevaremos algunas a mamá. Yo también estoy lleno (*y añade señalando*); vamos a ver qué hay río abajo.

Hermano Menor (*preocupado*): Nos dijeron que no fuéramos allí.

Hermano Mayor (*burlándose, empieza a caminar*): Sólo veo el río y árboles y piedras. ¡No hay nada que temer!

(*Después de dudar por un momento,* Hermano Menor *lo sigue*).

Hermano Menor (*frotándose los ojos*): Estoy cansado. Con tanto sol y la barriga llena me ha dado sueño.

Hermano Mayor (*bostezando*): ¡Qué bien vendría una siesta!

(*Aparece en el escenario una plataforma que simula una roca*).

Hermano Menor (*señalando*): Mira esa roca tan grande y plana. Parece tibia. Descansemos allí (*los* Ositos *se echan, uno al lado del otro, se estiran y se quedan dormidos*).

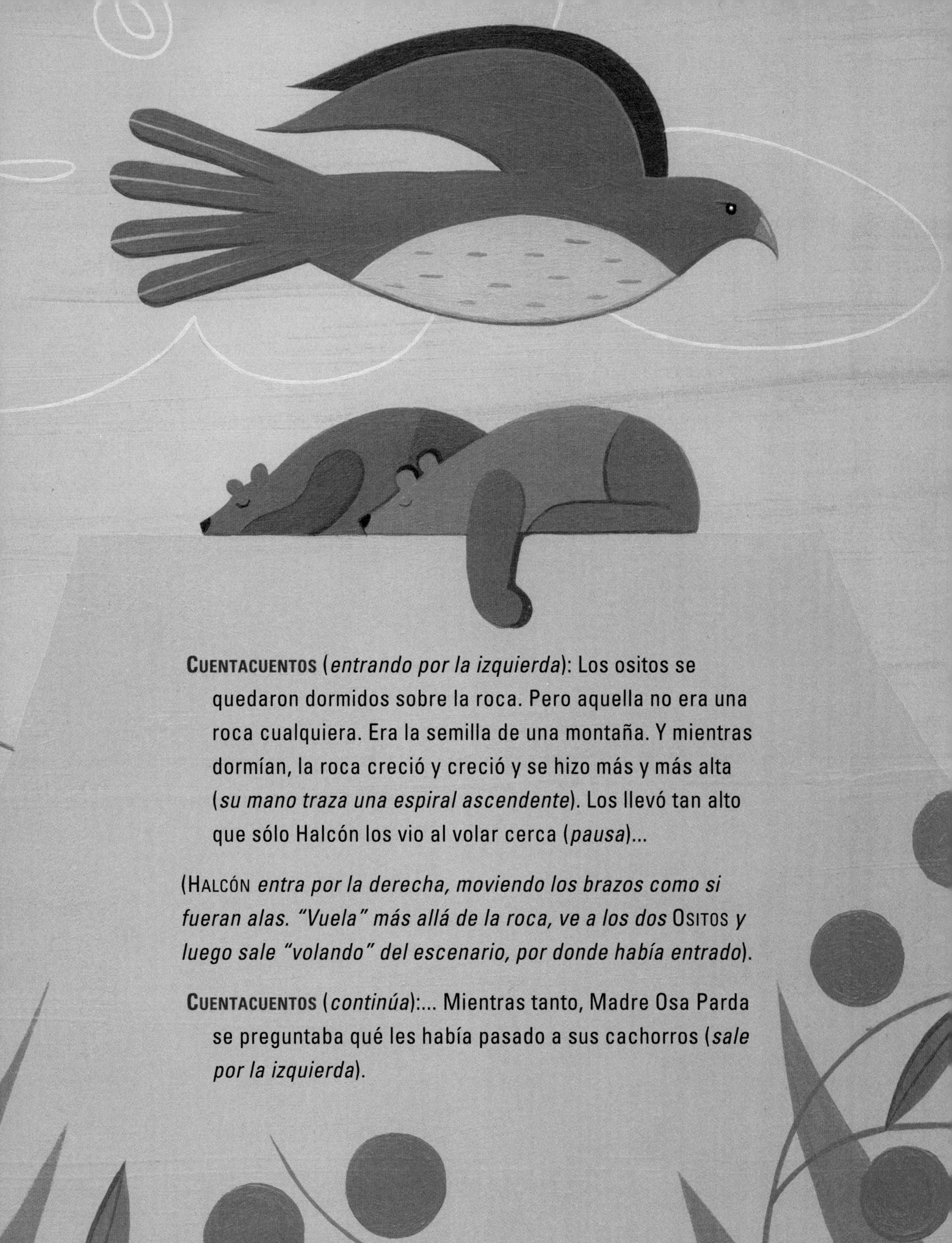

Cuentacuentos (*entrando por la izquierda*): Los ositos se quedaron dormidos sobre la roca. Pero aquella no era una roca cualquiera. Era la semilla de una montaña. Y mientras dormían, la roca creció y creció y se hizo más y más alta (*su mano traza una espiral ascendente*). Los llevó tan alto que sólo Halcón los vio al volar cerca (*pausa*)...

(Halcón *entra por la derecha, moviendo los brazos como si fueran alas. "Vuela" más allá de la roca, ve a los dos* Ositos *y luego sale "volando" del escenario, por donde había entrado*).

Cuentacuentos (*continúa*):... Mientras tanto, Madre Osa Parda se preguntaba qué les había pasado a sus cachorros (*sale por la izquierda*).

ESCENA 2

(ZORRO *y* TEJÓN *están en escena, colocando tablas de cedro contra una armazón de palos en forma de tienda de campaña*).

MADRE OSA PARDA (*entra por la izquierda llamando a sus hijos*): ¡Hermano Mayor! ¡Hermano Menor! (*ve a* ZORRO *y a* TEJÓN). ¡Zorro! ¡Tejón! ¿Han visto a mis cachorros?

ZORRO: No. He estado ayudando a Tejón a construir su casa nueva.

TEJÓN: No los hemos visto. Te ayudaremos a buscarlos.

(ZORRO, TEJÓN *y* MADRE OSA PARDA *buscan por la derecha.* MADRE CIERVA *y sus* CERVATILLOS *entran por la izquierda y se sientan a moler bellotas.* ZORRO, TEJÓN *y* MADRE OSA PARDA *regresan a la escena por la izquierda y descubren a* MADRE CIERVA *y sus dos* CERVATILLOS).

MADRE OSA PARDA: Madre Cierva, mis hijitos se han perdido. ¿Los has visto?

MADRE CIERVA: No han pasado por aquí mientras mis hijitos y yo molíamos bellotas. Pero te ayudaremos a buscarlos.

(MADRE CIERVA *y sus* CERVATILLOS *se unen a los otros dirigiéndose primero a la derecha y luego de nuevo a la izquierda. Se encuentran con* PUMA, *que lleva una carga de leña*).

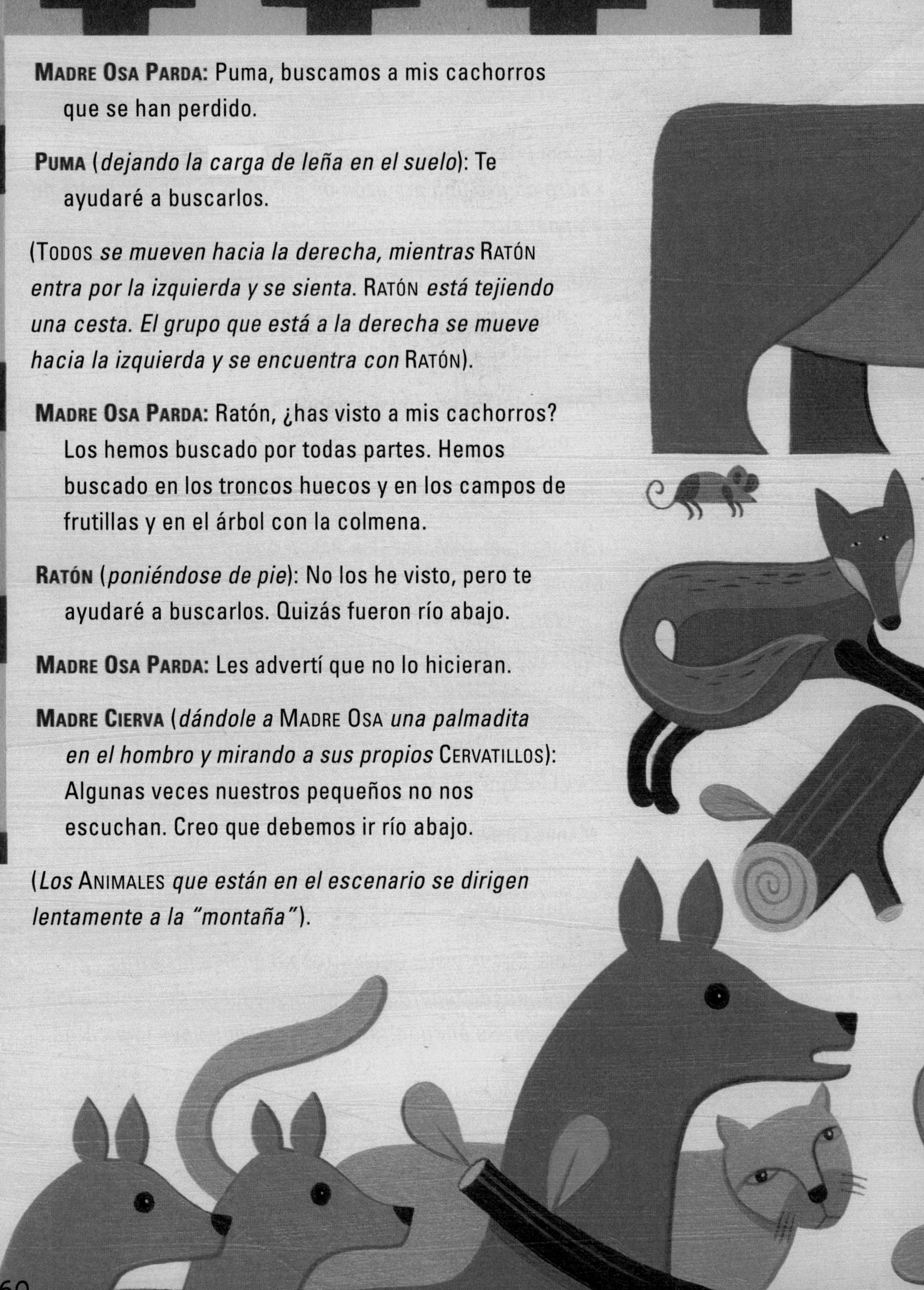

Madre Osa Parda: Puma, buscamos a mis cachorros que se han perdido.

Puma (*dejando la carga de leña en el suelo*): Te ayudaré a buscarlos.

(Todos *se mueven hacia la derecha, mientras* Ratón *entra por la izquierda y se sienta.* Ratón *está tejiendo una cesta. El grupo que está a la derecha se mueve hacia la izquierda y se encuentra con* Ratón).

Madre Osa Parda: Ratón, ¿has visto a mis cachorros? Los hemos buscado por todas partes. Hemos buscado en los troncos huecos y en los campos de frutillas y en el árbol con la colmena.

Ratón (*poniéndose de pie*): No los he visto, pero te ayudaré a buscarlos. Quizás fueron río abajo.

Madre Osa Parda: Les advertí que no lo hicieran.

Madre Cierva (*dándole a* Madre Osa *una palmadita en el hombro y mirando a sus propios* Cervatillos): Algunas veces nuestros pequeños no nos escuchan. Creo que debemos ir río abajo.

(*Los* Animales *que están en el escenario se dirigen lentamente a la "montaña"*).

Zorro (*se detiene y señala*): Miren. Hay una montaña donde antes sólo había una roca.

(Todos *levantan lentamente la cabeza y observan la montaña, desde la base hasta la cima. Mientras lo hacen, entra* Halcón *como lo hizo antes, moviendo las alas*).

Madre Osa Parda: Veo a Halcón (*se pone las garras junto a la boca haciendo una bocina y le grita a* Halcón). ¡Halcón! ¿Has visto a mis cachorros?

Halcón (*gritando "hacia abajo"*): Están dormidos sobre la extraña montaña nueva.

Madre Osa Parda (*gritando "hacia arriba"*): Por favor, vuela hasta donde están mis hijos, despiértalos y ayúdalos a encontrar el camino de regreso.

(HALCÓN, *haciendo pantomima, simula volar hasta los* OSITOS *y que los vientos de la montaña le impiden llegar. Después de varios intentos les habla a los que han quedado "abajo"*).

HALCÓN (*gritando "hacia abajo"*): El viento no me deja llegar hasta tus hijitos. Alguien tendrá que subir para rescatarlos.

CUENTACUENTOS (*entra por la izquierda*): Uno por uno, los animales trataron de llegar hasta los ositos (*los* ANIMALES *simulan con pantomima sus esfuerzos mientras el* CUENTACUENTOS *habla*). Madre Osa Parda trató varias veces, pero siempre se vino abajo rodando. Ratón saltó de piedra en piedra, pero muy pronto se asustó y regresó saltando. Tejón logró trepar un poco más alto. Madre Cierva llegó un poco más arriba. Zorro lo hizo aún mejor. Pero nadie lo logró. Hasta a Puma le fue imposible.

(*Cuando* MADRE OSA PARDA *ve lo que está ocurriendo, empieza a sollozar. Los otros animales se reúnen a su alrededor tratando de consolarla. Sin que lo perciban, entra* GUSANO MEDIDOR).

MADRE OSA PARDA (*con tristeza*): Puma, nadie trepa mejor que tú, eras mi mayor esperanza. Ahora ya nadie podrá salvar a mis cachorros.

GUSANO MEDIDOR: Yo trataré.

(*Los otros animales se vuelven a mirarlo y* TODOS, *excepto* MADRE OSA PARDA, *se echan a reír*).

Puma: ¡Qué tonto eres, Gusano Medidor! ¿Crees que vas a conseguir lo que no hemos podido lograr nosotros?

Ratón (*con mala intención*): *¡Tu-tok-a-na!* Tu nombre es más largo que tú.

Cuentacuentos (*aparece por la izquierda*): Mi pueblo llama al Gusano Medidor *Tu-tok-a-na*, que quiere decir "curvita que se estira". Se mueve estirándose *—tu—*, luego enroscándose *—tok—*, como se mueve una oruga.

Madre Osa Parda (*secándose los ojos*): Agradezco tu ayuda.

(Gusano Medidor *comienza a caminar, mientras va gritando* "¡Tu-tok!". *Los otros* Animales *se sientan mirando a la montaña, observando como el* Gusano *se enrosca y se estira, como si trepara*).

Gusano Medidor (*con voz fuerte*): *¡Tu-tok! ¡Tu-tok!*

ESCENA 3

Cuentacuentos: Poco a poco, Gusano Medidor trepó aun más alto que Puma. Trepó tan alto que los animales que estaban debajo ya no podían verlo ni oírlo. A ratos, al ver lo alto que había trepado, le daba miedo y se detenía. Entonces pensaba en la pobre Madre Osa Parda, que estaba al pie de la montaña, tan preocupada. Pensaba en los ositos en la cumbre y en el peligro que corrían. Y encontraba valor de nuevo y continuaba trepando, sin dejar de gritar:

Gusano Medidor: *¡Tu-tok! ¡Tu-tok! ¡Tu-tok!*

(Cuentacuentos *sale mientras* Gusano Medidor *por fin logra arrastrarse hasta la roca. Se inclina sobre los dos ositos y les dice*):

Gusano Medidor: ¡Despiértense!

(*Los* Ositos, *todavía adormilados, se estiran y bostezan*).

Hermano Mayor (*se arrastra y se asoma sobre el borde de la "roca"*): ¡Hermanito! Nos ha pasado algo terrible. Mira qué alto estamos.

Hermano Menor (*también de rodillas, se asoma y mira hacia abajo*): Estamos atrapados. Nunca vamos a poder regresar con nuestra madre.

(*Los* Ositos *empiezan a llorar. Se han olvidado de* Gusano Medidor).

Gusano Medidor (*consolando a los* Ositos): No tengan miedo. He venido para guiarlos y ayudarlos a bajar de la montaña. Síganme y hagan lo que yo les diga. Vamos a bajar por el camino seguro, por el que yo subí.

Hermano Mayor: Tengo miedo de caerme.

Hermano Menor: Yo también tengo miedo.

Gusano Medidor (*cariñosamente*): Estoy seguro que los hijos de Madre Osa Parda no son miedosos, porque ella es la más valiente entre todos los animales del valle.

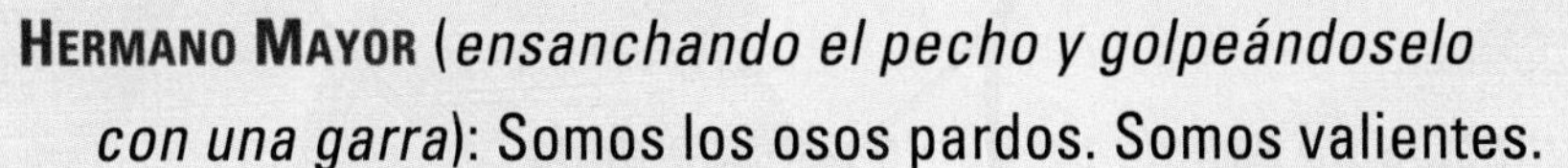

Hermano Mayor (*ensanchando el pecho y golpeándoselo con una garra*): Somos los osos pardos. Somos valientes.

Hermano Menor (*haciendo los mismos gestos*): Te seguiremos.

(*Hacen gestos de pantomima simulando que están siguiendo un camino seguro, caminando en fila.* Gusano Medidor *va delante, le sigue* Hermano Mayor *y detrás va* Hermano Menor. *Debajo,* Zorro *ve algo súbitamente, se pone de pie y observa con más atención*).

Zorro (*con entusiasmo señala un punto a mitad de la montaña*): ¡Madre Osa Parda! ¡Mira! Gusano Medidor está guiando a tus cachorros para que bajen de la montaña.

(*Todos los* Animales *miran adonde señala* Zorro).

Madre Osa Parda (*alegre y temerosa*): ¡Tengan cuidado, hijitos!

Madre Cierva (*dándole confianza a su amiga*): Confía en Gusano Medidor. Los ha traído a salvo hasta este punto. No te fallará.

(*Los* Animales *continúan observando. Lentamente van bajando la mirada para seguir a los que van descendiendo la montaña. Por fin, los* Ositos *y* Gusano Medidor *dan un último salto de la "montaña" al "suelo". Los* Ositos *corren a su madre.* Madre Osa Parda *les da un gran abrazo. Luego los aparta y los recrimina sacudiéndoles el dedo*).

Madre Osa Parda (*regañándolos*): ¡Se han portado muy mal los dos! Miren el problema y las preocupaciones que nos han causado a todos nosotros. ¡No me hicieron caso cuando les dije que no fueran por allí!

Hermano Mayor (*con la cabeza gacha*): Lo siento. No lo haré más.

Hermano Menor (*empezando a llorar*): Nunca más desobedeceré.

Madre Osa Parda (*abrazándolos de nuevo*): Nunca se olviden de lo que pasó hoy. Pero no lloren, hijitos. Todo ha resultado bien, gracias a la ayuda y al valor de Gusano Medidor.

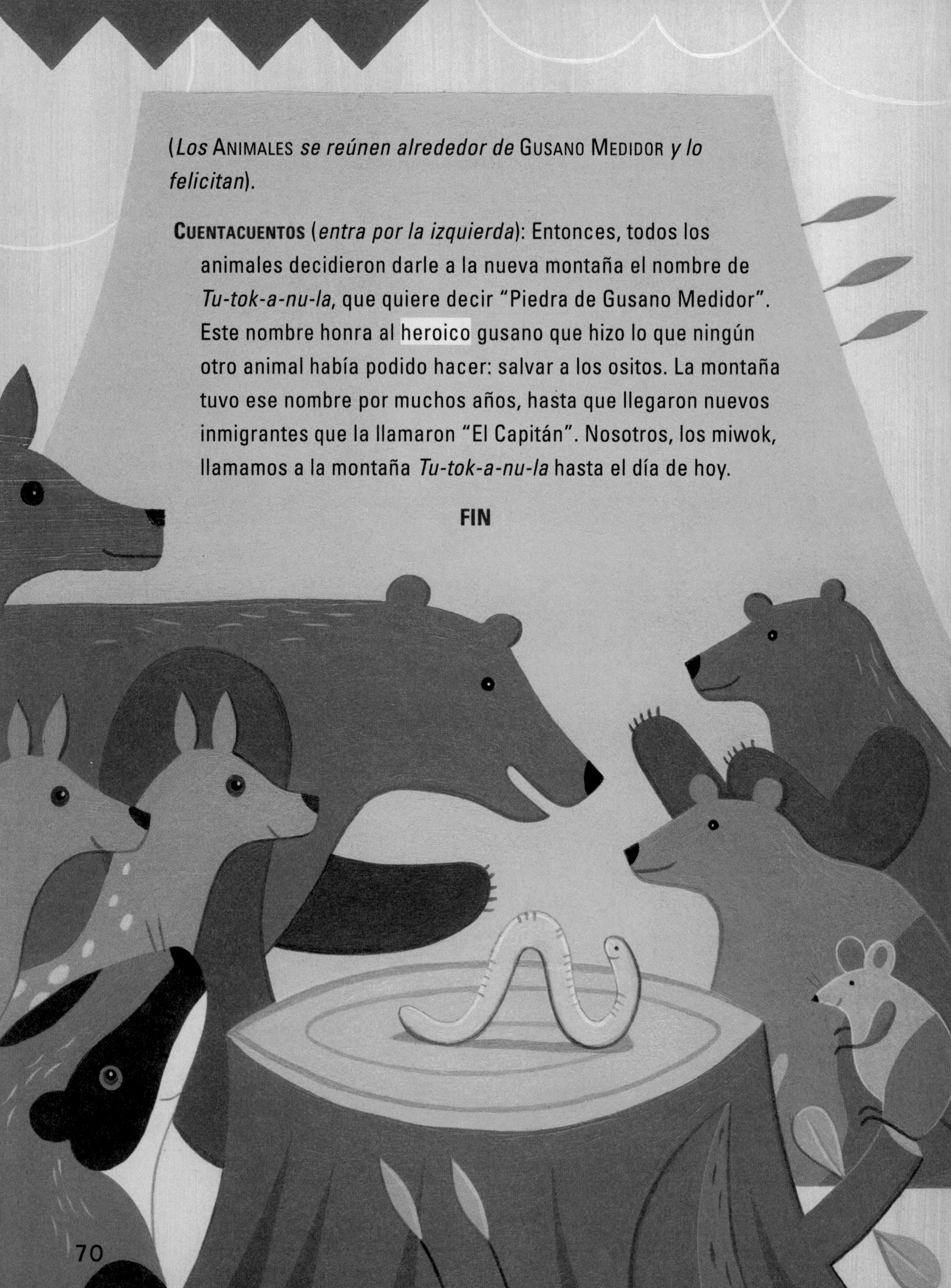

(*Los* ANIMALES *se reúnen alrededor de* GUSANO MEDIDOR *y lo felicitan*).

CUENTACUENTOS (*entra por la izquierda*): Entonces, todos los animales decidieron darle a la nueva montaña el nombre de *Tu-tok-a-nu-la*, que quiere decir "Piedra de Gusano Medidor". Este nombre honra al heroico gusano que hizo lo que ningún otro animal había podido hacer: salvar a los ositos. La montaña tuvo ese nombre por muchos años, hasta que llegaron nuevos inmigrantes que la llamaron "El Capitán". Nosotros, los miwok, llamamos a la montaña *Tu-tok-a-nu-la* hasta el día de hoy.

FIN

Pensamiento crítico

1. ¿En qué se parecen y en qué se diferencian Halcón y Gusano Medidor? COMPARAR Y CONTRASTAR

2. ¿Qué le pasa a la roca luego de que los ositos se quedan dormidos sobre ella? DETALLES IMPORTANTES

3. ¿Qué te parece interesante de los personajes del cuento? ¿Por qué lo crees así? EXPRESAR OPINIONES PERSONALES

4. ¿Qué nos enseña este mito miwok? PROPÓSITO DEL AUTOR

5. **ESCRIBIR** Narra por escrito algo muy difícil que hayas logrado hacer alguna vez. RESPUESTA BREVE

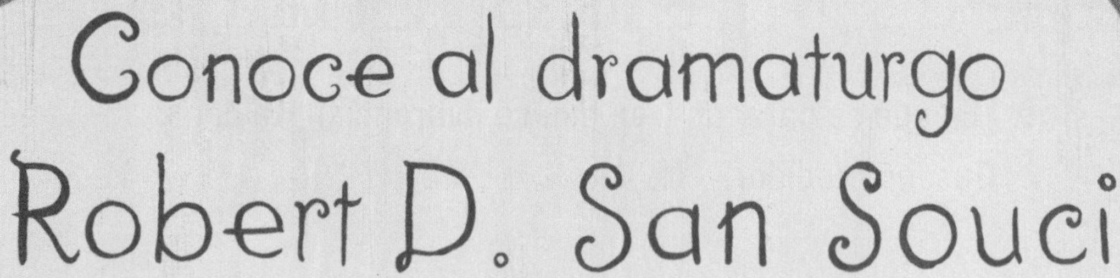

Conoce al dramaturgo Robert D. San Souci

Desde muy joven, a Robert D. San Souci le ha fascinado escuchar y contar cuentos. Escribió su primer libro cuando apenas estaba en segundo grado. Se lo ilustró su hermano Daniel. Después le hicieron copias y se las regalaron a sus familiares. Ambos hermanos aún trabajan juntos en la producción de varios libros infantiles.

Robert D. San Souci saca la mayoría de las ideas para escribir de la lectura y la investigación. Le fascinan especialmente los cuentos populares de cualquier parte del mundo. Sus libros son adaptaciones de esos cuentos. Él espera que los jóvenes lectores descubran en ellos muchas de las semejanzas que existen entre las personas de todo el mundo.

Conoce a la ilustradora Tracy Walker

Desde que se mudó de la ciudad al campo, Tracy Walker utiliza su propio jardín para aprender más sobre la naturaleza. Le gusta estudiar las formas naturales de su entorno, como las de los árboles, las plantas y las flores. Admira los diseños de la naturaleza y éstos le sirven de inspiración para realizar sus propios diseños artísticos.

¿Pudiste observar ese amor por la naturaleza en la ilustraciones de "Dos ositos"?

A Tracy Walker también le gusta mucho viajar y estudiar el arte local de las regiones que visita.

En Internet **www.harcourtschool.com/reading**

El valiente gusano medidor

un mito miwok
adaptación de
Robert D. San Souci
ilustraciones de
Kristina Swarner

Hace mucho tiempo, había una osa parda que tenía dos cachorritos. Madre Osa Parda adoraba a sus ositos. Un día, la osa salió a buscar raíces y bayas y se llevó con ella a sus dos hijitos. Por el camino, los ositos jugueteaban y correteaban de aquí para allá y de allá para acá. Madre Osa Parda les advirtió que no se alejaran de ella.

Pero los dos hermanos echaban carreras, luchaban y jugaban al escondite. Y como estaban tan entretenidos, se adelantaron en el camino. Se les olvidó la advertencia de su mamá y se fueron alejando cada vez más río abajo. Allí se subieron a un inmenso pedrejón y desde allí se lanzaban al agua y se zambullían salpicando a su alrededor.

Cuando por fin se cansaron, se acostaron en la roca enorme y lisa. Al calor del sol se quedaron dormidos. Rendidos en un sueño profundo, la roca empezó a crecer y a crecer. Cada vez más grande. Cada vez más alta. Y siguió creciendo durante muchos días y muchas noches. Pero los ositos dormían tranquilamente.

Mientras, Mamá Osa buscaba a sus ositos extraviados. En el camino se encontró con Zorro, Madre Cierva, Puma y finalmente, con Ratón Patas Blancas. Y a cada uno les preguntó:

—¿Has visto a mis cachorros?

—No —le contestaron todos—, pero te ayudaremos a buscarlos.

Los animales buscaron en todos los sitios donde podía esconderse un osito. Buscaron en las cuevas y en los troncos huecos. Buscaron en los matorrales y en las copas de los árboles. No encontraron ni una huella.

Por fin, después de muchos días buscando a los ositos, los animales se sentaron a decidir qué harían. De repente apareció Halcón Colirroja volando desde el cielo.

—Yo vi a tus cachorros. Están en el pedrejón que se ha convertido en una gigantesca montaña —dijo y continuó su camino.

La osa y sus amigos corrieron de prisa a los pies de lo que ahora era una muralla de piedra. Llamaron a los ositos una y otra vez, pero los ositos no se despertaron.

Entonces, uno por uno, Madre Osa Parda primero, los animales trataron de subir la montaña. Pero no pudieron. Ni tan siquiera Puma, el mejor trepador de todos.

—¿No hay nadie que pueda salvar a mis hijitos? —preguntó Madre Osa Parda.

—Yo lo intentaré —dijo una vocecita. La osa miró al suelo y se encontró con Gusano Medidor. Los miwok le dicen *Tu-tok-a-na,* que quiere decir "curvita que se estira".

Casi todos los animales se rieron del gusano. Hasta Ratón Patas Blancas se burló:

—¡Qué disparate, Gusano Medidor! Hasta tu nombre es más largo que tú.

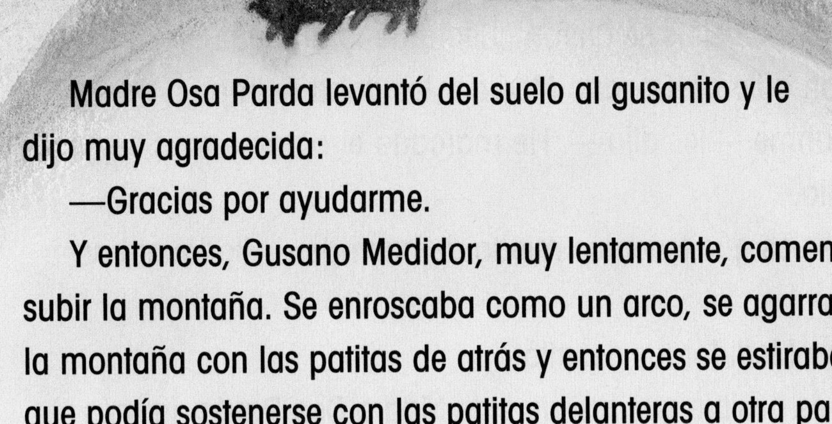

Madre Osa Parda levantó del suelo al gusanito y le dijo muy agradecida:

—Gracias por ayudarme.

Y entonces, Gusano Medidor, muy lentamente, comenzó a subir la montaña. Se enroscaba como un arco, se agarraba a la montaña con las patitas de atrás y entonces se estiraba hasta que podía sostenerse con las patitas delanteras a otra parte de la roca. Y mientras subía, iba marcando un camino seguro con un hilo pegajoso, porque el gusano medidor sabe tejer hilitos de seda igual que una araña.

Hubo un momento en que Gusano Medidor miró hacia abajo y vio que el enorme río parecía una estrecha banda plateada. Desde allá arriba, los bosques y las praderas se veían tan pequeños como las ramitas y el musgo. Gusano Medidor sintió miedo y se quedó paralizado. Al rato lo volvió a intentar. Comenzó a cantar lo más alto que pudo: *¡Tu-tok! ¡Tu-tok!*, que quiere decir "¡Enrosca, estira! ¡Enrosca, estira!". Lentamente siguió avanzando por la pared de piedra.

Por fin, una mañana llegó a la cima de la enorme roca. Y con voz dulce les susurró a los ositos al oído:

—¡Es hora de despertarse!

Cuando los ositos se dieron cuenta de lo alto que estaban, empezaron a llorar. Gusano Medidor les daba ánimo.

—Síganme —les dijo—. He marcado el camino más seguro con mi hilo.

—¡Pero es que tenemos miedo de caernos! —lloriqueaban los ositos.

Gusano Medidor los desafió:

—No es posible que los hijos de Madre Osa Parda, la más valiente del bosque, sean unos cobardes.

Y para mostrarle a *Tu-tok-a-na* lo valiente que eran, los ositos empezaron a bajar por sí solos.

—¡Esperen! —exclamó el gusano—. Dejen que yo los guíe. Hay lugares peligrosos por donde deben pasar con mucho cuidado.

En ese momento, Hermano Menor pisó unas piedras sueltas que rodaron montaña abajo. Hermano Mayor agarró a su hermano y lo salvó del peligro. Gusano Medidor, arrastrándose con mucho cuidado sobre los guijarros del camino, llegó hasta ellos. Y otra vez insistió:

—Tienen que dejarme ir delante. Mi hilo servirá de guía y ya conozco los lugares peligrosos.

Esta vez, los ositos le hicieron caso. Mientras bajaban lentamente y con mucho cuidado por la pared de piedra, Gusano Medidor iba señalando los guijarros y los peñascos sueltos al borde de la montaña. Si se quejaban de que les dolían las patas y de que tenían hambre, les prometía que pronto volverían a estar sanos y salvos con su mamá.

Gusano Medidor también los protegió de Culebra Cascabel, que tenía muy mal temperamento, cuando se les atravesó en el camino. La culebra movió el cascabel y se enroscó, lista para atacar. A los ositos les dio miedo, pero Gusano Medidor, tan pequeño pero tan valiente, le habló en voz alta a la culebra.

—Culebra, he prometido devolverle sus ositos a Madre Osa Parda. Permítenos pasar y todos los animales del valle sabrán que eres un buen amigo.

Culebra Cascabel, sorprendida de la valentía del gusanito, se hizo a un lado para que pasaran. Gusano Medidor le dio las gracias a Culebra Cascabel y continuó su camino. Todavía les faltaba mucho por llegar, pero ya habían pasado los peores peligros.

Por fin llegaron los tres al valle. ¡Cuánta fue la felicidad de Madre Osa Parda al poder abrazar a sus ositos tan cerca de su corazón!

Todos los animales decidieron darle el nombre de *Tu-tok-a-nu-la* a la enorme roca, que quiere decir "Piedra del Gusano Medidor". Así honraban al heroico gusano que había logrado lo que ningún otro animal. La imponente roca mantuvo el nombre por muchos años, hasta que llegaron nuevos inmigrantes y le cambiaron el nombre a "El Capitán".

Enlaces

Comparar textos

1. Piensa en los viajes al río de los cachorros de "Dos ositos" y de "El valiente gusano medidor". ¿En qué se parecen ambos viajes? ¿En qué se diferencian?

2. ¿Cómo te sentirías si tú fueras Gusano Medidor?

3. ¿Qué aprendiste de la lectura "Dos ositos"?

Repaso del vocabulario

Mientras bostezan, los adormilados cachorros piensan en su mamá.

Parejas de palabras

Trabaja en equipo con un compañero. Escriban cada palabra del vocabulario en una tarjeta. Pongan las tarjetas boca abajo sobre una mesa. Túrnense para voltear dos tarjetas a la vez y escribir una oración que incluya esas dos palabras. Lean en voz alta las oraciones y comprueben si usaron correctamente las palabras del vocabulario.

- **bostezan**
- **regañándolos**
- **consolarla**
- **heroico**
- **adormilados**
- **carga**

Práctica de la fluidez

Lectura en pareja

Elige un fragmento de "Dos ositos" para leerlo con un compañero. Túrnense para leer y escuchar la lectura del otro. Si te equivocas, detente y rectifica. Practica hasta que seas capaz de leer correctamente el fragmento.

Escritura

Escribe un párrafo de comparación

Compara el escenario de "Dos ositos" con el de otro cuento que hayas leído. Escribe un párrafo en el que expliques en qué se parecen ambos escenarios. Usa un diagrama de Venn para planear tu escritura. Usa signos de puntuación para que tus lectores entiendan lo que escribes.

Mi lista de cotejo

Característica de escritura: **Normas**

- ✓ Uso signos de puntuación para guiar a mis lectores.
- ✓ Uso un diagrama de Venn para comparar los escenarios.

CONTENIDO

Lección 18

Género: Ficción histórica

EL TÍO ROMI y YO

POR CLAIRE HARTFIELD
ilustrado por
JEROME LAGARRIGUE

EL ARTE DEL COLLAGE

POR ASHLEY BRYAN

Género: Artículo de instrucciones

Destreza fonética

Palabras llanas

Las palabras **llanas** son las que tienen la fuerza de entonación en la penúltima sílaba.

- Las palabras llanas **no** llevan acento escrito cuando terminan en *vocal*, en *n* o en *s*.

Palabras llanas que terminan en *vocal*	Palabras llanas que terminan en *n*	Palabras llanas que terminan en *s*
va-ca	can-ten	an-tes
ca-ri-ño	sal-ten	An-des
me-da-lla	ca-mi-nen	ca-mi-sas

- Las palabras llanas **sí** llevan acento escrito cuando terminan en otra consonante que no sea *n* ni *s*.

Palabras llanas que terminan en otra consonante
ár-bol
lá-piz
tó-tem

- Al acento escrito también se le llama tilde.

Clave

Casi todas las palabras en español son llanas. La mayoría no lleva acento escrito.

Lee el siguiente artículo. Observa las palabras subrayadas. Usa tus conocimientos de las palabras llanas para que puedas saber si están escritas correctamente o no. Si alguna palabra está incorrecta, escríbela correctamente en la tabla de abajo.

De pequéños, a Morgan y Marvin Smith les encantaba crear arte en su escuela de Kentucky. Pintaban con óleos y hacían escultúras de jabón. Ya de adultos, en los años treinta, se mudaron a la hermosa Ciudad de Nueva York, una de las ciudades más grandes del mundo. Los hermanos Smith tomaban fotografías de Harlem, un vigoroso barrio afroamericano de Nueva York, con una cámara portatil. En sus fotos captában escenas de niños jugando en las calles y otras escenas alegres. Los hermanos Smith llegaron a ser fotógrafos famosos.

pequéños	
arte	
escultúras	
años	
portatil	
captában	
famosos	

En Internet www.harcourtschool.com/reading

Inténtalo

Vuelve a leer el artículo. Buscas otras cuatro palabras llanas. Escríbelas en una hoja aparte y divídelas en sílabas.

Vocabulario

Desarrollar un vocabulario rico

- **estupendo**
- **recuerdo**
- **arruinado**
- **cruzaban**
- **cautelosamente**
- **arranqué**

Los artistas de Harlem

En los años veinte y treinta, muchos artistas afroamericanos se mudaron a Harlem, un barrio de la Ciudad de Nueva York. Durante esa época, escritores, pintores y músicos crearon un **estupendo** trabajo de pinturas, esculturas y obras literarias y musicales que perdura hasta hoy.

Palmer Hayden vivió en un pequeño pueblo antes de mudarse a Harlem. El **recuerdo** fue su principal fuente de inspiración para pintar escenas campestres. También pintó escenas de la intensa vida de la ciudad de Harlem.

◀ *El conserje que pinta,* Palmer Hayden

Augusta Savage nació en Florida en 1892. Ella creía que si se quedaba en su pequeño pueblo, su sueño de éxito acabaría **arruinado**. Por eso se fue a vivir a Harlem, donde se convirtió en una famosa escultora y profesora.

Gamin, Augusta Savage

Romare Bearden creció en Nueva York. Los colores radiantes adornaron siempre muchos de sus *collages* como arco iris que **cruzaban** el cielo después de la lluvia. Le encantaba el *jazz* y el *blues*. En uno de sus *collages*, Romare Bearden usó colores brillantes para expresar cómo la música lo hacía sentir cuando los dedos de un pianista se movían **cautelosamente** por el teclado, o un trombón halaba la vara con todo su aliento.

Al ver esa obra, un estudiante de arte comentó: "Sin pensarlo, **arranqué** una hoja de mi cuaderno y me puse a hacer bocetos. Romare Bearden me inspiró como ningún artista lo había hecho antes".

www.harcourtschool.com/reading

Campeones de las palabras

Tu misión de esta semana es usar las palabras del vocabulario cuando converses con amigos y familiares. Por ejemplo, cuenta un cuento sobre tu visita o mudanza a un lugar nuevo. Escribe en tu diario de vocabulario las oraciones que uses con palabras del vocabulario.

Estudio del género

Un cuento de **ficción histórica** es un relato ficticio que se desarrolla en el pasado. Identifica

- personas o lugares que existieron o que pudieron haber existido.
- eventos de la trama que pasaron o que pudieron haber pasado.

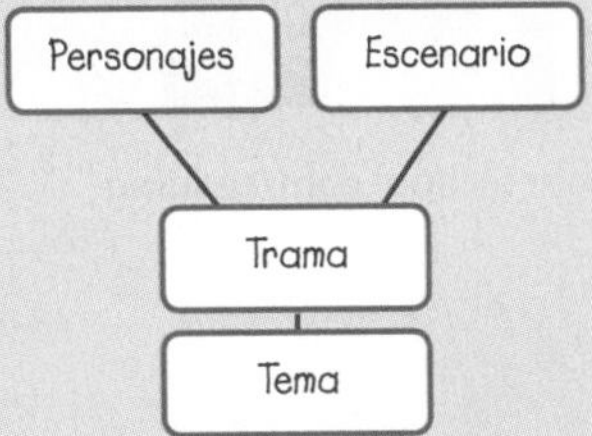

Estrategia de comprensión

Usa la estructura del cuento para comprender mejor un cuento y sus distintas partes.

EL TÍO ROMI y YO

por Claire Hartfield

ilustrado por Jerome Lagarrigue

Conocí al tío Romi por primera vez el verano que nacieron los gemelos. El doctor le había pedido a mamá que hiciera reposo hasta que nacieran los bebés. A papá se le ocurrió que lo mejor era que yo fuera a visitar al tío Romi y a la tía Nanette, al norte de la ciudad de Nueva York. Pero yo no estaba de acuerdo. Mamá me había dicho que el tío Romi era un artista y que no tenía hijos. Yo había visto una foto de él. Parecía un gigante calvo y de ojos furiosos. Me daba miedo. No sabía si en realidad quería ir a visitarlo.

—¡Estación de Pennsylvania! Bajen con cuidado —dijo el conductor mientras me ayudaba a bajar a la plataforma. Hice lo que papá me había advertido, encontré un lugar en el andén cerca del tren.

Muchísima gente pasaba con prisa. Enseguida oí una voz de campanilla que me llamaba. Tenía que ser la tía Nanette. Me di la vuelta y vi una sonrisa amplia que me daba la bienvenida.

Me tomó de la mano y me llevó, abriendo espacio entre el gentío, a un tren subterráneo que le llamaban metro.

—Tenemos que tomar el metro para llegar a casa —me dijo.

La casa de los tíos no se parecía en nada a las casas que yo conocía. En el vecindario, sólo había edificios enormes y tiendas de todas clases: de pinturas, de telas, de radios y televisores.

Doblamos en la esquina y entramos a un edificio. Subimos las escaleras, ¡hasta el sexto piso! Me quedé sin respiración. Tía Nanette encendió las luces del apartamento.

—El tío Romi ha ido a hablar con una gente sobre su próxima exposición de arte. No tarda en llegar —dijo la tía Nanette. Y me invitó a un vaso de leche y algunas galletitas que puso sobre la mesa.

—Tu tío trabaja mucho, así que lo veremos poco. Su taller, que le decimos su estudio, queda enfrente del apartamento. Allí tiene todo lo que necesita para sus cuadros.

—Él pinta, ¿verdad? —pregunté.

—El tío Romi hace *collages* —me explicó la tía Nanette—. Usa pintura, pero también fotografías, recortes de periódico, tela y otros materiales. Los recorta y los pega en una tabla para hacer sus cuadros.

—Eso parece fácil —dije yo.

La tía Nanette se echó a reír.

—Sí, pero eso no es lo único, Jaime. Cuando veas su trabajo, comprenderás mejor. Ahora debes ir a dormir.

En medio de la oscuridad escuché unos pasos fuertes en el pasillo. Un gigante se me quedó mirando desde la puerta.

—Hola, Jaime —la voz del tío Romi retumbaba como un trueno—. Gracias por la jalea de pimientos. Que duermas bien. —Y desapareció en el pasillo.

Al otro día, la puerta que daba al estudio del tío Romi estaba cerrada. Pero la tía Nanette había hecho planes para nosotros dos.

—Hoy vamos a un barrio que se llama Harlem —dijo—. Allí vivía el tío Romi cuando era niño.

Harlem estaba abarrotado de gente que iba y venía de un lado a otro: de paseo, del trabajo, de compras, de comer. Algunos observaban el ir y venir desde las escaleras de incendio. Otros saludaban a los transeúntes desde los escalones de sus hogares, igual que allá en casa desde sus portales. Casi todo el mundo conocía a la tía Nanette. Muchos preguntaban por el tío Romi.

En el mercado compramos duraznos y luego nos quedamos caminando por un rato. Había unos muchachos jugando a la pelota.

—¿Por qué no juegas con ellos? —me preguntó la tía Nanette dándome un empujoncito para animarme.

Estaba todo sudado y acalorado. Le compramos dos bolas de chocolate al vendedor de helado. Más tarde nos comimos un asado en la terraza de un edificio muy alto. Me sentí en la cima del mundo.

Pasaban los días y la tía Nanette me llevaba de paseo por toda la ciudad. Tomamos un barco que nos llevó hasta la Estatua de la Libertad. Subimos en el elevador los ciento dos pisos del edificio Empire State. Paseamos por las calles de la Quinta Avenida, asomándonos en las vitrinas de sus elegantes tiendas. Comimos salchichas en el Parque Central.

Pero yo prefería Harlem. Volví a jugar a la pelota con los chicos. Y un día de mucho calor, todos nos refrescamos bajo el chorro de agua fría de una boca de riego. Por la noche, la tía Nanette y yo nos sentábamos afuera y escuchábamos la música de los saxofones de los músicos callejeros.

Cuando llovía, me sentaba a escribir postales o a ayudar a la tía con sus quehaceres. Le contaba de las cosas que me gustaba hacer en mi casa, de los juegos de pelota, del pasar de los trenes, de mi cumpleaños. La tía Nanette dijo que me haría un pastel caribeño de limón y mango.

Mi tío continuaba escondido en su estudio. Pero ya no estaba preocupado porque la tía iba a celebrar mi cumpleaños de un modo muy especial.

4... 3... 2... 1... Faltaba poco para mi cumpleaños.

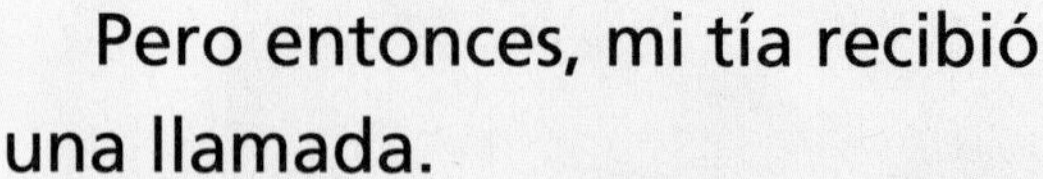

Pero entonces, mi tía recibió una llamada.

—Se me ha muerto una tía anciana, Jaime. Tengo que ir al entierro. Pero no te preocupes. El tío Romi celebrará tu cumpleaños contigo. Lo pasarás bien.

Esa noche, la tía Nanette me despidió con un beso. Yo no creía que la iba a pasar nada bien. ¿Qué sabía el tío Romi de tortas de cumpleaños ni de juegos de pelota? De lo único que sabía era de esas pinturas tontas. Mi cumpleaños se había arruinado.

Me fui a la cama tan pronto anocheció. Echaba de menos a mi mamá y a mi papá. Me dediqué a escuchar a los pájaros que estaban en el tejado del edificio. Cantaron hasta muy tarde en la noche.

A la mañana siguiente, la casa estaba en silencio cuando desperté. Salté de la cama y me dirigí al pasillo cautelosamente. Por primera vez, la puerta del estudio del tío Romi estaba abierta. Había un estupendo desorden. Había pinturas y retazos por todo el piso, y cerca de las paredes, unos cuadros enormes que tenían pegado pedazos de toda clase de cosas.

Vi saxofones, pájaros, escaleras de incendio y caras oscuras. Pensé en Harlem: su gente, su música, sus terrazas y sus escalones. Los cuadros del tío Romi me hacían sentir el ritmo y el vigor de Harlem.

Pero había un cuadro que era distinto. Las casas eran más pequeñas y había flores y trenes.

—¡Ésa es mi casa! —grité alegre.

—Tienes razón —dijo el tío Romi desde la puerta—. Así es la Carolina de mis recuerdos.

—Mamá me contó que ibas a visitar a tus abuelos casi todos los veranos cuando eras niño —dije.

—Sí, Jaime. Y allí hacen la mejor jalea de pimientos. Mmmmm. Una capa espesa untada en un panecillo. ¡Muy sabroso! Y cuando mi abuela no estaba mirando, me la comía a cucharadas.

—Papá y yo hacemos eso mismo —le dije.

Estuvimos riéndonos y fuimos a la cocina para desayunar. ¡Un banquete de huevos, tocino, crema de maíz y panecillos!

—Jaime, me has recordado a una señora que vendía jalea de pimientos. La gente hacía filas muy largas para comprar sus jaleas.

—¿Puedes poner a alguien como ella en uno de tus cuadros? —pregunté.

—Creo que sí —dijo mi tío—. Me parece que sería bueno compartir un recuerdo como ése. Buena idea, Jaime. ¡Vamos a comenzar a celebrar tu cumpleaños!

Me dio dos regalos que me habían mandado desde casa. Comencé a abrirlos y él fue a buscar la jalea y dos cucharas enormes. Mamá y papá me habían regalado lo que yo más quería, una cajita especial para guardar mis tarjetas de béisbol y un trencito para armar.

—Fenomenal —dijo el tío Romi—. ¿Sabes que en Carolina me gustaba ver llegar los trenes?

Se me hacía muy divertido imaginarme al tío Romi, que era tan grande, acostado boca abajo en el piso.

—Mi amigo B.J. y yo hacemos apuestas para ver quién es el primero en oír el silbido del tren.

—Oye, yo también hacía lo mismo. ¿Sabes? Es gracioso. La gente vive en lugares distintos y con familias diferentes. Pero las cosas que nos gustan se parecen mucho. Por ejemplo, las comidas, las canciones, los juegos y los cuentos que preferimos..., y hasta los cumpleaños.

El tío Romi me mostró dos entradas para un juego de pelota.

No sabía que el tío Romi conocía tanto de béisbol. Había sido lanzador estrella en la universidad. Tomamos nuestros guantes y nos fuimos al juego.

Sentados en las graderías, compartimos una bolsa de cacahuetes. Rompíamos las cáscaras con los dientes. Teníamos listos los guantes por si una bola llegaba allá arriba. Eso no ocurrió, pero nos divertimos de todos modos.

La tía Nanette volvió esa noche. Encendió las velitas y compartimos la tarta caribeña.

Después de ese día, el tío Romi tuvo que volver a trabajar. Pero al final de cada jornada, me dejaba hablar con él en el estudio. Papá tenía razón. El tío Romi era un buen hombre.

Finalmente llegó el día de la exposición. El público conversaba y se reía mientras iba de cuadro en cuadro sin prisa alguna. Yo también di una vuelta y escuché lo que hablaban.

—¿Te acuerdas del primer viaje que hicimos en tren de Chicago a Nueva York? —le preguntó una señora al esposo.

—Ese señor que toca la guitarra me recuerda a mi tío José —dijo otra persona.

Toda esta gente hablaba de su familia y de sus amigos y de los momentos importantes en sus vidas. Y todo porque los cuadros del tío Romi se los hacían recordar.

Esa misma noche, papá me llamó por teléfono. Mis hermanitos gemelos ya habían nacido: un niño y una niña. Papá me dijo que los dos eran calvos y hacían mucho ruido. Pero lo sentí feliz y me dijo que yo les hacía falta a todos.

Esta vez, la tía Nanette y el tío Romi me llevaron a la estación del tren.

—Un regalo de cumpleaños para ti. Llegó tarde —dijo el tío Romi y me dio un paquete—. Mejor lo abres en el tren. Así te entretienes durante el largo viaje.

Les dije adiós al tío Romi y a la tía Nanette por la ventana del tren hasta que se perdieron de vista. Entonces abrí el regalo.

Allí estaba mi verano en Nueva York. El cielo brillante en una esquina y las luces de la ciudad en otra. Los edificios altos. Las entradas al juego de pelota. La etiqueta de un frasco de jalea de pimientos. Y trenes. Uno que iba camino a los rascacielos. Y otro que se alejaba.

De regreso a Carolina me tendí sobre la dulce yerba de mi casa. Era el primero de septiembre, se acercaba el cumpleaños del tío Romi. Contemplé los pájaros que cruzaban el cielo.

Pensé en los pájaros de los tejados de los edificios. Habían vuelto igual que yo de su verano en Nueva York. Al mirarlos pude sentir el ritmo de la ciudad que todavía sonaba en mi cabeza.

Una pluma cayó lentamente del cielo. En el jardín, las azucenas se doblaban con la brisa: las flores favoritas del tío Romi. Arranqué unos capullos. Y entonces empecé a buscar cosas que me recordaban al tío Romi.

Pinté y pegué todas las cosas en una cartulina grande. En el centro del cuadro puse el itinerario del tren. Y en la parte de arriba escribí:

¡Feliz cumpleaños,
tío Romi!

PENSAMIENTO CRÍTICO

1. ¿Cuál es el tema del cuento "El tío Romi y yo"? TEMA

2. ¿Qué regalo le hace el tío Romi a Jaime? DETALLES IMPORTANTES

3. Si tú fueras Jaime, ¿qué cosas pondrías en un *collage* para la tía Nanette? Explica tus elecciones. EXPRESAR OPINIONES PERSONALES

4. ¿Qué siente la autora por Nueva York? ¿Cómo puedes saberlo? SACAR CONCLUSIONES

5. **ESCRIBIR** ¿Cómo cambian los sentimientos de Jaime hacia su tío después de que conoce su obra artística? Apoya tu respuesta con ejemplos de la propia lectura. RESPUESTA AMPLIA

Conoce a la autora

Claire Hartfield

Claire Hartfield era una niña muy tímida. Cuando tenía cinco años, comenzó a tomar clases de baile. Un día se dio cuenta de que esta actividad la ayudaba a expresar sus ideas. Quizás por eso continuó bailando hasta que se convirtió en adulta.

La idea para escribir *El tío Romi y yo* se le ocurrió después de ver el *collage* de un afamado artista. Ese cuadro le hizo recordar sus años de bailarina. Desde entonces dice que el *collage*, al igual que el baile, cuenta historias sobre la vida de las personas.

A Claire Hartfield le encanta visitar las escuelas para compartir sus historias con los niños y para ayudarlos a ellos a contar sus propias experiencias.

Conoce al ilustrador

Jerome Lagarrigue

Jerome Lagarrigue creció en París, Francia. Cada verano solía visitar a su abuela en Harlem, el barrio neoyorquino. Al igual que Jaime, el personaje principal de *El tío Romi y yo*, a él le encantaban los sonidos y las imágenes de esa ciudad durante sus visitas.

Además de su trabajo como ilustrador de libros infantiles, Jerome Lagarrigue pinta cuadros y enseña artes plásticas. En especial le gusta pintar personas y lugares que tienen un significado especial para él. Algunos de sus admiradores dicen que sus cuadros les despiertan el deseo de buscar un pincel y ponerse a pintar.

www.harcourtschool.com/reading

EL ARTE DEL COLLAGE

POR ASHLEY BRYAN

traducido por F. Isabel Campoy y Alma Flor Ada

Al igual que Romare Bearden, yo soy un artista. Escribo libros para niños y también los ilustro. Quizás ya has visto algún dibujo mío en libros que has leído. Yo siempre les digo a todos que los artistas no somos especiales. Al contrario, toda persona es un artista de algún modo. ¡Todos podemos crear una forma de arte propio!

Muchos de los artistas que hacen *collages* han aprendido mucho de Romare Bearden. Él se pasaba la vida probando nuevos modos de hacer las cosas de forma original. Usaba distintos tipos de papel, así como fotografías, pintura y tinta.

Cuando yo hago un *collage,* prefiero usar sólo papel. Mis únicas herramientas son las tijeras y el pegamento. Aunque hay muchas maneras de hacer un *collage,* aquí tienes una de ellas.

Hermoso pájaro negro de Ashley Bryan

- lápiz y papel de borrador para hacer bocetos
- una hoja de papel grueso o cartulina
- papeles de colores
- tijeras
- pegamento

1. Elige una escena de un cuento que te gustaría ilustrar.
2. Haz un boceto de lo que quisieras mostrar. ¿Quiénes son los personajes? ¿Cómo son? ¿Qué ocurre en la escena?
3. Observa tu boceto. ¿Qué formas debieran verse al fondo? Elige papeles de colores para esas formas. Recorta las formas y colócalas en la cartulina. No pegues nada todavía.
4. Recorta tus personajes y el resto de las formas. Decide dónde los colocarás en el *collage*. Recuerda que no tienes que limitarte al plan original. Hasta que no pegues las figuras puedes cambiarlas de lugar.
5. Cuando te guste la combinación que has creado, empieza a pegar las figuras y formas que has recortado.
6. Deja que el *collage* se seque boca arriba. Cuando esté seco, comparte tu obra de arte con tus compañeros y diles qué pasa en tu escena.

Enlaces

Comparar textos

1. Piensa en los *collages* que hizo el tío Romi y en los que hace Ashley Bryan. ¿En qué se parecen y en qué se diferencian?

2. ¿Te gustaría tener unos tíos como los del cuento? Explica por qué.

3. ¿Qué aprendiste en este cuento sobre la Ciudad de Nueva York?

Repaso del vocabulario

Califica la situación

- estupendo
- recuerdo
- arruinado
- cruzaban
- cautelosamente
- arranqué

Trabaja en equipo con un compañero. Túrnense para leer en voz alta cada una de las siguientes oraciones. Coloquen un punto en la línea para expresar cómo se sentirían en cada situación. Comenten sus respuestas.

feliz ______________________ triste

- Viste una araña que avanzaba **cautelosamente** por el piso.
- Pasaste un momento **estupendo** en la fiesta.
- Un amigo ha **arruinado** accidentalmente tu proyecto de arte.

Práctica de la fluidez

Lectura en pareja

Trabaja en equipo con un compañero. Túrnense para leer en voz alta sus fragmentos favoritos de "El tío Romi y yo". Mientras lees, agrupa las palabras en frases cortas y claras. Al concluir tu lectura, pídele a tu compañero que te dé su opinión.

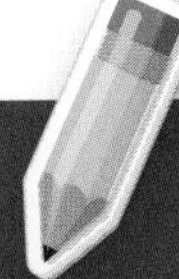

Escritura

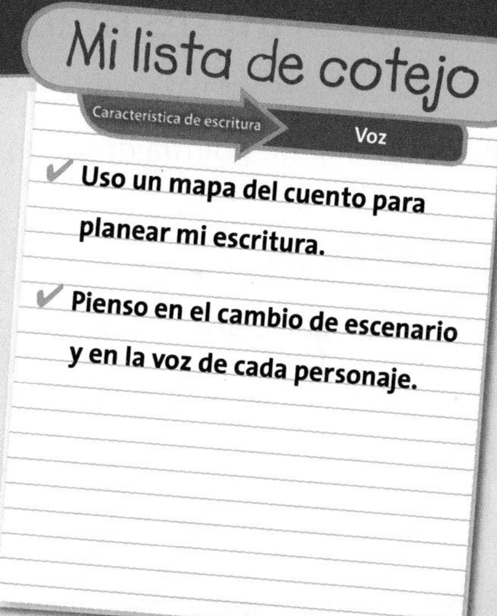

Escribe el plan de un cuento

Haz un plan para escribir un cuento sobre lo que pasaría si Jaime visitara tu comunidad. Describe los personajes y el escenario. Habla sobre el problema, los sucesos importantes y la solución. Asegúrate de que tu cuento tenga un tema.

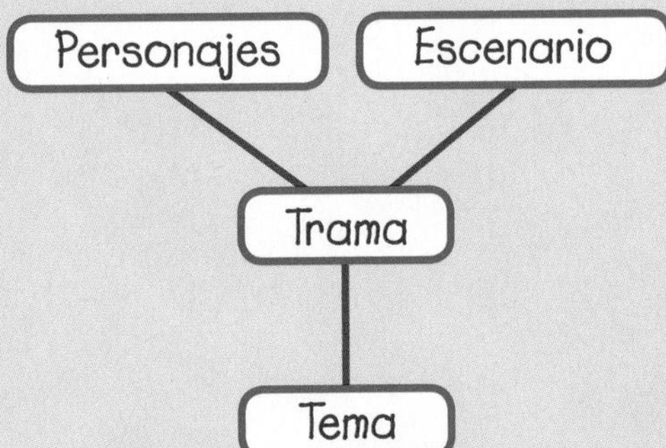

CONTENIDO

Lección 19

Género: Cuento popular
CUENTO TRADICIONAL EN ESPAÑOL E INGLÉS
A FOLKTALE IN SPANISH AND ENGLISH
MEDIOPOLLITO
HALF-CHICKEN
ALMA FLOR ADA
ILUSTRADO POR • ILLUSTRATED BY
KIM HOWARD

A bordo de medio barco
por Jack Prelutsky Ilustrado por Paula Pindroh
Género: Poesía

Destreza de enfoque

Tema

Todos los cuentos tienen uno o varios personajes, un escenario, una trama y un tema. El **tema** es el mensaje del cuento. Es lo que el autor quiere que el lector entienda. En algunos cuentos, el propio autor dice de qué tema está escribiendo. Pero la mayoría de las veces, tú tienes que averiguar cuál es el tema, de acuerdo a lo que pasa en el cuento.

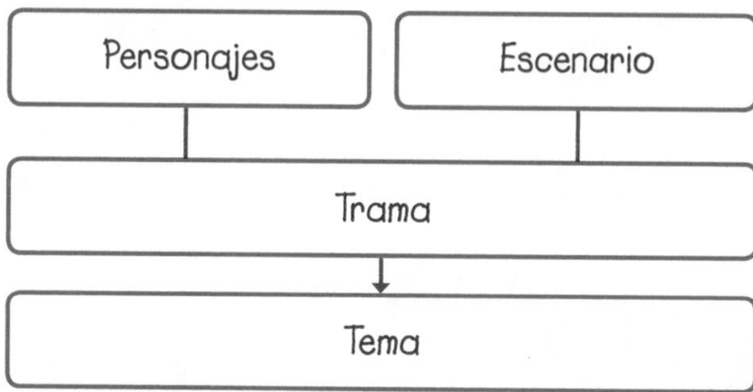

Clave

Piensa en los sucesos importantes de un cuento. ¿Qué mensaje te transmiten?

Lee el siguiente cuento corto. Usa los detalles del cuento para que puedas averiguar y decir cuál es el tema del cuento.

Una zorra hambrienta entró a un huerto y se paró debajo de un naranjo. Muy arriba sobre su cabeza colgaba una jugosa naranja.

La zorra saltó y saltó sin poder alcanzar la naranja. Estaba a punto de irse cuando vio que un conejo la observaba. De pronto, el conejo dio un brinco y logró desprender la naranja. Enseguida, el conejo comenzó a saltar para alejarse.

—¡Espera! —le dijo la zorra—. Tú me ayudaste y esta naranja también es tuya.

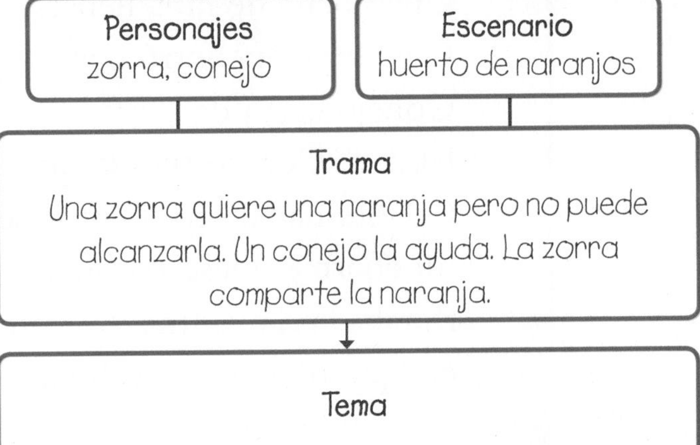

Inténtalo

¿Cómo cambiaría el tema si, al final del cuento, la zorra persiguiera al conejo?

www.harcourtschool.com/reading

Vocabulario

Desarrollar un vocabulario rico

sugirió

enorme

exclamó

veloces

vanidoso

abandonar

Cuentos populares de México

Muchos cuentos populares de México tienen personajes que son animales, como el coyote y el conejo. Aquí están tres de esos cuentos.

Una noche de luna llena, Coyote se encontró con Conejo cerca de una laguna. Conejo **sugirió** que Coyote nadara para comerse un **enorme** queso redondo que flotaba en la laguna. Coyote descubrió que el "queso" era, en realidad, el reflejo de la luna en el agua.

—¡Me engañaste! —**exclamó** Coyote.

Conejo engañó a Coyote de nuevo. Coyote persiguió a Conejo, pero con saltos **veloces**, Conejo llegó hasta la luna, donde se sintió a salvo. Coyote se molestó mucho y le aulló a la luna. Todavía le aúlla algunas noches.

▲ Cuco

Cuco era muy **vanidoso** y adoraba sus hermosas plumas. Un día escuchó a Búho ordenándoles a todos los pájaros que se dispusieran a **abandonar** sus nidos para ir a recoger semillas. Esa noche hubo un incendio. Cuco apagó el fuego y salvó las semillas. Pero sus alas quedaron quemadas. Ya nunca más pudo sentir vanidad.

www.harcourtschool.com/reading

Detectives de las palabras

Tu misión de esta semana es buscar las palabras del vocabulario en cuentos populares de los Estados Unidos y de otras culturas. Cada vez que leas una palabra del vocabulario, escríbela en tu diario de vocabulario. Recuerda anotar dónde encontraste cada palabra.

Cuento popular

Estudio del género

Un **cuento popular** es una historia que se ha transmitido de generación en generación hasta nuestros días. Identifica

- una explicación sobre cómo algo llegó a ser lo que es hoy.
- un tema del cuento que nos enseñe una lección.

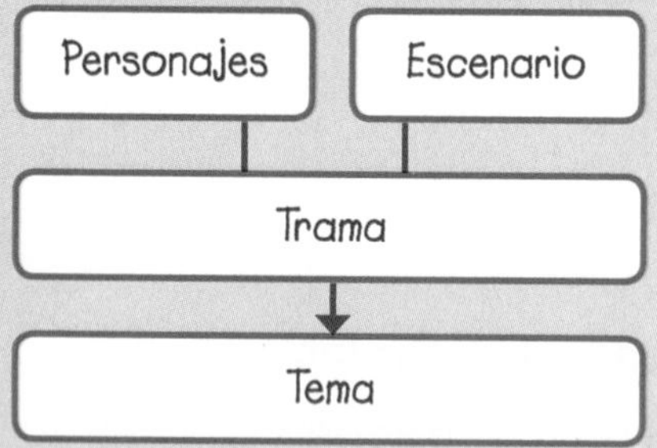

Estrategia de comprensión

Usa la estructura del cuento para que puedas seguir mejor el desarrollo de este cuento popular.

Mediopollito

Alma Flor Ada
ilustrado por Kim Howard

¿Has visto alguna vez una veleta? ¿Sabes de dónde salió el gallito en la punta, un gallito que da vueltas para decirnos en qué dirección sopla el viento?

Te lo voy a contar. Es un cuento viejo, viejísimo, que mi abuelita me contó. A ella se lo había contado su abuelita. Dice así...

Hace mucho, muchísimo tiempo, allá en México, en una hacienda, una gallina empollaba sus huevos. Uno por uno, los pollitos empezaron a salir, dejando vacíos los cascarones. Uno, dos, tres, cuatro... doce pollitos habían nacido ya. Pero el último huevo no acababa de empollar.

La gallina no sabía qué hacer. Los pollitos correteaban, de aquí para allá, y ella no podía seguirlos porque estaba todavía calentando el último huevo.

Por fin se oyó un ruidito. El pollito estaba golpeando con el pico el cascarón desde adentro. La gallina lo ayudó a romper el cascarón y apareció, por fin, el pollito número trece.

Sólo que era un pollito fuera de lo común. Tenía una sola ala, una sola pata, un solo ojo y sólo la mitad de las plumas que todos los demás pollitos.

Al poco rato de haber nacido, ya todos en la hacienda sabían que había nacido un pollito muy especial.

Los patos se lo habían contado a los guajolotes. Los guajolotes se lo habían contado a las palomas. Las palomas se lo habían contado a las golondrinas. Y las golondrinas volaron sobre los campos, dándoles la noticia a las vacas que pacían tranquilas con sus terneros, a los toros bravos y a los caballos veloces.

Pronto, la gallina se veía rodeada todo el tiempo de animales que querían ver al pollito extraño.

Uno de los patos dijo: —Pero si sólo tiene un ala…

Y uno de los guajolotes añadió: —Sí, es sólo… mediopollito.

Desde entonces, todos lo llamaron Mediopollito. Y viéndose el centro de tanto interés, Mediopollito se volvió muy vanidoso.

Un día oyó decir a las golondrinas que viajaban mucho: —Ni en la corte del virrey, en la ciudad de México, hay alguien tan especial.

Entonces, Mediopollito decidió que había llegado la hora de abandonar la hacienda. Una mañanita muy temprano se despidió diciendo:

—*Adiós, adiós.*
Me voy a México saltando,
a ver la corte del virrey.

Y *tip tap, tip tap*, se fue muy feliz por el camino, saltando que saltarás sobre su única patita.

No había caminado mucho cuando se encontró con un arroyo cuya agua estaba estancada, detenida por unas ramas secas.

—Buenos días, Mediopollito. Por favor, aparta las ramas que no me dejan correr —le pidió el agua.

Mediopollito apartó las ramas. Pero cuando el agua le sugirió que se quedara a darse un baño en el arroyo, él contestó:

—*No tengo tiempo que perder.*
Voy a México
a la corte del virrey.

Y siguió *tip tap, tip tap*, saltando que saltarás sobre su única patita.

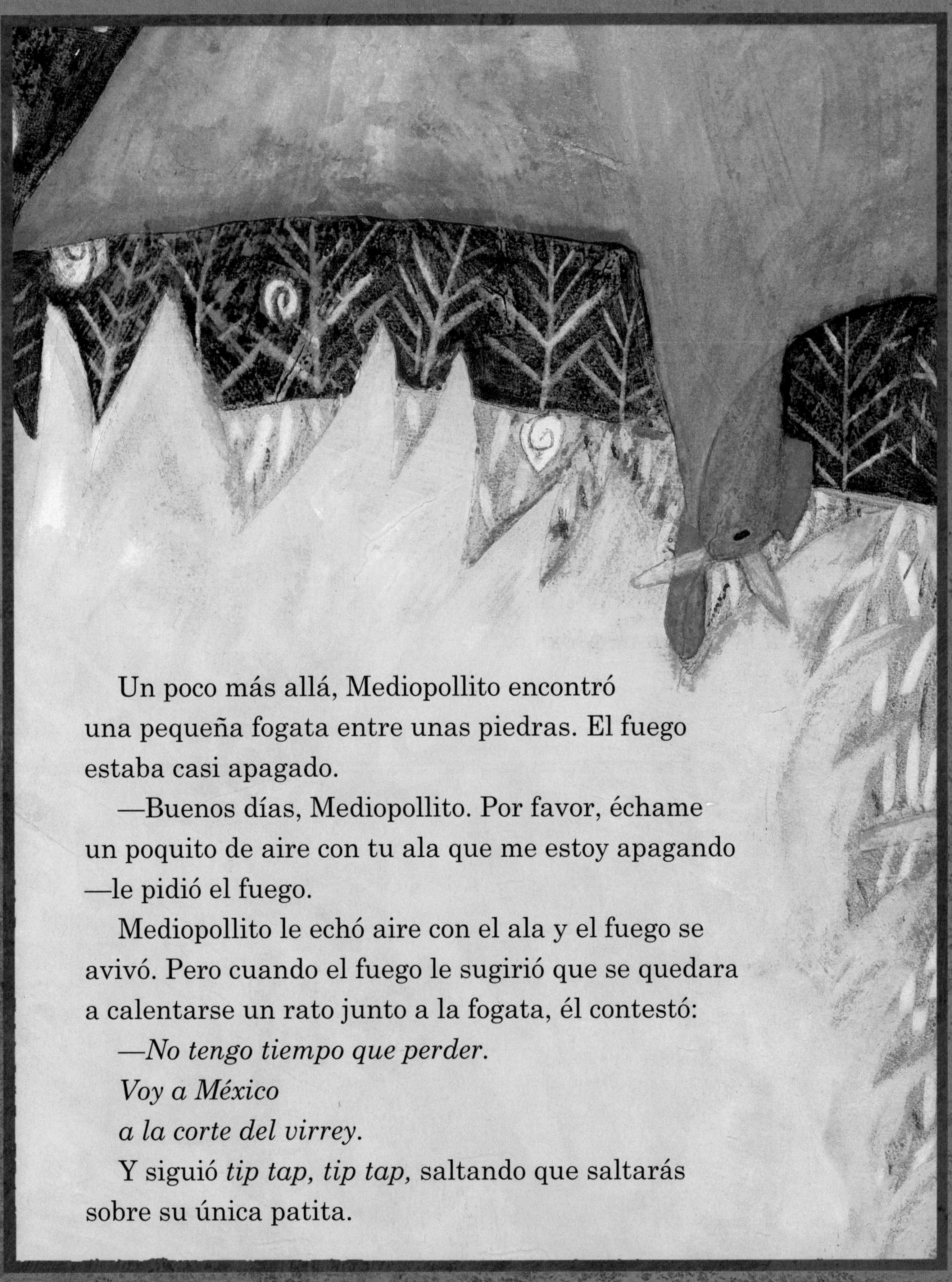

Un poco más allá, Mediopollito encontró una pequeña fogata entre unas piedras. El fuego estaba casi apagado.

—Buenos días, Mediopollito. Por favor, échame un poquito de aire con tu ala que me estoy apagando —le pidió el fuego.

Mediopollito le echó aire con el ala y el fuego se avivó. Pero cuando el fuego le sugirió que se quedara a calentarse un rato junto a la fogata, él contestó:

—*No tengo tiempo que perder.*
Voy a México
a la corte del virrey.

Y siguió *tip tap, tip tap,* saltando que saltarás sobre su única patita.

Después de caminar un poco más, Mediopollito se encontró con el viento, enredado en unos arbustos.

—Buenos días, Mediopollito. Por favor, ayúdame a desenredarme para poder seguir mi camino —le pidió el viento.

Mediopollito separó las ramas. Pero cuando el viento le sugirió que se quedara a jugar y le propuso hacerlo volar, como a las hojas secas de los árboles, él contestó:

—*No tengo tiempo que perder.*
Voy a México
a la corte del virrey.

Y siguió *tip tap, tip tap,* saltando que saltarás sobre su única patita. Y al fin llegó hasta la ciudad de México.

Mediopollito atravesó la enorme Plaza Mayor. Pasó frente a los puestos en que se vendía carne, pescado, verduras, frutas, queso y miel. Pasó frente al Parián, el mercado en el que exhibían todo tipo de mercancías lujosas. Finalmente llegó a la puerta misma del palacio del virrey.

—Buenas tardes —dijo Mediopollito a los guardias de vistosos uniformes que estaban a la entrada del palacio—. He venido a ver al virrey.

Uno de los guardias se echó a reír. El otro le dijo:
—Mejor vas por atrás, por la entrada de la cocina.

Y Mediopollito entonces, *tip tap, tip tap*, le dio la vuelta al palacio y llegó a la puerta de la cocina.

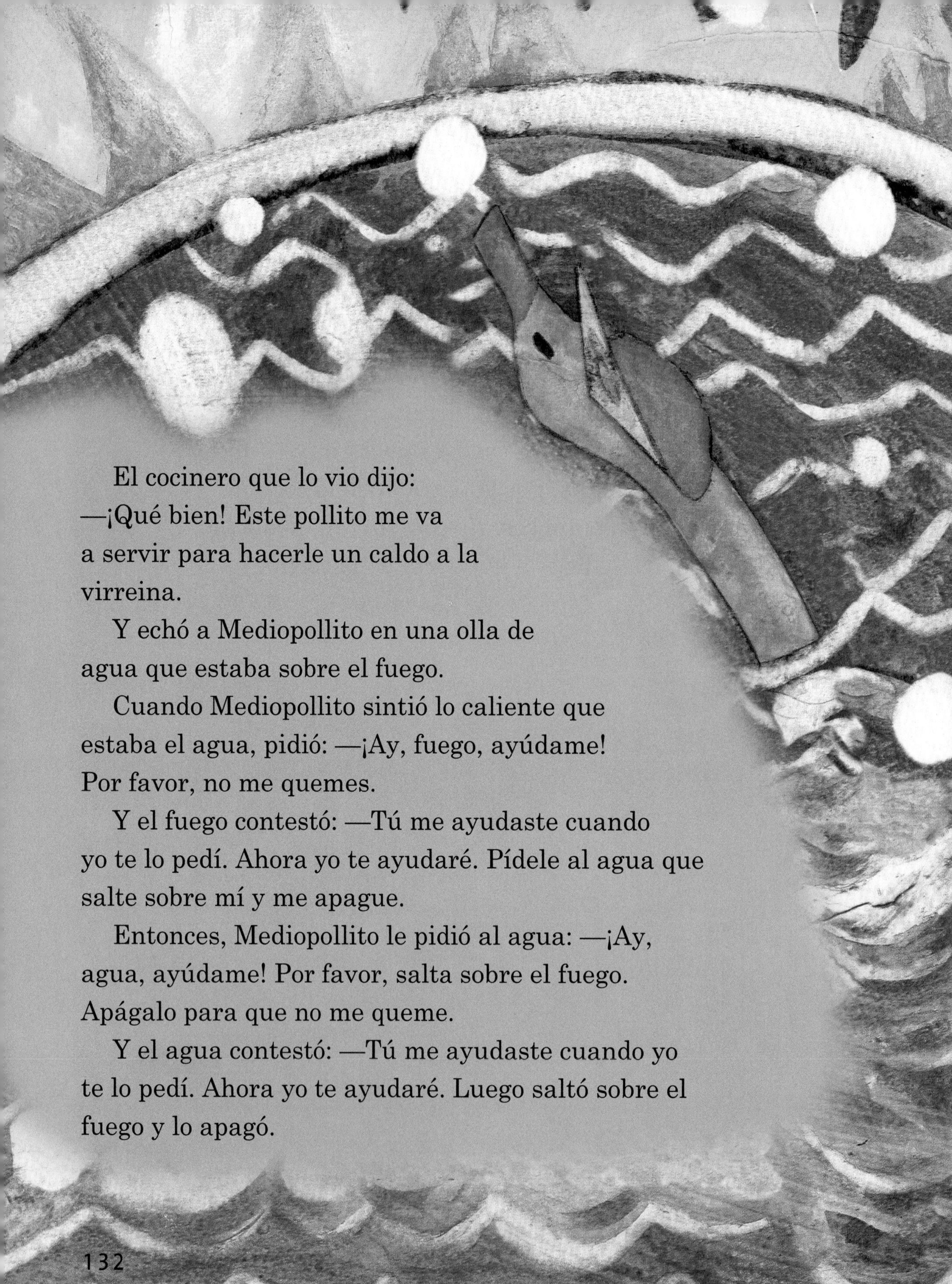

El cocinero que lo vio dijo:

—¡Qué bien! Este pollito me va a servir para hacerle un caldo a la virreina.

Y echó a Mediopollito en una olla de agua que estaba sobre el fuego.

Cuando Mediopollito sintió lo caliente que estaba el agua, pidió: —¡Ay, fuego, ayúdame! Por favor, no me quemes.

Y el fuego contestó: —Tú me ayudaste cuando yo te lo pedí. Ahora yo te ayudaré. Pídele al agua que salte sobre mí y me apague.

Entonces, Mediopollito le pidió al agua: —¡Ay, agua, ayúdame! Por favor, salta sobre el fuego. Apágalo para que no me queme.

Y el agua contestó: —Tú me ayudaste cuando yo te lo pedí. Ahora yo te ayudaré. Luego saltó sobre el fuego y lo apagó.

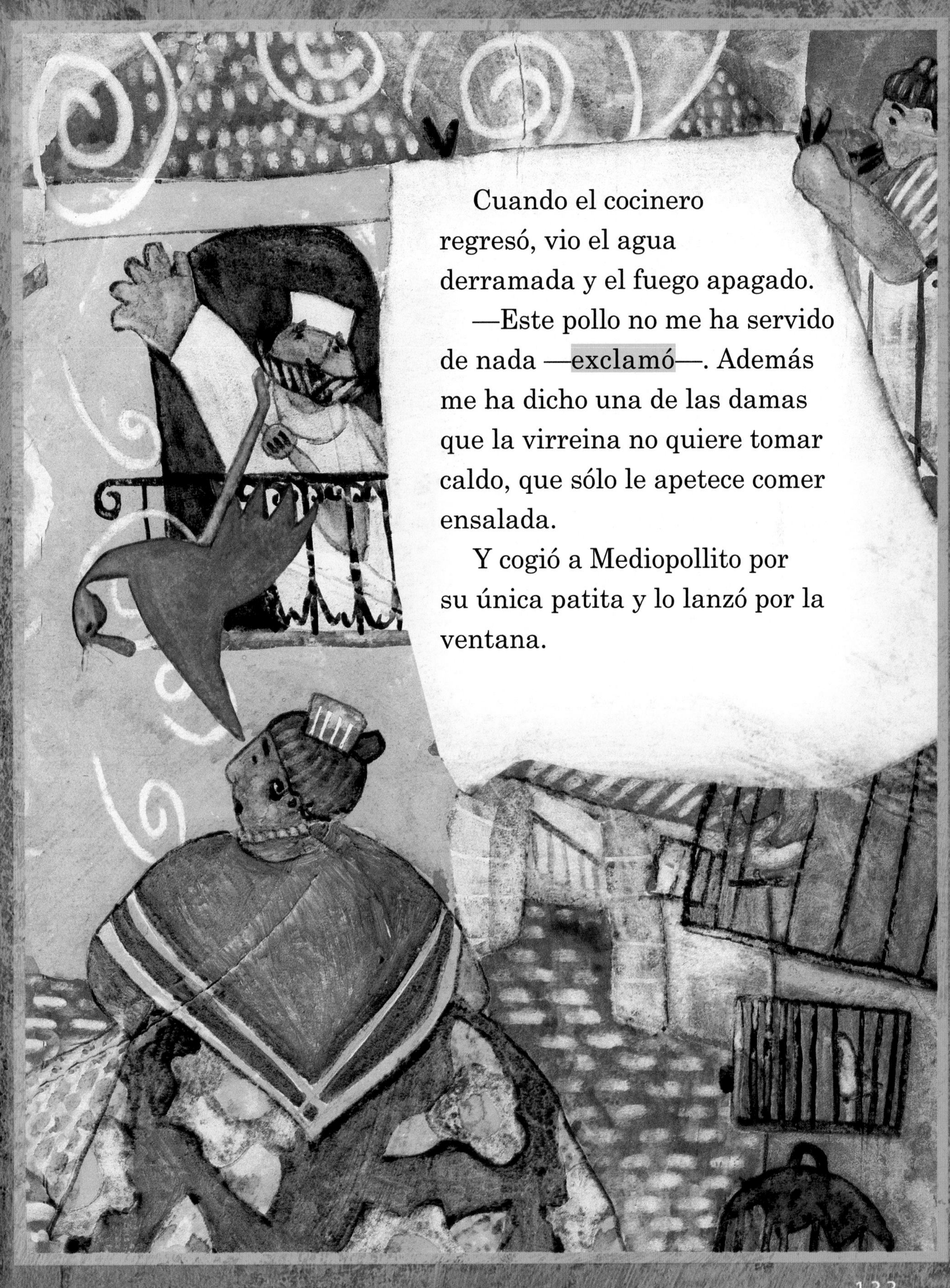

Cuando el cocinero regresó, vio el agua derramada y el fuego apagado.

—Este pollo no me ha servido de nada —exclamó—. Además me ha dicho una de las damas que la virreina no quiere tomar caldo, que sólo le apetece comer ensalada.

Y cogió a Mediopollito por su única patita y lo lanzó por la ventana.

Cuando Mediopollito se vio en el aire, pidió: —¡Ay, viento, ayúdame, por favor!

Y el viento contestó: —Tú me ayudaste cuando yo te lo pedí. Ahora yo te ayudaré.

Y sopló fuertemente. Y fue levantando a Mediopollito alto, más alto, hasta que lo colocó en una de las torres del palacio.

—Desde allí podrás ver todo lo que quieras, Mediopollito, sin peligro de terminar en la olla.

Y desde entonces, parados sobre su única patita, los gallitos de la veleta se dedican a ver todo lo que pasa y a señalar de qué lado sopla su amigo el viento.

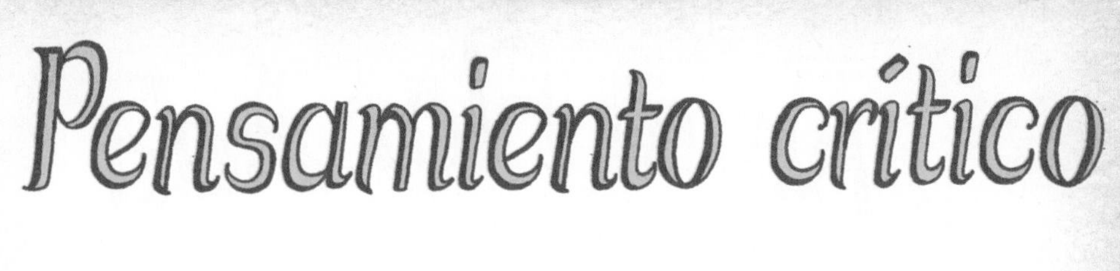

Pensamiento crítico

1. ¿Cuál es el tema de "Mediopollito"? TEMA

2. ¿Adónde lleva el viento a Mediopollito al final del cuento? DETALLES IMPORTANTES

3. ¿Qué crees que le gusta más a Mediopollito del lugar adonde lo lleva el viento al final del cuento? Explica. EXPRESAR OPINIONES PERSONALES

4. ¿Cómo te hace saber la autora que vas a leer un cuento popular? SACAR CONCLUSIONES

5. **ESCRIBIR** Mediopollito ayuda al agua, al fuego y al viento. Narra por escrito alguna ocasión en que hayas ayudado a alguien. RESPUESTA BREVE

Conoce a la autora

Alma Flor Ada

Alma Flor Ada proviene de una familia a la que le fascina contar cuentos. Su abuela contaba cuentos populares; su tío, historias de la familia; y su padre le contaba cuentos antes de dormir, los cuales le enseñaron mucho de historia. Con todos estos narradores a su alrededor, ¡no es casualidad que se haya convertido en una gran escritora!

El cuento de Mediopollito se lo contó por primera vez su abuela. Ahora, Alma Flor Ada busca veletas originales adondequiera que va.

Conoce a la ilustradora

Kim Howard

Kim Howard ha ilustrado más de veinticinco libros infantiles. Su trabajo se distingue por la abundancia de colores y detalles. Cuando no está ocupada en ilustrar algún libro, se dedica a pintar acuarelas y a hacer *collages* sobre la vida cotidiana, la naturaleza y las experiencias únicas. También les enseña a pintar a jóvenes de todo el mundo.

En Internet www.harcourtschool.com/reading

A bordo de

por Jack Prelutsky

A bordo de medio barco
surqué por mar medio mundo,
movido por media vela
y un medio viento fecundo.
Trepé hasta medio mástil
y, alzado en media ola,
divisé media enorme ballena
que desplegó media cola.

De día, con medio anzuelo,
media caña y carrete,
atrapaba medio pez
para un medio banquete.

medio barco

ilustrado por Paula Pindroh

Me comía medio plato,
bebía de media copa,
fregaba media cubierta
y limpiaba media popa.

Tras medio año indicado,
por medio reloj de sol,
desembarqué en medio puerto
junto a medio farol.
Ahí estaba media familia
y también media ciudad,
y de este cuento a medias tintas
les conté media verdad.

Enlaces

Comparar textos

1. ¿En qué se parecen y en qué se diferencian Mediopollito y el narrador de "A bordo de medio barco"?

2. ¿Le recomendarías "Mediopollito" a un amigo que le gusten los cuentos populares? Explica tu respuesta.

3. ¿Qué lección aprendiste de la lectura de "Mediopollito"?

Repaso del vocabulario

Redes de palabras

Trabaja en equipo con un compañero. Elige dos palabras del vocabulario y crea una red de palabras para cada una de ellas. Escribe la palabra del vocabulario en el centro de la red. Después, escribe a su alrededor algunas palabras que se relacionen con ella. Analiza con tu compañero las redes de palabras.

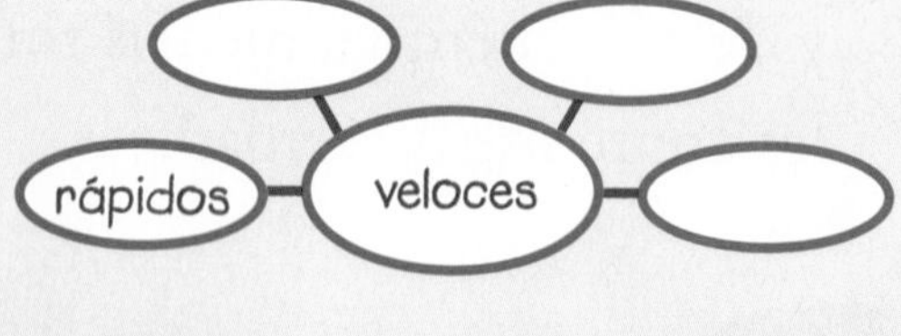

- sugirió
- enorme
- exclamó
- veloces
- vanidoso
- abandonar

Práctica de la fluidez

Teatro leído

Reúnete con un grupo de compañeros. Elija cada uno un personaje de “Mediopollito”, incluyendo al narrador. Escojan un fragmento del cuento para presentarlo como teatro leído. Agrupen en frases las palabras que expresan una misma idea para facilitar la lectura. Pidan la opinión de la audiencia.

Escritura

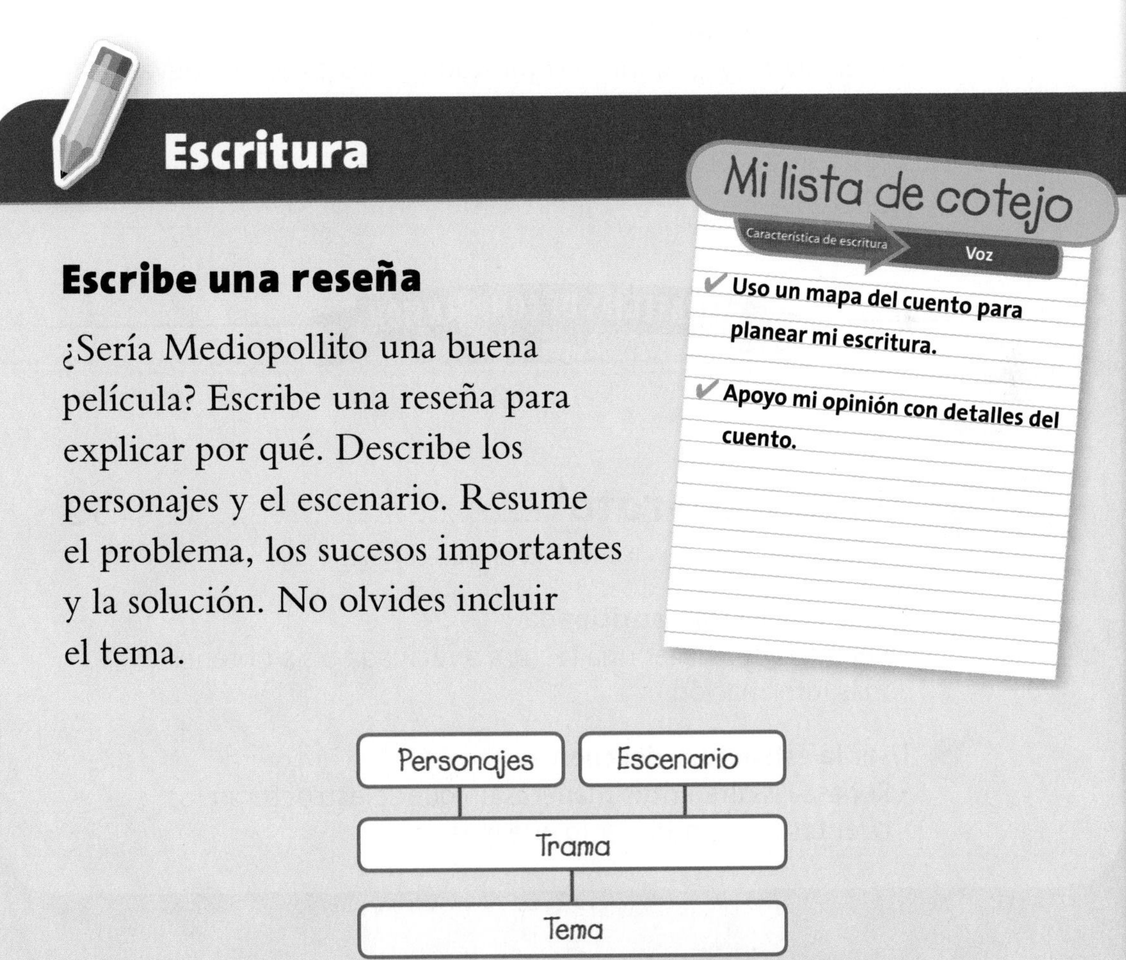

Escribe una reseña

¿Sería Mediopollito una buena película? Escribe una reseña para explicar por qué. Describe los personajes y el escenario. Resume el problema, los sucesos importantes y la solución. No olvides incluir el tema.

CONTENIDO

TEATRO LEÍDO

ESTRATEGIAS DE COMPRENSIÓN
Repaso

Lección 20

Repaso del tema y desarrollo del vocabulario

TEATRO LEÍDO

versiones

ensayar

obligatorios

criticar

involucrar

diálogo

Leer para adquirir fluidez

Cuando lees un guión en voz alta:

- lee con cuidado para que no cometas muchos errores.
- lee grupos de palabras que forman una misma idea para hacer que la lectura se escuche de forma natural.

ENTRE BASTIDORES

con Cristóbal y Casandra

Personajes

Cristóbal
Casandra
Director
Actriz
Diseñador
Jefa de tramoyistas

Escenario: *Tras los bastidores de un gran teatro*

Cristóbal: Nos encontramos tras los bastidores de la obra de teatro *La Bella Durmiente*. Esta noche es el gran estreno. Todas las butacas están vendidas.

Casandra: Estamos encantados de poder entrevistar a algunos de los actores y personal que trabajan en *La Bella Durmiente*. Tenemos muchas preguntas. ¡Así que comencemos!

Cristóbal: Bienvenido, señor Director. ¿Podría empezar diciéndonos cuál es la función del director de una obra teatral?

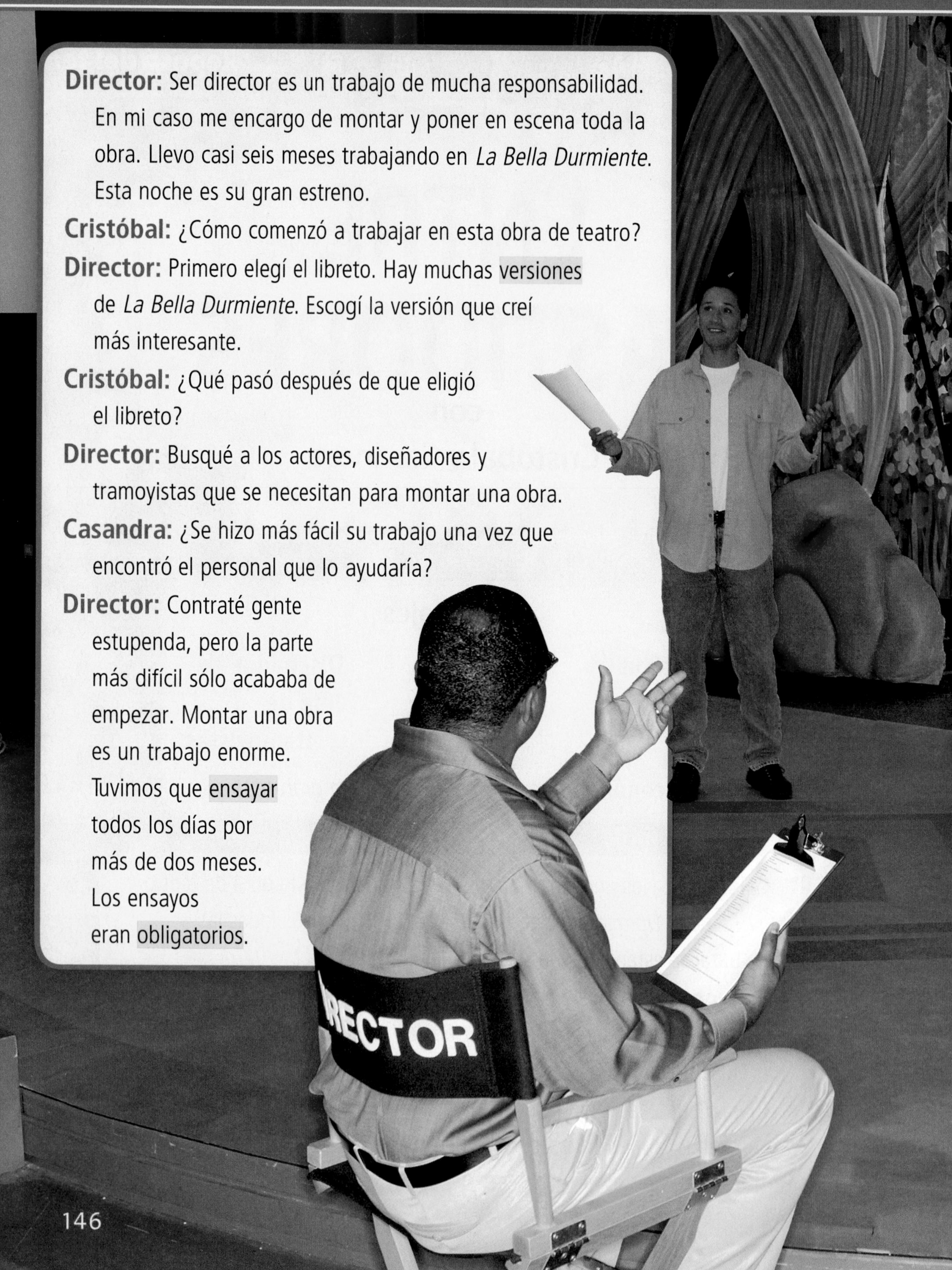

Director: Ser director es un trabajo de mucha responsabilidad. En mi caso me encargo de montar y poner en escena toda la obra. Llevo casi seis meses trabajando en *La Bella Durmiente*. Esta noche es su gran estreno.

Cristóbal: ¿Cómo comenzó a trabajar en esta obra de teatro?

Director: Primero elegí el libreto. Hay muchas versiones de *La Bella Durmiente*. Escogí la versión que creí más interesante.

Cristóbal: ¿Qué pasó después de que eligió el libreto?

Director: Busqué a los actores, diseñadores y tramoyistas que se necesitan para montar una obra.

Casandra: ¿Se hizo más fácil su trabajo una vez que encontró el personal que lo ayudaría?

Director: Contraté gente estupenda, pero la parte más difícil sólo acababa de empezar. Montar una obra es un trabajo enorme. Tuvimos que ensayar todos los días por más de dos meses. Los ensayos eran obligatorios.

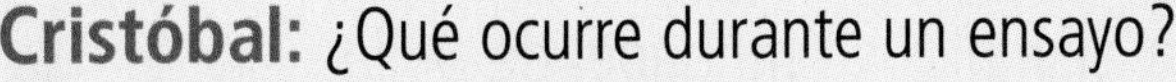

Clave para leer con fluidez

Cuando leas partes largas de un texto, asegúrate de leer todas las palabras. Lee en silencio esa parte antes de leerla en voz alta.

Cristóbal: ¿Qué ocurre durante un ensayo?

Director: Los actores practican sus partes una y otra vez. Uno de mis deberes es prestar atención a la actuación de los personajes. También les doy ideas para mejorar la actuación.

Casandra: Parece muy interesante. ¿Qué es lo más difícil para un director?

Director: ¡Formidable pregunta! Es difícil criticar el trabajo de un actor. Trato de hacerlo de una manera muy sutil para no herir sus sentimientos. Mi objetivo es mostrarle un modo mejor de hacer las cosas.

Cristóbal: Eso sí que parece difícil.

Director: Y lo es. Pero la parte más difícil de la dirección es encontrar una obra buena y convertirla en una obra excelente. Eso requiere el esfuerzo de todos, especialmente de los actores.

Cristóbal: ¿Qué hace un actor además de leer el texto?

Actriz: Si les parece bien, yo voy a responder esa pregunta. Una pequeña parte del trabajo de un actor es leer y aprenderse de memoria el texto.

Casandra: Eso pensé. Pero me gustaría que me contara más sobre su trabajo.

Actriz: La actuación, en cambio, lleva mucho trabajo. Por ejemplo, en mi papel de Bella Durmiente tuve que prepararme con anticipación. Primero busqué y leí todas las versiones del cuento que encontré.

Cristóbal: ¡Qué divertido!

Actriz: Fue divertido. Pero no sólo leí para disfrutar del cuento. Sino también para aprender de la actuación de la Bella Durmiente en cada versión. Después de que me entregaron el guión para esta producción, practiqué leyendo el texto de diferentes maneras.

Casandra: ¿Cómo decidió de qué manera interpretaría a la Bella Durmiente?

Actriz: Aquí fue donde el director me ayudó muchísimo. Él me sugirió que la interpretara como un personaje heroico. Entonces decidí actuar con voz valiente y muy marcada.

Cristóbal: ¿De qué otra manera hace que su personaje sea especial?

Actriz: Practico leyendo de forma natural. Por supuesto, no podría hacer de Bella Durmiente sin mi estupendo vestuario.

Casandra: Y para hablarnos de eso tenemos a nuestro próximo invitado, el diseñador. ¿Usted es el responsable del vestuario?

Clave para leer con fluidez

Practica leyendo en voz alta como si estuvieras hablando con un grupo de amigos.

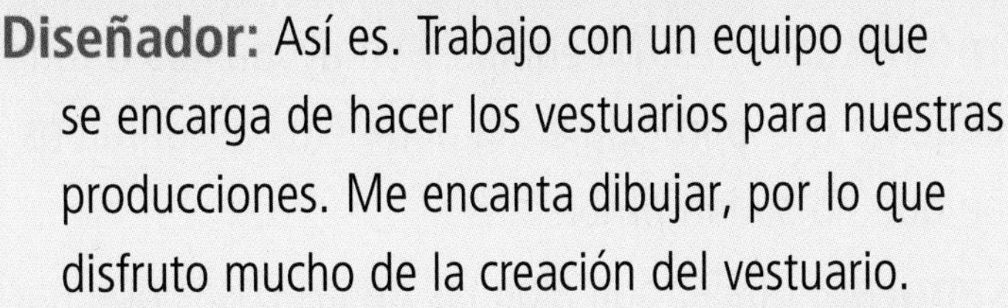

Diseñador: Así es. Trabajo con un equipo que se encarga de hacer los vestuarios para nuestras producciones. Me encanta dibujar, por lo que disfruto mucho de la creación del vestuario.

Cristóbal: ¿Diseña algo más que el vestuario?

Diseñador: Oh, sí. Me gusta involucrar al público en la obra. Hacerle sentir que está dentro del mundo de *La Bella Durmiente*. Para conseguirlo, trato de que la escenografía sea lo más realista posible.

Casandra: ¡Entonces, siempre está muy ocupado!

Diseñador: Sí, trabajo mucho. También ayudo al director con las luces, el sonido y la música. Después trabajo con la jefa de los tramoyistas para que nuestras ideas cobren vida en la obra.

Casandra: Estoy impresionada. ¿Cómo aprendió a diseñar?

Diseñador: Fui a una escuela de arte. Me gusta leer sobre artistas y diseñadores famosos. También busco ideas en los museos que visito y en las obras teatrales que veo. Todos los días aprendo algo nuevo de tan sólo observar el mundo a mi alrededor.

Cristóbal: Señora Tramoyista. Ya conozco parte de su trabajo.

Tramoyista: Así es. Mi equipo y yo ayudamos a toda la gente que participa en la obra. Nos aseguramos de que no surjan problemas.

Casandra: ¿Cuáles son algunas de las cosas que hace?

Tramoyista: Mi función principal es dirigir la consola de sonido. Esta consola controla el sonido durante la puesta en escena. Me aseguro de que el público pueda oír bien el diálogo y la música.

Cristóbal: ¡Sin su ayuda sería muy difícil entender la obra!

Tramoyista: Es cierto. Pero tanto trabajo no es una carga para mí. Debo estar siempre atenta a lo que sucede en el escenario. Así puedo solucionar rápidamente cualquier problema que se presente, para que el espectáculo no se vea arruinado por un problema de sonido.

Casandra: Gracias a todos por su tiempo. Sé que tienen mucho que hacer para el estreno de esta noche.

Cristóbal: Antes de finalizar, queremos hacerle una pregunta más a cada uno de ustedes. ¿Qué le dirían a alguien que sueña con ocupar sus puestos algún día?

Tramoyista: A aquellos que quieran dirigir un equipo de tramoyistas les diría que deben fijarse en los detalles y darles solución a los problemas tan pronto se presentan.

Casandra: ¿Qué consejo nos daría, señor Director?

Director: Un director debe llevarse bien con todo el mundo. El respeto facilita el trabajo en equipo y su cumplimiento.

Clave para leer con fluidez

Lee grupos de palabras que forman una misma idea, en vez de leer palabra por palabra, para que leas de forma natural.

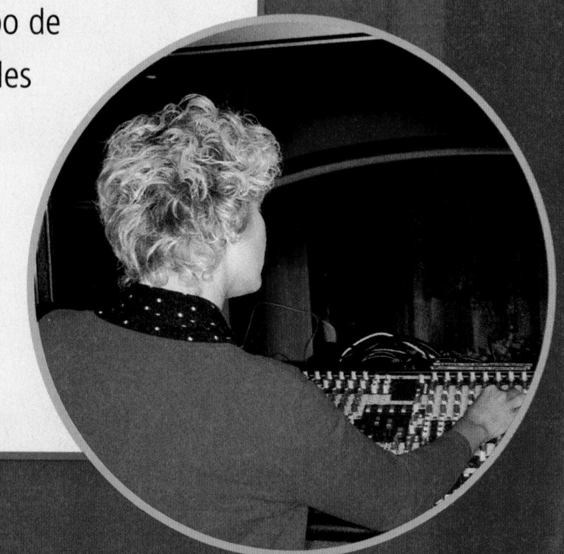

Cristóbal: Muy buen consejo, Director. ¿Y qué nos dice la actriz?

Actriz: Para tener éxito en mi trabajo he tenido que esforzarme mucho por muchos años. Tomo mi trabajo muy en serio y practico en todo momento. Quien quiera ser actor tendrá que hacerlo así.

Casandra: Y para terminar, ¿qué nos puede aconsejar el diseñador?

Diseñador: Les aconsejo que sean creativos. Es muy importante estudiar y leer sobre los grandes artistas de todos los tiempos. También es indispensable tener ideas propias y compartirlas con el resto del mundo.

Cristóbal: Gracias de nuevo por su tiempo y por hablarnos de su trabajo.

Casandra: Les deseamos buena suerte. Gracias por recibirnos entre bastidores.

Estrategias de comprensión

Enlace a la lectura de otra asignatura Las fábulas son cuentos cortos por medio de los cuales se enseñan lecciones valiosas. En las notas de la página 153 se muestran algunas de las características de una fábula. Revisa las páginas que contengan esta información cada vez que leas una fábula.

Repasar las estrategias de enfoque

Las estrategias que aprendiste en este tema también te ayudan a leer una fábula.

Verificar la comprensión: Hacer una lectura anticipada

Si tienes problemas para entender lo que has leído, intenta leer anticipadamente lo que sigue. Es posible que así encuentres información que explique lo que se te ha dificultado entender.

Usar la estructura del cuento

Usa tus conocimientos sobre la forma en que se estructuran los cuentos para que puedas comprender mejor la lectura. Identifica los personajes, el escenario, el problema y la solución del cuento.

Piensa en dónde y cómo puedes usar las estrategias de comprensión mientras lees "El cántaro roto" en las páginas 153 y 154.

TÍTULO
El título puede darte algunas pistas sobre los personajes y el escenario.

ILUSTRACIONES
Observa las ilustraciones para que puedas entender mejor el escenario de la fábula.

EL CÁNTARO ROTO

por Carolyn Han

Todas las mañanas, Han Han iba al río a buscar agua para la gente de su pueblo. En un palo de bambú que se colocaba a través de los hombros, ponía los cántaros, uno a cada lado.

Cuando Han Han regresaba al pueblo, llegaba con un cántaro y medio de agua. Uno de los cántaros de barro tenía una pequeña grieta que dejaba salir parte de su contenido.

El cántaro que no tenía ninguna grieta estaba muy orgulloso de sí mismo. Llegaba al pueblo sin derramar ni una gota de agua. Pero el cántaro roto estaba tan avergonzado. Sólo hacía la mitad de su trabajo.

Un día, el cántaro roto no pudo más y dijo: —Soy un fracaso. ¿Por qué tengo esta grieta?

Han Han no le hizo caso. Llenó los dos cántaros con agua del río. Cuando llegaron al pueblo, nuevamente el cántaro roto llegó con la mitad del agua.

—¿Por qué no me echas a la basura? —le rogó el cántaro roto.

Han Han sonrió y guardó los cántaros.

Al otro día por la mañana, Han Han recogió los cántaros y se los puso en los hombros. Y dirigiéndose al cántaro roto dijo:

—Ya hace meses que no haces más que quejarte.

—Estoy avergonzado de mí —dijo el cántaro—. No valgo nada.

—Hoy, cuando vengamos de regreso al pueblo, fíjate en el camino —dijo Han Han.

Fue la primera vez que el cántaro roto se fijó en las flores. Se sintió muy feliz con sus bellos colores. Pero entonces se acordó de la grieta y del agua que se le escapaba, y otra vez entristeció.

—¿Te gustan las flores? —preguntó Han Han.

—Son muy bonitas —le contestó el cántaro—. Sólo crecen en mi lado del camino.

—Es cierto —dijo Han Han—. Hace meses que riegas las semillas de las flores silvestres. Lo que llamas "fracaso" ha embellecido nuestro pueblo.

—Entonces, todo este tiempo en que creí no valer nada —dijo el cántaro roto—, mi defecto ha sido mi cualidad más valiosa.

COMIENZO, MEDIO Y FINAL
Una fábula muestra claramente el comienzo, el medio y el final.

MORALEJA
La moraleja es la lección del cuento. La moraleja se encuentra al final del cuento.

Aplicar las estrategias Lee la fábula "El cántaro roto". Mientras lees, detente y piensa en cómo estás usando las estrategias de comprensión.

EL CÁNTARO ROTO

por Carolyn Han

Todas las mañanas, Han Han iba al río a buscar agua para la gente de su pueblo. En un palo de bambú que se colocaba a través de los hombros, ponía los cántaros, uno a cada lado.

Cuando Han Han regresaba al pueblo, llegaba con un cántaro y medio de agua. Uno de los cántaros de barro tenía una pequeña grieta que dejaba salir parte de su contenido.

El cántaro que no tenía ninguna grieta estaba muy orgulloso de sí mismo. Llegaba al pueblo sin derramar ni una gota de agua. Pero el cántaro roto estaba tan avergonzado. Sólo hacía la mitad de su trabajo.

Un día, el cántaro roto no pudo más y dijo: —Soy un fracaso. ¿Por qué tengo esta grieta?

Han Han no le hizo caso. Llenó los dos cántaros con agua del río. Cuando llegaron al pueblo, nuevamente el cántaro roto llegó con la mitad del agua.

—¿Por qué no me echas a la basura? —le rogó el cántaro roto.

Han Han sonrió y guardó los cántaros.

Detente a pensar

¿Cómo podrías usar la estructura del cuento para entender mejor la fábula? ¿Por qué sería útil hacer una lectura

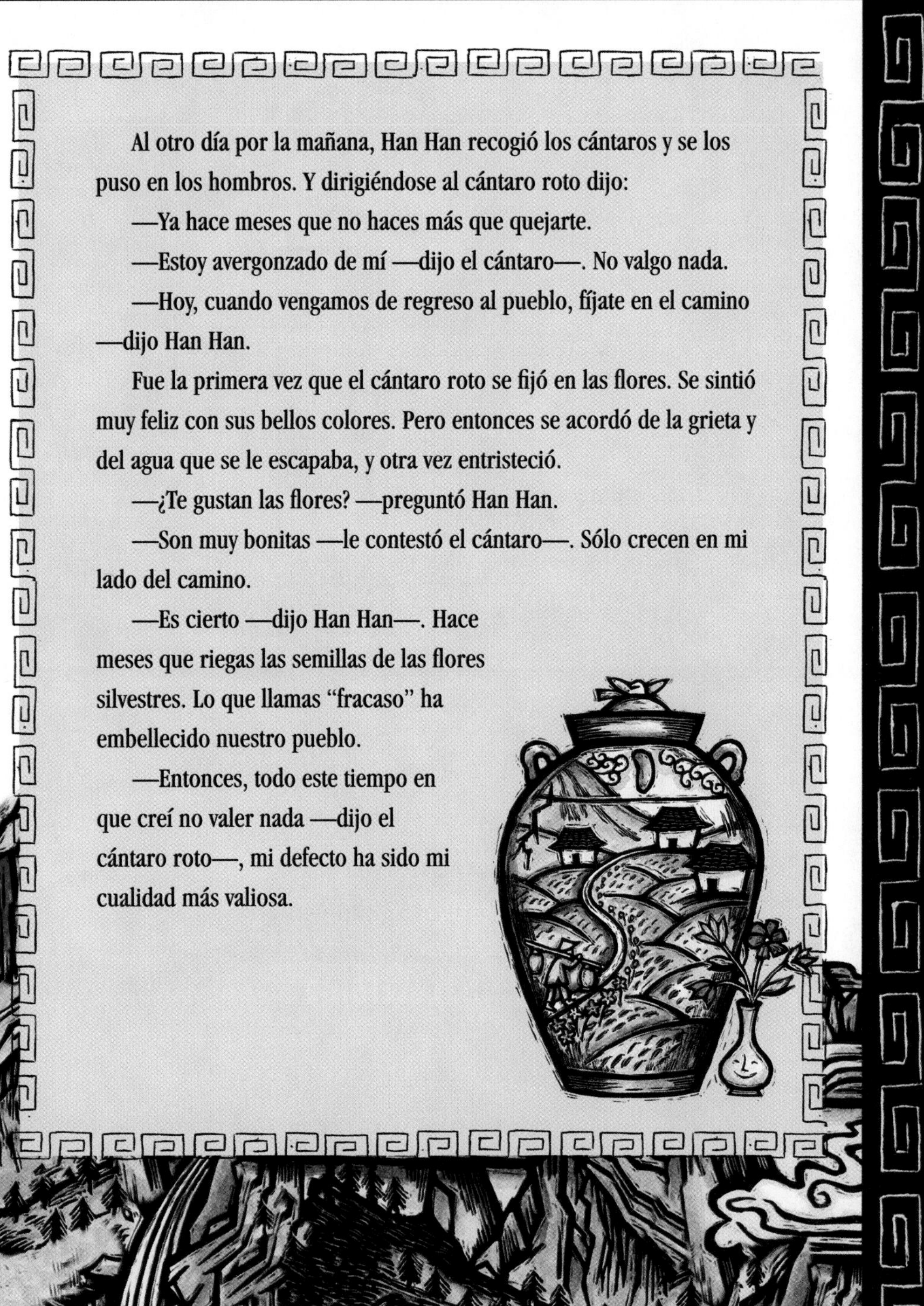

Al otro día por la mañana, Han Han recogió los cántaros y se los puso en los hombros. Y dirigiéndose al cántaro roto dijo:

—Ya hace meses que no haces más que quejarte.

—Estoy avergonzado de mí —dijo el cántaro—. No valgo nada.

—Hoy, cuando vengamos de regreso al pueblo, fíjate en el camino —dijo Han Han.

Fue la primera vez que el cántaro roto se fijó en las flores. Se sintió muy feliz con sus bellos colores. Pero entonces se acordó de la grieta y del agua que se le escapaba, y otra vez entristeció.

—¿Te gustan las flores? —preguntó Han Han.

—Son muy bonitas —le contestó el cántaro—. Sólo crecen en mi lado del camino.

—Es cierto —dijo Han Han—. Hace meses que riegas las semillas de las flores silvestres. Lo que llamas "fracaso" ha embellecido nuestro pueblo.

—Entonces, todo este tiempo en que creí no valer nada —dijo el cántaro roto—, mi defecto ha sido mi cualidad más valiosa.

ENLACE: LECTURA Y ESCRITURA

	Lección 21	Lección 22
TÍTULOS DE LAS LECTURAS	**El hielo de la Antártida** Diario de un día de invierno cortísimo	**A la señora murciélago le fascina la oscuridad** El delfín mular
Estrategia de comprensión	Verificar la comprensión: Volver a leer	Verificar la comprensión: Volver a leer
Destreza de enfoque	Secuencia	Secuencia

Tema 5 Un lugar para todos

Entrada dársena de Burdeos, André Lhote

Lección 23	Lección 24	Lección 25 Repaso
Ensenada de los Castaños	**Ramona empieza el curso**	**Los robotiperros de Villa Verde**
El alcalde	Agua Chapuzón	La lucha por nuestras libertades
Contestar preguntas	Contestar preguntas	Repasar las destrezas y estrategias
Causa y efecto	Causa y efecto	

CONTENIDO

Lección 21

Género: No ficción descriptiva
EL HIELO DE LA ANTÁRTIDA
POR
Jim Mastro y N
FOTOGRAFÍAS DE
Norbert Wu
Diario de un día de invierno cortísimo
Judy Sierra
Género: Poesía

Destreza de enfoque

Secuencia

Se llama **secuencia** al orden en que ocurren los sucesos. Puedes seguir una secuencia al observar las palabras que ordenan el tiempo. Palabras como *primero, a continuación, después, más tarde* y *finalmente* son claves para saber el orden en que ocurren los sucesos. Las fechas y las horas también son claves para establecer una secuencia. Para entender mejor lo que lees, te será muy útil seguir la secuencia de los sucesos.

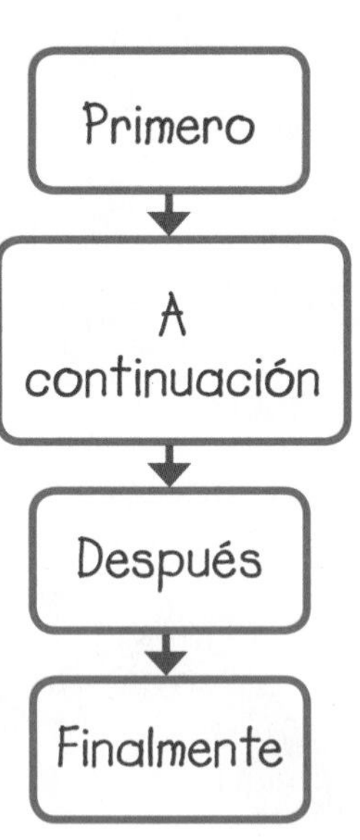

Clave

Piensa en algo que tenga que suceder antes de que otra cosa pueda ocurrir. Esto te ayudará a comprender la secuencia de los sucesos en la lectura.

Lee el artículo y responde qué pasó después de que Shackleton navegara a la Antártida.

En 1914, el explorador Sir Henry Shackleton navegó a la Antártida en un barco llamado el *Endurance*. Anhelaba llegar al Polo Sur, pero su barco quedó atrapado en el hielo.

Shackleton y su tripulación recorrieron a pie cerca de 180 millas hasta la isla Elefante. Después, Shackleton y cinco hombres de su tripulación partieron en un bote salvavidas en busca de ayuda. Finalmente, ya con un equipo de rescate, regresaron a la isla Elefante por el resto de la tripulación.

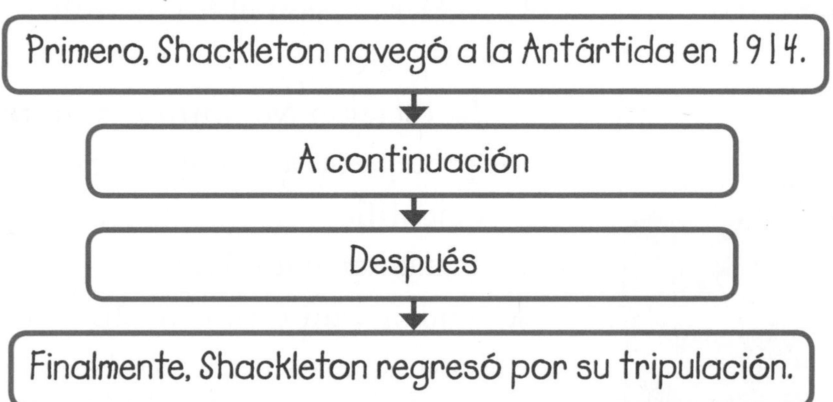

Inténtalo

Responde qué pasó después de que Shackleton y su tripulación quedaran atrapados.

www.harcourtschool.com/reading

Vocabulario

Desarrollar un vocabulario rico

- ausencia
- refugio
- permanentemente
- flota
- escasea
- tenue

Viaje de exploración a la Antártida

La Antártida siempre está fría, ¡muy fría! La **ausencia** de luz solar hace extremadamente difícil permanecer allí durante los oscuros y fríos meses del invierno. A pesar de ello, muchos científicos pasan largas temporadas en la Antártida, con el fin de realizar sus investigaciones.

La estación McMurdo es un **refugio** que los protege de los peores azotes del frío. Los científicos no se quedan en la estación **permanentemente**. Durante el verano, se mudan a un campamento cercano al océano para realizar otros tipos de investigaciones.

Para estudiar el océano, los científicos deben excavar agujeros en el hielo. Luego se ponen trajes especiales para bucear en el agua fría. Así, toman fotografías asombrosas, como la de una araña marina que **flota** al lado de uno de ellos.

Los científicos toman muestras de diversas criaturas marinas. Esto es importante porque la información sobre estos animales, así como de los químicos que usan para protegerse, **escasea**. Posteriormente, los científicos analizan esos químicos para saber si pueden usarse en la elaboración de medicinas.

Los científicos usan cámaras especiales para filmar en el fondo marino, donde la luz es muy **tenue**.

www.harcourtschool.com/reading

Escribientes

Tu misión de esta semana es usar las palabras del vocabulario en tu escritura. Por ejemplo, escribe un cuento sobre lo que pasaría en tu comunidad si la luz solar de pronto escasea. Léele el cuento a un compañero.

Estudio del género

Un texto de **no ficción descriptiva** explica datos e ideas. Identifica

- hechos y detalles sobre un tema.
- eventos narrados en orden cronológico.

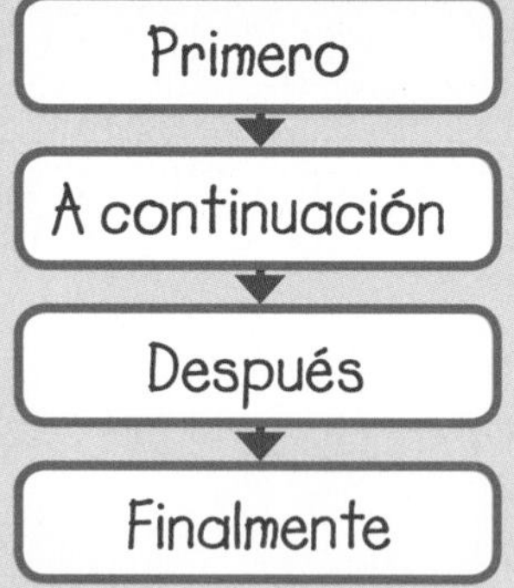

Estrategia de comprensión

Verificar la comprensión: Vuelve a leer la información que te parezca confusa al leerla por primera vez.

EL HIELO DE LA ANTÁRTIDA

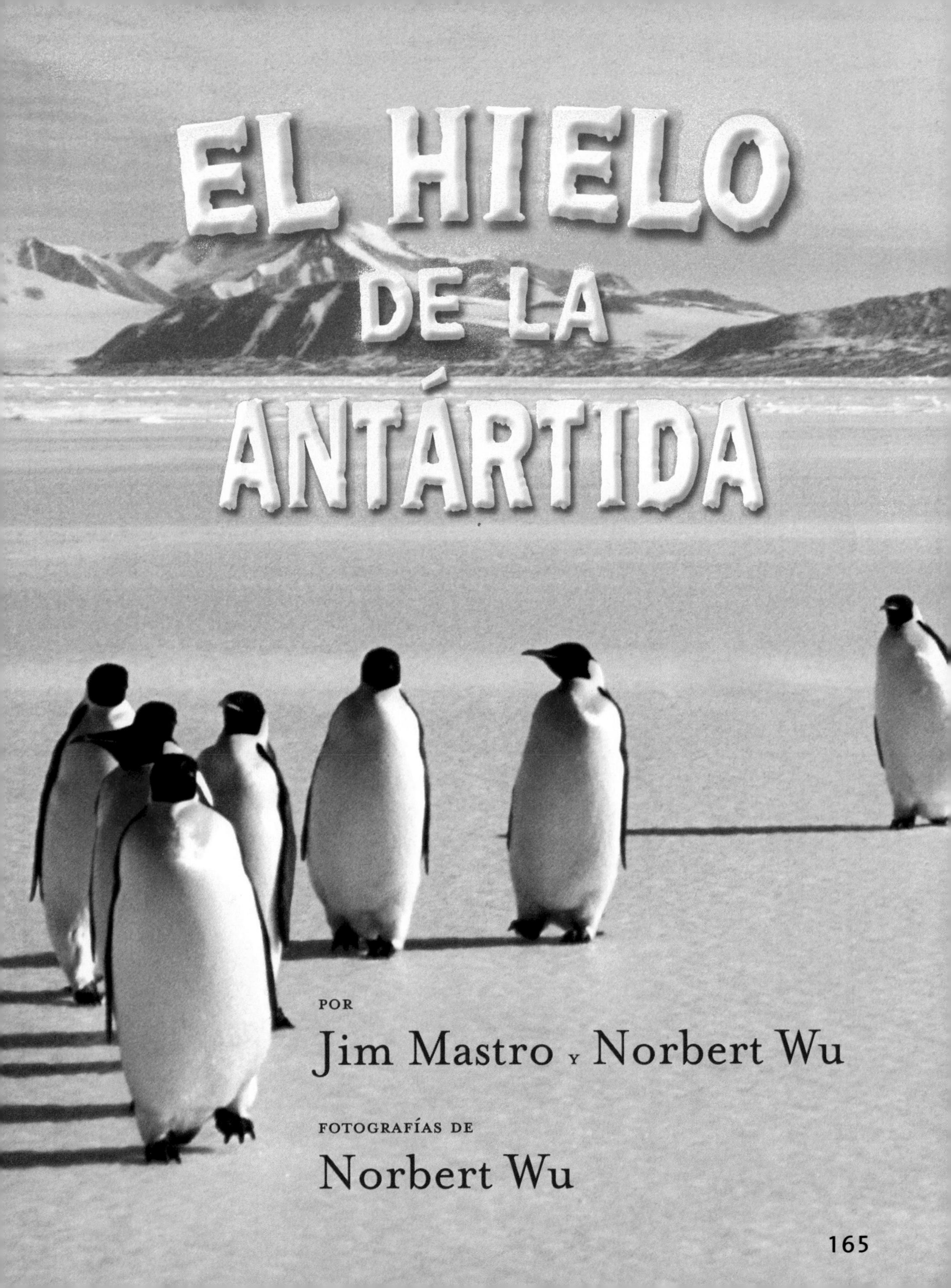

POR

Jim Mastro y Norbert Wu

FOTOGRAFÍAS DE

Norbert Wu

La Antártida es el lugar más frío de la Tierra. La mayoría de sus montañas y sus valles están cubiertos permanentemente bajo una enorme masa de hielo. En el invierno, hasta la superficie del mar se congela. No hay olas. Nada se mueve, solamente el viento.

Debajo del hielo, los animales esperan la llegada del verano. Una medusa flota bajo una luz tenue. Una enorme araña de mar se arrastra por el fondo helado. Una estrella de mar sube por el tallo de un poliqueto. Este gusano utiliza zarcillos tan delicados como el encaje para recoger el fitoplancton del que se alimenta.

El fitoplancton es un conjunto de plantas pequeñitas que flotan en el mar. La mayoría de estas plantas son tan pequeñas que sólo se pueden ver bajo la lente de un microscopio. Muchos animales que viven en el fondo del mar se alimentan de estas plantitas, pero durante el invierno, el fitoplancton escasea. Necesita de la luz del sol para crecer. En la Antártida no sale el sol durante esta época.

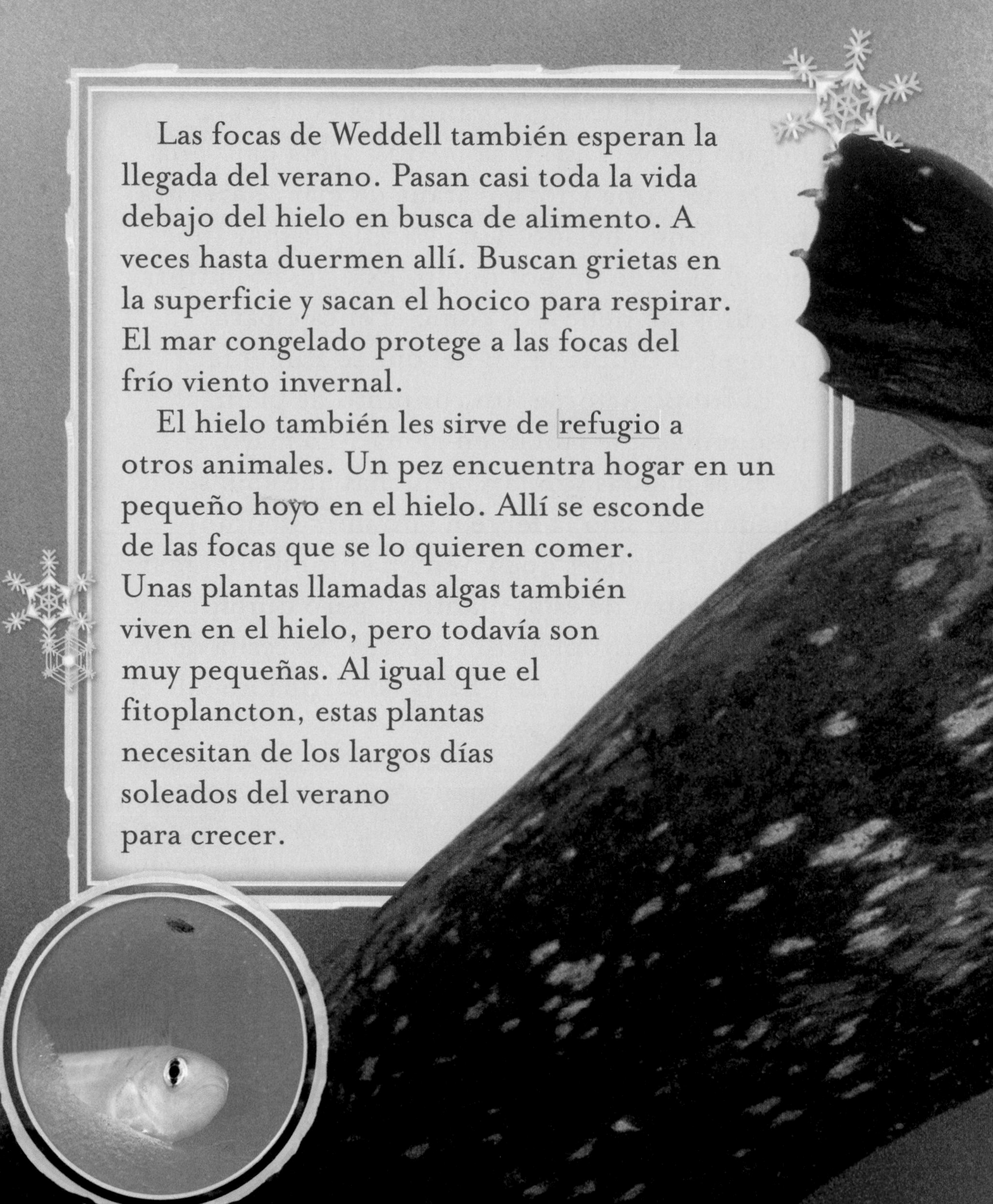

Las focas de Weddell también esperan la llegada del verano. Pasan casi toda la vida debajo del hielo en busca de alimento. A veces hasta duermen allí. Buscan grietas en la superficie y sacan el hocico para respirar. El mar congelado protege a las focas del frío viento invernal.

El hielo también les sirve de refugio a otros animales. Un pez encuentra hogar en un pequeño hoyo en el hielo. Allí se esconde de las focas que se lo quieren comer. Unas plantas llamadas algas también viven en el hielo, pero todavía son muy pequeñas. Al igual que el fitoplancton, estas plantas necesitan de los largos días soleados del verano para crecer.

El sol regresa a la Antártida tras una larga ausencia. Cada día sube más alto en el cielo y por más tiempo. Hasta que deja de ocultarse. Siempre es de día. No hay noches. Ha llegado el verano a la Antártida, pero todavía hace tanto frío que la superficie del mar sigue congelada.

Una mamá foca de Weddell encuentra una grieta en el hielo y sale del agua. Pulgada a pulgada se va arrastrando como si fuera un gusano por la superficie congelada. Es hora de tener su bebé. El hielo es el lugar donde su cría nacerá sin peligro. Cuando el bebé foca nace, su piel gruesa lo abriga.

Igual que las focas de Weddell, el pingüino emperador tiene sus crías sobre la superficie del mar congelado. A mitad del invierno, mamá pingüino pone un huevo y papá pingüino lo guarda entre sus patas. Cuando el bebé pingüino sale del huevo, tiene su propio nido movible. Al llegar el verano, ya este pichón ha crecido demasiado y no cabe entre las patas de papá pingüino.

Una ballena orca se aproxima. Hace mucho ruido cuando respira. *¡UUUSSSS!* Los pingüinos la oyen desde lejos. La ballena nada muy cerca de la orilla del hielo en busca de alimento. Como no cabe entre las grietas como la foca de Weddell, tiene que quedarse en alta mar, aunque cerca de las aguas congeladas. La ballena sale en busca de los peces grandes que viven debajo del hielo. A veces, también se come a las focas, pero esta vez, las focas están en el hielo fuera de su alcance.

Después de varios días nadando en dirección sur desde su hogar invernal, el pingüino de Adelia llega a las orillas del hielo. Se dirige a su colonia, el lugar donde él y su compañera criarán a sus pichones. Como es de tamaño mediano, sus pasos son cortos y el camino se le hace muy largo.

Por fin llega a la colonia: una montaña pequeña sin hielo. El macho tiene que apurarse en construir un nido de piedras antes de que llegue la hembra. Como no hay muchas piedras a su alrededor, le roba algunas a su vecino.

El verano es una temporada de mucha actividad bajo el hielo. Las algas pequeñitas crecen muy rápido con la luz del sol y forman una capa de color marrón debajo de la superficie del hielo. Muchos animales esperaban este alimento. Los erizos de mar, las estrellas de mar y unas criaturitas que se llaman anfípodos y krill (*Euphausia superba*) se comen las algas. Los peces se comen los anfípodos y el krill antártico, y las focas y los pingüinos se comen los peces. Los pingüinos también se alimentan de krill.

En tierra, la hembra del pingüino de Adelia por fin llega a la colonia. Para reconocer a su pareja, los pingüinos cantan y mueven las aletas. La hembra pone dos huevos y se vuelve a ir. Esta tarea la ha dejado muy hambrienta. Tiene que regresar al mar para alimentarse. Es un viaje largo a través del hielo. El macho se sienta sobre los huevos para abrigarlos.

El pichón de pingüino emperador crece durante el verano. Cuando los padres salen a pescar, se queda con otros pichones que han formado un grupo llamado *créche* (que quiere decir cuna).

Pero el pichón todavía es muy joven y no sabe nadar. Si no tuviera el hielo para caminar, no podría sobrevivir. Cada dos días, los padres regresan con el estómago lleno de peces, calamares y krill. Y le dan de comer al pichón hambriento, directamente en la boca, parte de este alimento parcialmente digerido.

La cría de la foca de Weddell también ha crecido. Su mamá cree que ya es hora de que aprenda a nadar. Las dos se meten al agua por una grieta en el hielo. La mamá se queda muy cerca de su cría para protegerla.

El mar congelado comienza a derretirse bajo el sol del verano. Grandes pedazos de hielo empiezan a desprenderse. Las aguas del mar se van haciendo visibles. Las algas se separan del hielo y caen en lo profundo del océano. Las esponjas y otros animales marinos las sacan del agua y se las comen. Todos dependen de las algas y las algas dependen del hielo.

La hembra del pingüino de Adelia no tiene que caminar la misma distancia de regreso a la colonia. Ahora ella reemplaza a papá pingüino para que él pueda ir a comer. En su ausencia, los huevos salen del cascarón. Los dos pichones velludos están hambrientos. Al igual que el pingüino emperador, mamá pingüino de Adelia les da de comer a sus pichones el alimento digerido directamente en la boca.

Las grietas en el hielo se vuelven más grandes. La cría de la foca de Weddell pasa más tiempo en el agua. Aprende a contener la respiración por largo tiempo para poder zambullirse y buscar peces como su mamá. Ahora que el hielo se rompe, los peces ya no tienen donde esconderse.

Los animales en el fondo del mar se comen todo el alimento que les llega desde la superficie. Las algas se siguen desprendiendo a medida que el hielo se sigue rompiendo. El fitoplancton también ha crecido bajo la luz del sol y una parte de él también cae al fondo del mar. Es un banquete para todos los animales marinos, hasta para los que no comen algas ni fitoplancton. Las estrellas de mar encuentran algún erizo suave y jugoso para el almuerzo.

El verano es corto y llega a su fin. Casi todo el hielo se ha derretido. Los pichones de pingüino emperador deberán aprender a nadar antes de que desaparezca el hielo por completo.

Ya el sol no se pone tan alto en el cielo. Está empezando a hacer frío. Los pichones de emperador empiezan a nadar hacia el norte, donde pasarán el invierno. Los pichones de Adelia esperan a que les nazcan las plumas. Entonces también se irán nadando rumbo norte. En unos días, los nidos se quedarán vacíos.

El breve verano se termina. Las ballenas orca y las crías de las focas de Weddell ya se han ido al norte a pasar el invierno, pero algunas focas de Weddell adultas se han quedado. Están acostumbradas a vivir en el hielo.

El invierno llega muy rápido a la Antártida. La superficie del mar comienza a congelarse otra vez. Todo vuelve a estar quieto, menos el viento. Todos esperan el regreso del verano.

Pensamiento crítico

1. ¿Qué hace el papá pingüino emperador después de que la mamá pingüino pone un huevo? SECUENCIA

2. ¿Por qué son importantes las algas para la cadena alimenticia? SACAR CONCLUSIONES

3. ¿Crees que sería difícil vivir en la Antártida? Explica tu respuesta. EXPRESAR OPINIONES PERSONALES

4. ¿Qué animales crees que les parecen más interesantes a los autores? PUNTO DE VISTA DE LOS AUTORES

5. **ESCRIBIR** ¿Por qué el verano es una estación tan importante para los animales de la Antártida? Apoya tu respuesta con ejemplos. RESPUESTA BREVE

Conoce al autor

Jim Mastro

Durante su infancia, Jim Mastro vivió tres años en Hawái. Amaba tanto el océano que, al crecer, decidió dedicarse al estudio de las focas y los delfines. Un día vio unas fotos de la Antártida. De inmediato supo que le fascinaría conocer ese sitio.

Cuando al fin realizó su sueño, permaneció catorce meses allí. Luego de esa primera visita, Jim Mastro ha regresado muchas veces a la Antártida. En total ha pasado más de cinco años de su vida allá. Durante esas visitas ha buceado más de 250 veces en el mar antártico. Actualmente vive con su familia en Nueva Inglaterra. Aún hoy sigue deseando poder regresar a la Antártida.

Conoce al autor y fotógrafo

Norbert Wu

Desde el segundo grado, Norbert Wu anhelaba dedicarse al estudio del océano. Esto puede parecer extraño, ya que creció muy lejos del mar: en Atlanta, Georgia.

Actualmente, Norbert Wu es uno de los fotógrafos submarinos más afamados del mundo. Durante sus sesiones fotográficas bajo el mar ha visto cosas sorprendentes. Pero allí también lo han mordido los tiburones, lo ha arrollado un iceberg y ¡hasta las venenosas avispas marinas lo han atacado!

Gracias a su trabajo, Norbert Wu ha conocido, tanto las heladas aguas antárticas, como los cálidos mares del Pacífico. Sus amigos dicen que él es el primero en lanzarse al agua y ¡el último en salir!

En Internet www.harcourtschool.com/reading

Ciencias

Diario de un día de invierno cortísimo

por
Judy Sierra
traducido por
F. Isabel Campoy
ilustrado por
Jose Aruego y Ariane Dewey

Con el primer guiño del amanecer
me despierto y bostezo con placer,
y sigo a mis primos sin problemas
aunque son treinta y tres docenas.
Jugando, jugando, hasta el mar,
¿quién será el primero en echarse a nadar?
Y temiendo lo peor
miramos por si hay alguna foca
que nos quiera tragar con su boca.
Un pingüino sin dudar se lanza
y todos le seguimos en la misma danza.
Nos bañamos, merendamos,
todos en grupo regresamos
de prisa, a casa, de prisa.
Ya peinados y abrochada la camisa
nos sentamos para ver
otro hermoso anochecer.

Enlaces

Comparar textos

1. ¿En qué se diferencia el propósito de los autores de "El hielo de la Antártida" del propósito de la autora que escribió "Diario de un día de invierno cortísimo"?

2. ¿Qué fue lo que más te asombró sobre la Antártida? ¿Por qué?

3. ¿Por qué es tan difícil sobrevivir en la Antártida?

Repaso del vocabulario

Califica la situación

Trabaja en equipo con un compañero. Túrnense para leer en voz alta cada una de las siguientes oraciones. Señalen un punto en la línea para expresar cómo se sentirían en cada una de las situaciones. Comenten sus respuestas.

ausencia
refugio
permanentemente
flota
escasea
tenue

tranquilo ———————————— intranquilo

- Estás en un cuarto con una luz muy **tenue.**
- Un paraguas te sirve de **refugio** contra la lluvia.
- Vives en un desierto donde el agua siempre **escasea.**

Práctica de la fluidez

Lectura en pareja

Trabaja con un compañero. Elija cada uno un párrafo de "El hielo de la Antártida". Túrnense para leer en voz alta su párrafo. Recuerda que cuando lees un texto de no ficción, debes leerlo despacio. Si te equivocas, vuelve a leer la oración correctamente.

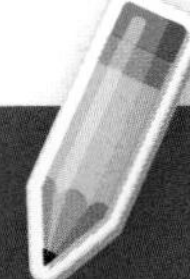

Escritura

Escribe una explicación

Piensa en lo que los pingüinos de Adelia hacen en la Antártida durante el breve verano. Escribe un párrafo que explique la secuencia de los sucesos.

Mi lista de cotejo

Característica de escritura: Fluidez

- ✔ Uso un organizador de secuencia para planear mi escritura.
- ✔ Mi explicación está escrita claramente.
- ✔ Uso conjunciones para enlazar partes de mis oraciones.

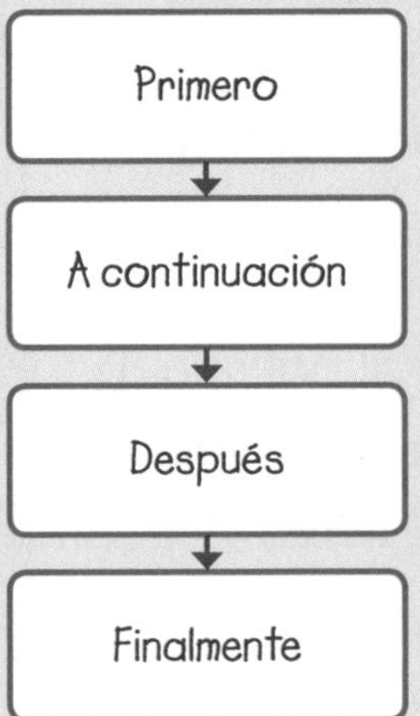

Enlace: Lectura y escritura

Explicación

Una **explicación** describe por qué y cómo ocurre algo. En "El hielo de la Antártida", los pingüinos trabajan juntos en familias. Yo quise explicar por qué y cómo la gente debería también hacer lo mismo.

Ejemplo de escritura

Cómo todos podemos ayudar
por Ricardo

¿Por qué deben ayudar en el hogar todas las personas de una familia? En mi casa, la razón es muy clara. Mi papá trabaja de día y mi mamá por las noches. Esto significa que mi hermana y yo debemos colaborar con ellos.

Cuando llegamos de la escuela, hacemos nuestros quehaceres. Yo ayudo a mamá a limpiar la cocina y mi hermana ayuda a papá con la cena.

Los días libres, todos vamos a nadar o a montar en bicicleta. A veces vamos al parque y comemos juntos al aire libre. Tenemos tiempo para divertirnos porque todos ayudamos con los quehaceres de la casa.

Característica de escritura

ORGANIZACIÓN
Una buena explicación tiene un principio interesante, un medio que explica por qué y cómo, y un final que lo resume todo.

Característica de escritura

FLUIDEZ DE LAS ORACIONES
Las conjunciones como *y* y *pero* enlazan las ideas de las oraciones.

A continuación muestro cómo escribo una explicación.

1. **Pienso en lo que he leído y en las partes de la lectura que me interesaron más.**

2. **Uso un organizador gráfico para hacer una lluvia de ideas. Escribo en él mis ideas sobre mi familia.**

Todos ayudamos en casa

Razones para ayudar	Cómo ayudamos en casa
• Papá trabaja de día y mamá en las noches. • ¡Necesitan ayuda!	• Yo ayudo a limpiar la cocina. • Mi hermana ayuda a papá a preparar la cena.

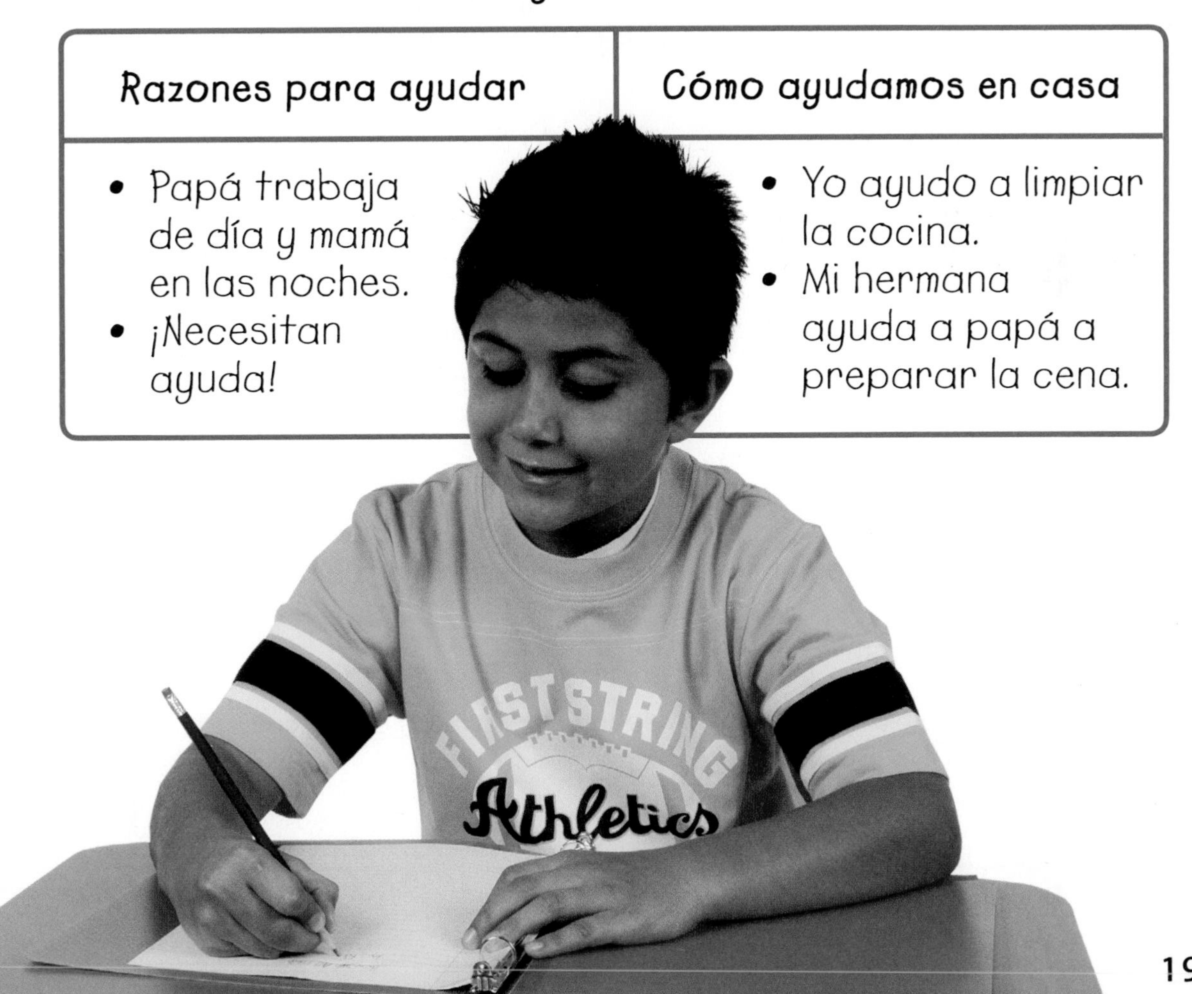

3. **Reviso mis ideas y decido sobre cuáles voy a escribir. Hago un plan para mi escritura.**

Cómo ayudamos en casa

Párrafo 1

Idea principal:	Mis dos padres trabajan.
Detalles:	Papá trabaja de día.
	Mamá trabaja en las noches.

Párrafo 2

Idea principal:	Mi hermana y yo ayudamos en casa.
Detalles:	Yo ayudo a mamá a limpiar la cocina. Mi hermana ayuda a papá a preparar la cena.

Párrafo 3

Idea principal:	Los días libres salimos juntos.
Detalles:	Vamos a nadar.
	Montamos en bicicleta.
	A veces comemos en el parque.

4. **Escribo mi explicación.**

Ésta es la lista de cotejo que me gusta usar cuando escribo una explicación. Tú también puedes usarla para escribir la tuya.

Lista de cotejo para escribir una explicación

- ☐ El título contiene la idea principal de todo el texto.
- ☐ En mi explicación escribo oraciones con las ideas principales y oraciones con los detalles para explicar *por qué* y *cómo* ocurren las cosas.
- ☐ Enlazo mis ideas para mostrar cómo se relacionan entre ellas.
- ☐ Mis oraciones no tienen siempre la misma extensión.
- ☐ Mis oraciones están completas.
- ☐ Uso correctamente los verbos principales y los auxiliares. Verifico que haya concordancia entre el sujeto y el verbo.

CONTENIDO

Lección 22

Género: Narrativa informativa
A LA SEÑORA MURCIÉLAGO LE FASCINA LA OSCURIDAD
El delfín mular
Género: Artículo de revista

Destreza de enfoque

Secuencia

Recuerda que la **secuencia** es el orden en que ocurren los sucesos. Para saber cuál es la secuencia, identifica las palabras que ordenan el tiempo, tales como *primero, a continuación, después, más tarde* y *finalmente.* Las fechas y las horas también pueden ayudarte a conocer la secuencia de los sucesos.

Para entender mejor cómo están conectados los sucesos en un cuento, te será muy útil seguir la secuencia.

Clave

En los textos de no ficción, los sucesos son descritos generalmente en orden cronológico, es decir, en el orden en que ellos ocurren.

Lee el siguiente artículo. Explica cómo llenarías la tabla de secuencia para indicar el orden de los sucesos.

Los murciélagos frugívoros egipcios viven en África y en algunas partes de Asia. Construyen sus casas en árboles, entre las rocas e incluso en edificios abandonados.

Por las noches, los murciélagos egipcios vuelan entre los árboles de los bosques tropicales. Se alimentan de las abundantes frutas y flores que hay allí. Después de que se posan en una flor, un polvillo llamado polen se adhiere a sus cuerpos. Cuando vuelan hacia otra flor, esparcen ese polen. Más tarde, las plantas usan el polen para producir sus frutos.

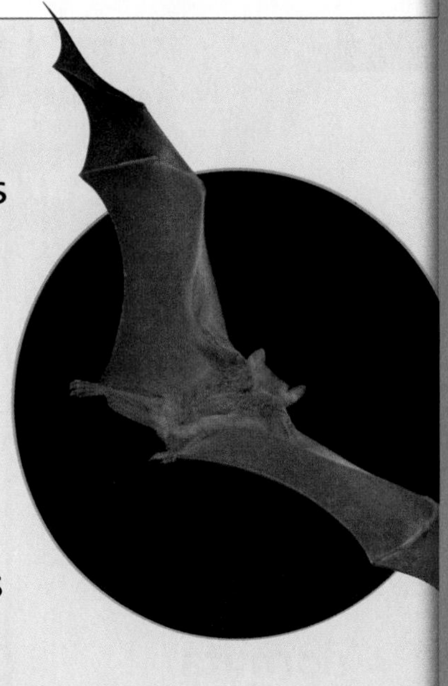

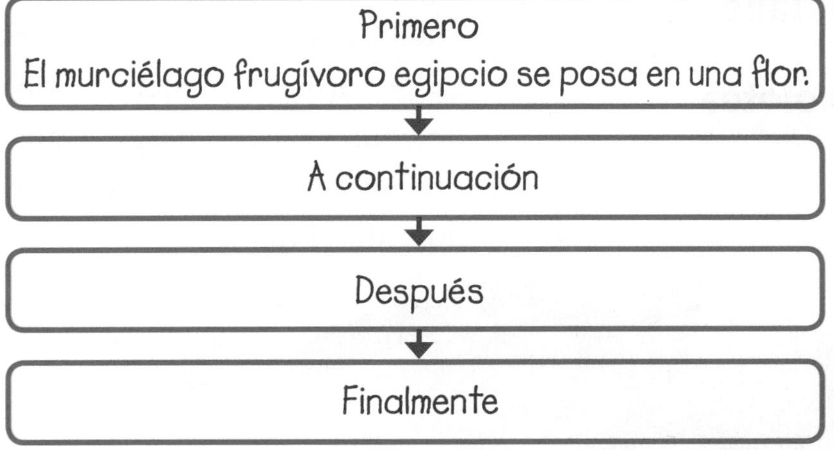

www.harcourtschool.com/reading

Inténtalo

Repasa el pasaje. ¿Qué hacen los murciélagos antes de posarse en una flor?

Vocabulario

Desarrollar un vocabulario rico

nocturnas

fácil

dormita

vuelo

detalle

revolotea

Voladores nocturnos

El bijirita de alas azules y otras aves canoras vuelan de noche desde las zonas donde nacieron en el verano, hacia las zonas donde el alimento es abundante en el invierno. Durante largas jornadas **nocturnas**, vuelan miles de millas desde Alaska y Canadá en Norteamérica, hasta Colombia y Venezuela en el norte de Sudamérica. No les es nada **fácil** recorrer esas enormes distancias. Con el propósito de conservar su energía, cada una de esas aves se alimenta, descansa o **dormita** durante el día.

Un bijirita detiene su **vuelo** para alimentarse de gusanos e insectos en un árbol.

Durante su recorrido, los pequeños pájaros cantores deben prestar atención a cada **detalle**. La luz de las estrellas les sirve para guiarse. Mientras vuelan, se comunican entre ellos a través de su canto. No cantan canciones completas. Sólo chirrían breves gorjeos para hacerles saber a los demás dónde están.

Es posible que el viaje más largo lo realice el bijirita de costados castaños. Cuando una de estas aves **revolotea** sus alas, puede realizar un viaje de ida y vuelta de hasta ¡14 mil millas!

El bijirita de costados castaños inicia su viaje en Alaska y puede llegar a un destino tan lejano como Chile.

www.harcourtschool.com/reading

Detectives de las palabras

Tu misión de esta semana es buscar las palabras del vocabulario en revistas o libros de Ciencias. Cada vez que encuentres una de esas palabras, escríbela en tu diario de vocabulario. No se te olvide anotar dónde encontraste cada palabra.

Narrativa informativa

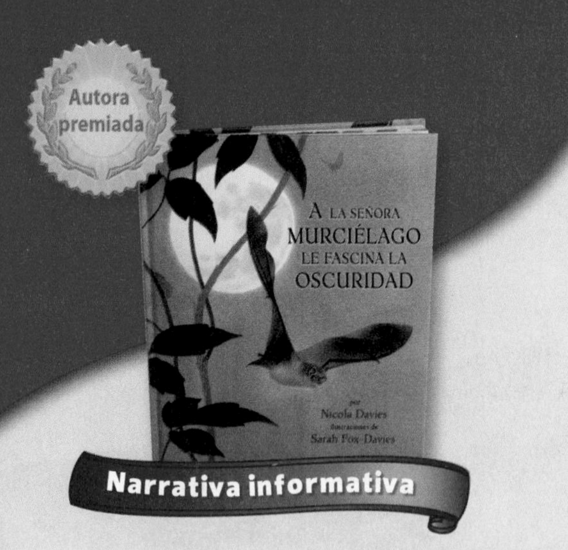

Estudio del género

La **narrativa informativa** presenta información en forma de cuento. Identifica

- hechos sobre un tema.
- eventos narrados en orden cronológico.

Primero
↓
A continuación
↓
Después
↓
Finalmente

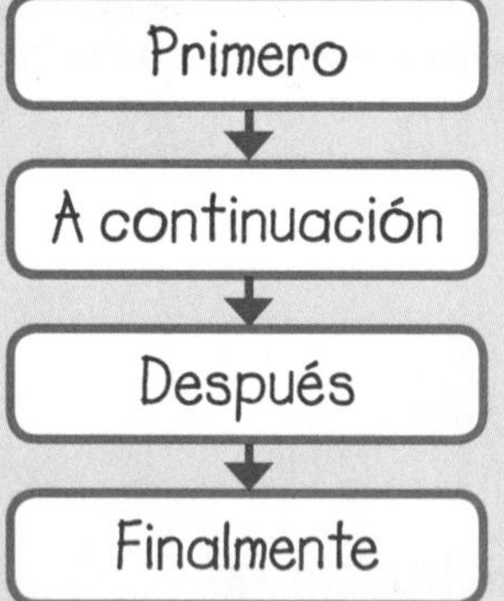

Estrategia de comprensión

Verificar la comprensión: Si no logras comprender una palabra, **vuelve a leer** las oraciones que están antes de ella.

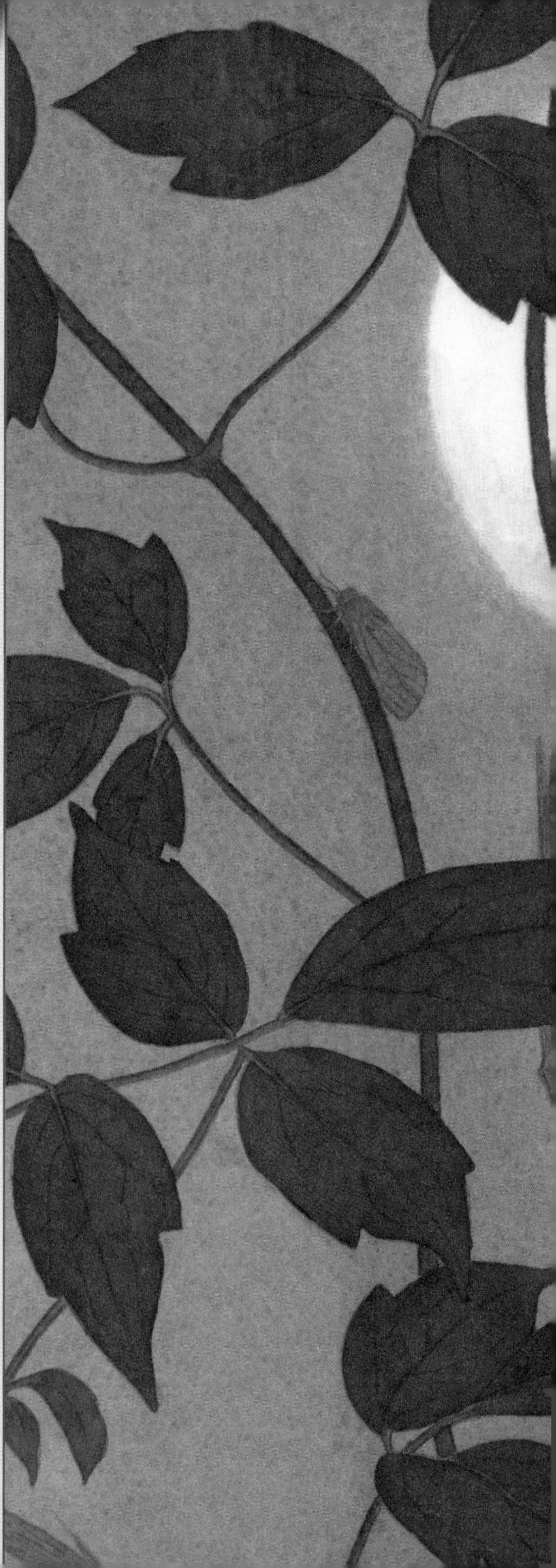

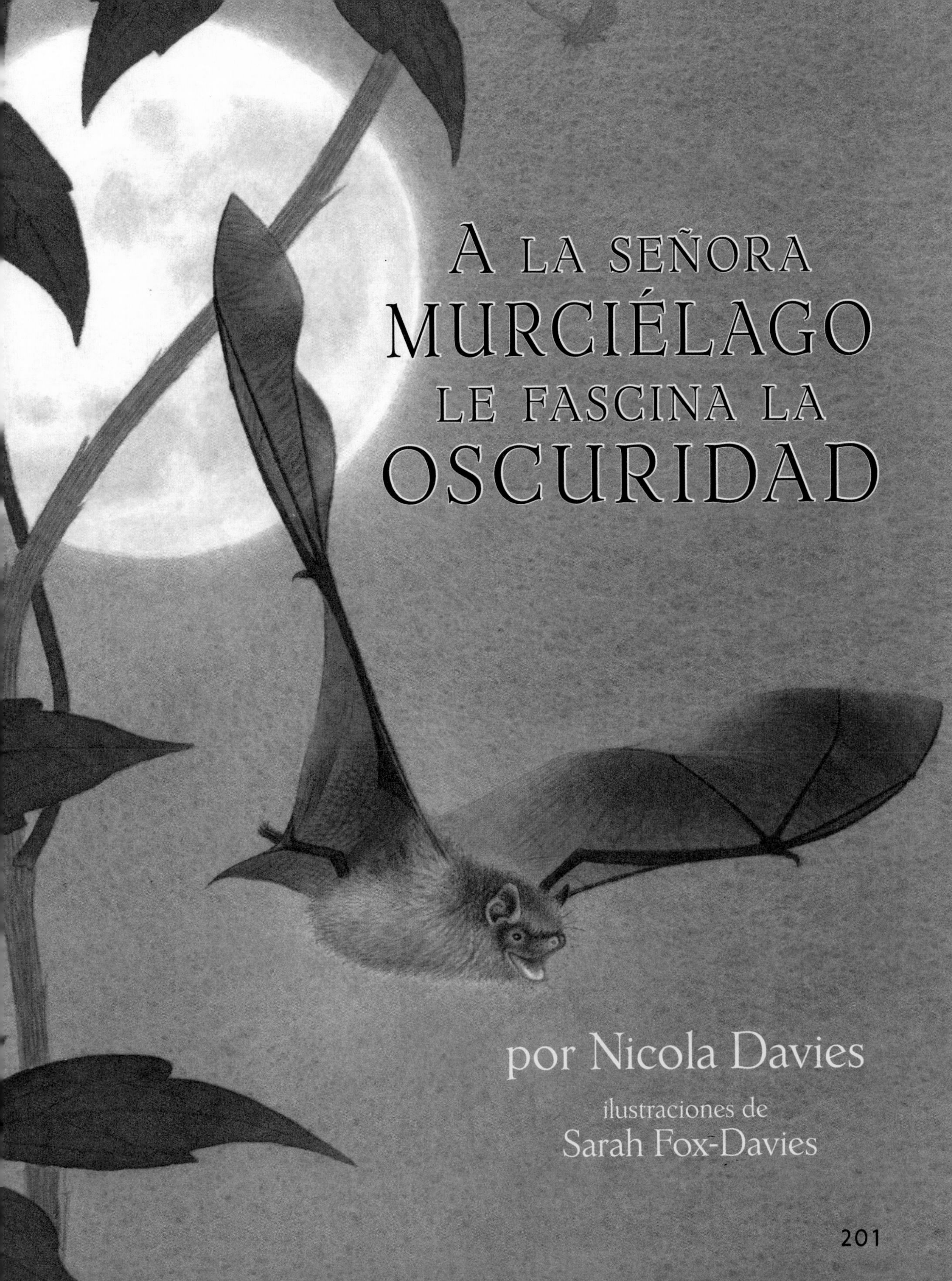

A la señora Murciélago le fascina la oscuridad

por Nicola Davies

ilustraciones de
Sarah Fox-Davies

La señora murciélago se está despertando. Como de costumbre, está de cabeza y se sostiene sólo con sus garras.

Abre sus ojitos vivarachos. Estira sus orejas puntiagudas.

Sacude su piel aterciopelada.

Despliega las alas, de piel tan delicada, que traslucen los huesitos de sus garras.

El cuerpo de un murciélago común es del tamaño del dedo pulgar.

Las alas del murciélago son sus manos y sus brazos. Cuatro dedos muy largos rodeados de una membrana sujetan la piel del ala.

Ahora, la señora murciélago desengancha sus garras y se deja caer en el vacío de la noche. Parece como si alguien abriera un paraguas. Es la señora murciélago que ha comenzado a aletear.

¡Ya vuela!

Sus garras tienen forma de gancho, por eso le es muy fácil colgarse al revés.

¡La noche la espera!

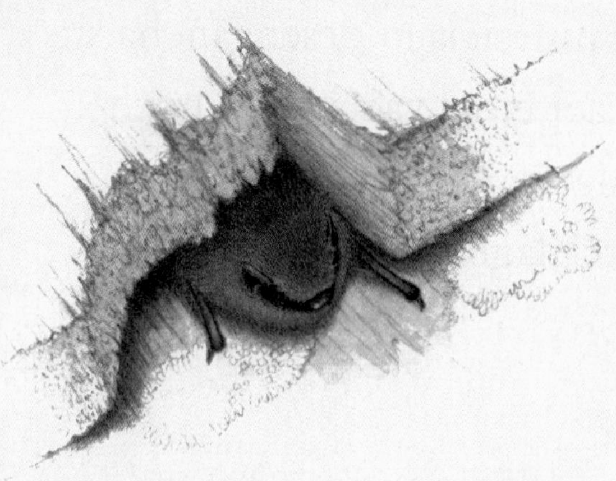

Sale de su escondite, debajo de una teja rota, y se interna en el oscuro jardín.

Revolotea veloz por los arbustos, bajo los árboles, entre los postes de las rejas, sobre la enredadera. Nada detiene su vuelo. La noche es su hogar como el agua es del pez. No necesita ver para orientarse. Puede escuchar para guiarse.

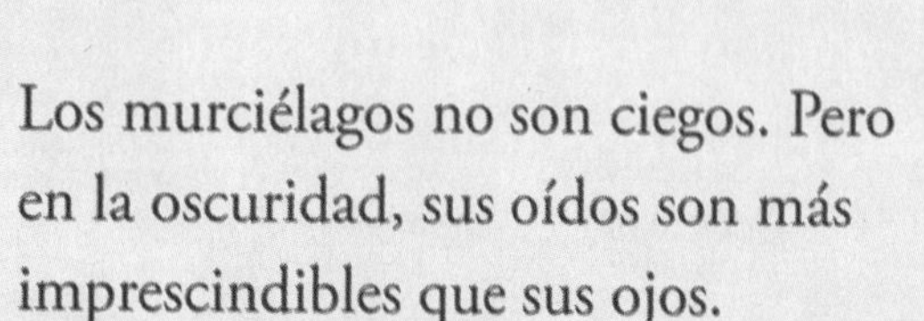

Los murciélagos no son ciegos. Pero en la oscuridad, sus oídos son más imprescindibles que sus ojos.

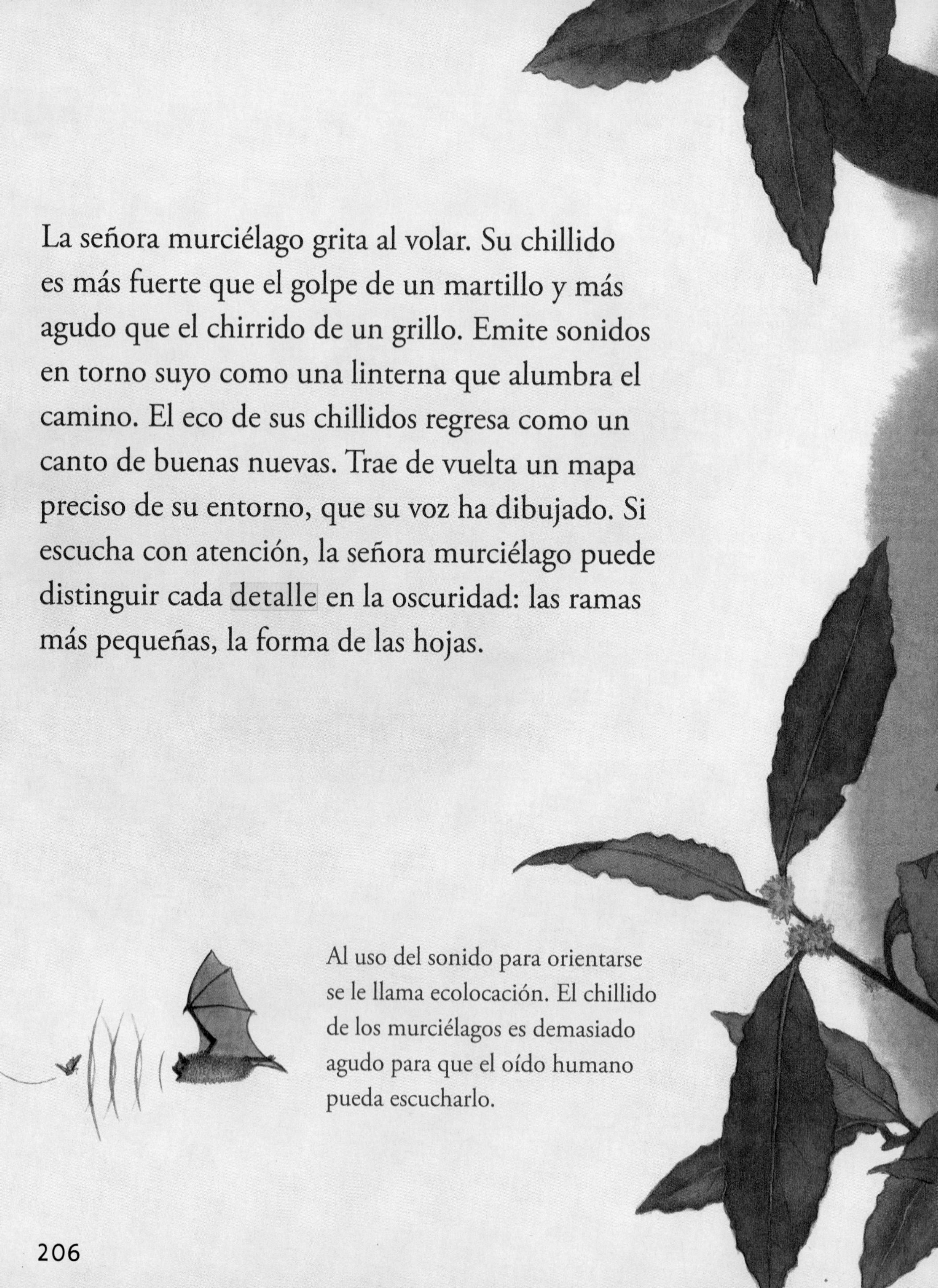

La señora murciélago grita al volar. Su chillido es más fuerte que el golpe de un martillo y más agudo que el chirrido de un grillo. Emite sonidos en torno suyo como una linterna que alumbra el camino. El eco de sus chillidos regresa como un canto de buenas nuevas. Trae de vuelta un mapa preciso de su entorno, que su voz ha dibujado. Si escucha con atención, la señora murciélago puede distinguir cada detalle en la oscuridad: las ramas más pequeñas, la forma de las hojas.

Al uso del sonido para orientarse se le llama ecolocación. El chillido de los murciélagos es demasiado agudo para que el oído humano pueda escucharlo.

Mientras vuela y revolotea entre los árboles, la señora murciélago usa su voz, como lámpara sonora. Escucha con mucha atención con la esperanza de poder oír su cena.

Nada…

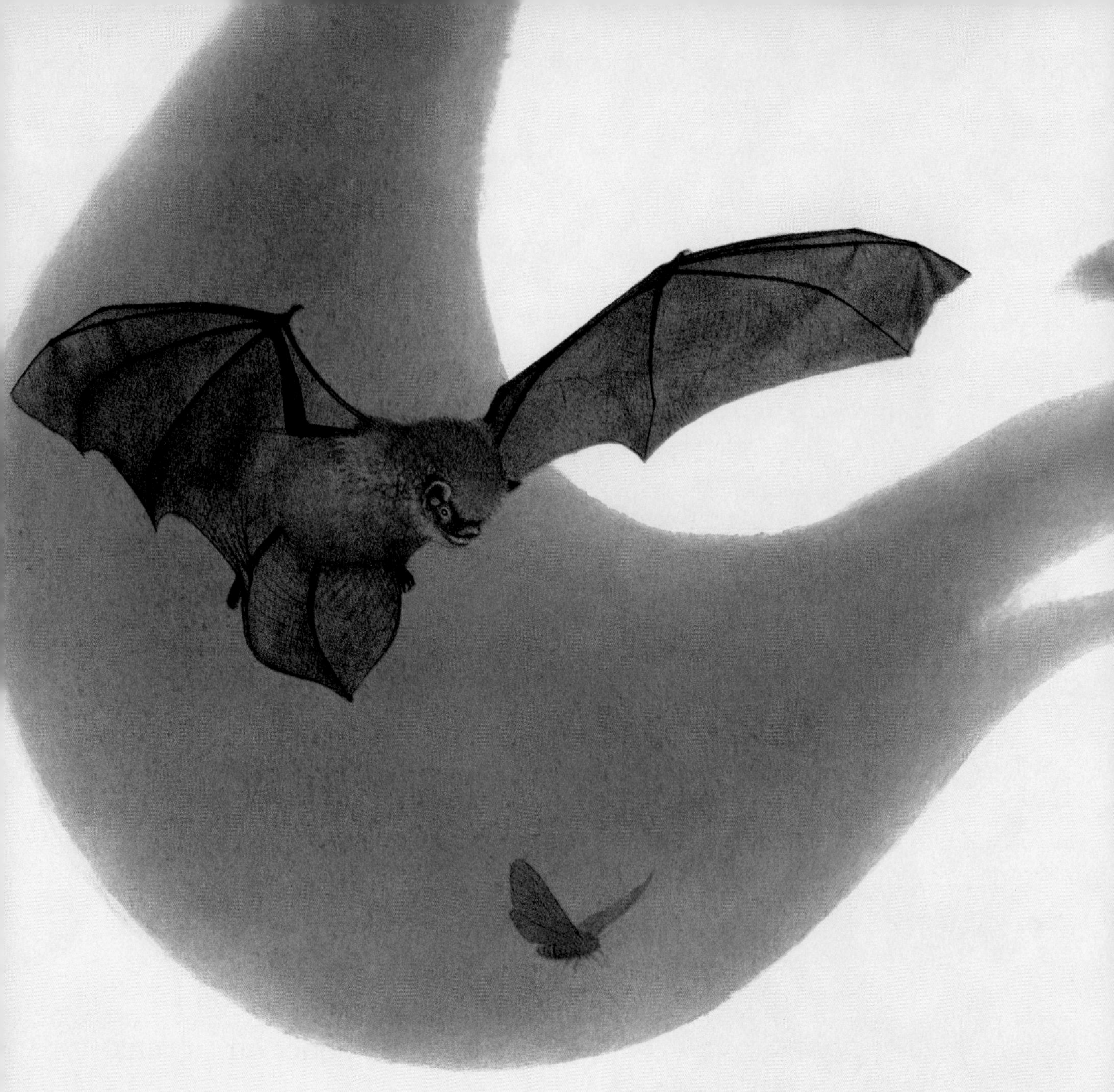

De pronto, cerca de ella, una mariposilla nocturna emprende el vuelo.

La señora murciélago se precipita sobre ella. En un abrir y cerrar de ojos la atrapa con su boca.

Pero la mariposilla está recubierta de una pelusa aperlada muy resbalosa. Y logra escaparse de entre sus dientes.

La señora murciélago se lanza en picado. Con su ala como si fuera una red, logra atraparla de nuevo.

Esta vez muerde con fuerza. Como el caramelo pierde su envoltura, así la mariposilla pierde sus alas. La señora murciélago termina su cena en un santiamén. Ahora estornuda. Las pelusas aperladas se le han metido en la nariz.

El murciélago puede comer docenas de mariposillas en una sola noche, o miles de polillas, moscas y mosquitos.

La mayoría de los murciélagos comen insectos, pero hay algunas especies que también comen fruta, pescado, ranas y ¡algunos beben sangre!

La caza ha terminado. Muy pronto amanecerá. Ya se ve el cielo claro en el oriente. Es hora de regresar.

Con las últimas sombras de la noche, la señora murciélago llega a su escondite. Se introduce veloz por la teja rota.

Los murciélagos pueden dormir en un edificio, una cueva o un árbol, siempre y cuando sea un lugar seco y seguro. A su escondite diurno se le llama varal.

Los bebés murciélago no pueden volar. A veces, mamá murciélago los lleva consigo, pero, por lo general, se quedan en casa todos juntitos para mantenerse calentitos.

Adentro se oyen chirridos. Colgados de cabeza y sostenidos de una percha con sus grandes y fuertes garras hay cincuenta murcielaguitos hambrientos, todos juntitos. La señora murciélago planea y mete el cuerpo hasta pender entre ellos, de cabeza otra vez.

Las crías del murciélago se amamantan hasta que tienen varias semanas de nacido. Entonces pueden salir del varal y buscar alimento por su cuenta.

La señora murciélago reconoce el chillido de su bebé. Lo llama con otro que él también reconoce. El murcielaguito, que parece una bolita de terciopelo, trepa sobre ella y se engancha con sus garras de percha. Envuelto bajo las alas de su mamá, el bebé se acurruca para dormir.

Los murciélagos son criaturas nocturnas. Es decir, duermen de día y salen de noche en busca de alimento.

Afuera, los pájaros cantan. Las flores buscan el sol. Pero dentro del hoyo del techo, todavía está oscuro. La señora murciélago dormita una siesta con sus murcielaguitos. Juntos esperan la noche.

Cuando la marea de la noche inunde de nuevo el jardín, la señora murciélago se despertará y chillando de nuevo saldrá.

Como a todos los murciélagos, a esta señora le fascina la oscuridad.

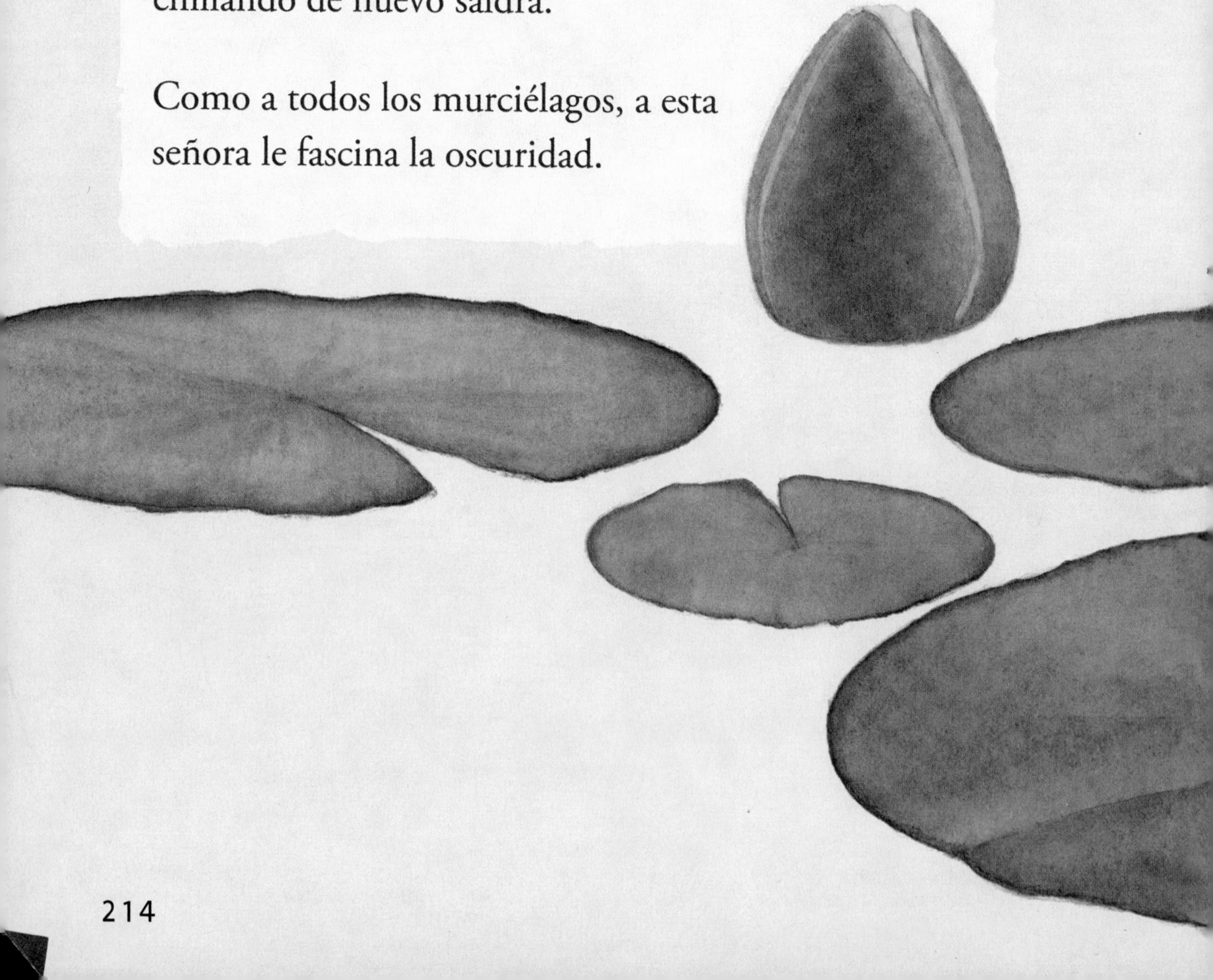

Pensamiento crítico

1. ¿Qué hace el murciélago todas las noches? Menciona en orden las principales actividades. SECUENCIA

2. ¿Crees que la autora escribió este cuento para entretener, informar o para cumplir ambos objetivos? Explica tu respuesta. PROPÓSITO DEL AUTOR

3. ¿Crees que tu comunidad debería proteger los lugares en donde pueden vivir los murciélagos? Explica tu respuesta. EXPRESAR OPINIONES PERSONALES

4. ¿Por qué los murciélagos cazan mariposillas e insectos de noche? SACAR CONCLUSIONES

5. **ESCRIBIR** ¿Por qué los bebés murciélago necesitan de otros murciélagos para sobrevivir? Apoya tu respuesta con detalles y ejemplos de la propia lectura. RESPUESTA BREVE

Conoce a la autora

NICOLA DAVIES

A Nicola Davies siempre le han interesado los animales. De niña pasaba mucho tiempo con su abuelo en el jardín de su casa. Allí, entre las flores, le fascinaba observar las hormigas y los nidos de las aves.

Después de graduarse comenzó a trabajar como zoóloga. Estudió a los murciélagos, los gansos y las ballenas. Desde entonces quería escribir sobre los animales, pero pasaron muchos años antes de que pudiera hacerlo. Hoy en día combina su amor por los animales y la escritura. Ha escrito libros sobre tiburones, tortugas y osos polares.

Nicola Davies vive en Wales. Por las noches, le encanta mirar a los murciélagos que viven en el techo de su casa.

En Internet **www.harcourtschool.com/reading**

Conoce a la ilustradora

SARAH FOX-DAVIES

A Sarah Fox-Davies le gusta dibujar animales en su ambiente natural. Sus dibujos de murciélagos, castores, osos y otros animales han aparecido en diversas revistas y libros infantiles. También ilustra libros de jardinería y ciencias naturales. Sarah Fox-Davies utilizó lápices y acuarelas para crear las ilustraciones realistas de este libro.

Actualmente vive en Wales. Mientras realizaba las ilustraciones de *A la señora murciélago le fascina la oscuridad*, un murciélago entró volando a su estudio. Y ¡se posó justo sobre su escritorio!

Ciencias

¿Escuchas esos sonidos? Son los chirridos y los chillidos, los chasquidos y los silbidos de unos mamíferos que les encanta hablar en las profundidades del mar. Conoce a los delfines parlanchines.

El delfín mular

de la revista *Chickadee*

Los delfines son muy locuaces. Se pasan gran parte del tiempo parloteando entre ellos bajo el mar. Todos los delfines nacen con un silbido propio, o chasquido. Mamá delfín y su bebé usan los sonidos para encontrarse si se separan. Y cuando los delfines juegan, se llaman unos a otros imitando el silbido de sus amigos.

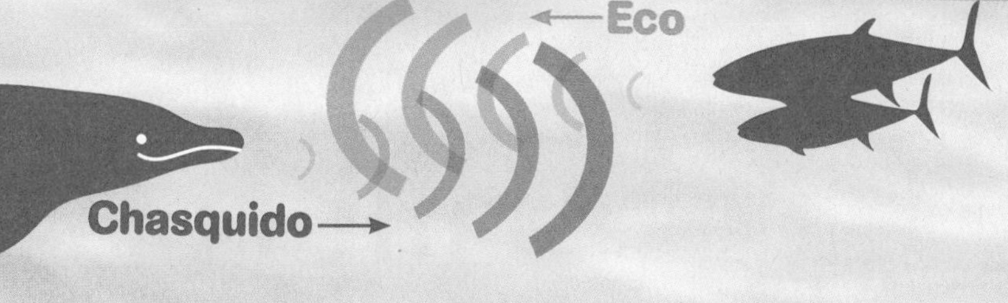

Los delfines no sólo producen sonidos para hablar. También producen un sonido como el de un chasquido para buscar alimentos. El sonido sale de la cabeza del delfín, rebota en los peces o en cualquier otra cosa que le sirve de alimento y regresa adonde él. Ahora, el delfín sabe donde está su comida. Esto se llama ecolocación. (El eco es un sonido que rebota sobre alguna cosa, haciendo que se repita y puedas volver a escucharlo. La palabra *localización* significa "lugar"). ¡Qué forma tan interesante de encontrar una sabrosa merienda!

Características de estos animales

América del Norte

Delfín mular

El delfín mular vive en las agua cálidas de los océanos de todo el mundo.

A veces, los delfines saltan y "caminan" con su cola por encima del agua.

¡El delfín es casi tres veces más grande que tú!

Enlaces

Comparar textos

1. ¿En qué se parecen y en qué se diferencian las maneras en que los murciélagos y los delfines usan la ecolocación?

2. ¿Aprendiste algo nuevo sobre los murciélagos que te haya hecho cambiar tu opinión sobre ellos?

3. En "A la señora murciélago le fascina la oscuridad", ¿qué necesita el murciélago para sobrevivir?

Repaso del vocabulario

El murciélago revolotea en jornadas nocturnas.

Parejas de palabras

Trabaja en equipo con un compañero. Escriban cada palabra del vocabulario en una tarjeta. Pongan las tarjetas boca abajo sobre una mesa. Túrnense para voltear dos tarjetas a la vez y escribir cada uno una oración que incluya ambas palabras. Léanse las oraciones y comprueben si las palabras del vocabulario se usaron correctamente.

nocturnas

fácil

dormita

vuelo

detalle

revolotea

Práctica de la fluidez

Lectura repetida

Elige un fragmento de "A la señora murciélago le fascina la oscuridad". Usa un cronómetro para saber en cuánto tiempo lo lees. Intenta mejorar tu tiempo de lectura mientras practicas con el fragmento. Repite la lectura hasta que logres leer sin errores.

Escritura

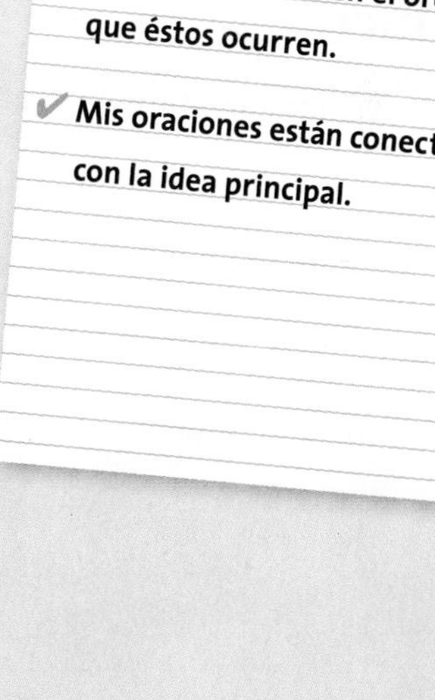

Escribe una explicación

Escribe una explicación sobre la manera en que el murciélago caza su alimento en "A la señora murciélago le fascina la oscuridad". Usa la gráfica para ayudarte a organizar la secuencia de los sucesos.

Primero
↓
A continuación
↓
Después
↓
Finalmente

CONTENIDO

Lección 23

Género: Fantasía
Ensemada de los Castaños
El alcalde
por Shannon Knudsen
Género: No ficción descriptiva

Destreza fonética

Palabras que terminan en -*ado* y -*ada*

- Las terminaciones -*ado* y -*ada* son sufijos cuando forman un sustantivo.
- Las palabras con el sufijo -*ado* siempre son sustantivos que expresan tiempo o lugar.
- Las palabras con el sufijo -*ada* siempre son sustantivos que expresan un grupo o conjunto de cosas, un ingrediente o una acción.
- Cuando la terminación -*ado* se añade al final de un verbo, indica "al que afecta la acción" que describe el verbo.

Sufijo -*ado*	
Palabra	**Significado del sufijo**
reinado	tiempo
condado	lugar

Sufijo -*ada*	
Palabra	**Significado del sufi**
armada	grupo o conjunto
limonada	ingrediente
brazada	acción

Terminación -*ado*	
Verbo	**Verbo + terminación -*ado***
amar	amado
premiar	premiado
cazar	cazado

Clave

La terminación -*ado* al final de un verbo se escribe -*ada* cuando el objeto que recibe la acción es femenino, por ejemplo: *perdonar/perdonada*. Sin embargo, no debe confundirse esta terminación -*ada* con el sufijo -*ada* en un sustantivo.

Lee el siguiente cuento. Mientras lees, identifica las palabras que terminan en *-ado* y *-ada*. Escríbelas en la tabla de abajo. Escribe al lado de cada una si es un verbo o un sustantivo. En la tercera columna, escribe el significado de las palabras que son sustantivos.

Anoche, Lunita, mi hámster, tuvo una camada. Eran seis hermosos y diminutos roedores de piel lechosa. Lunita es la mascota más amada del mundo. Por eso, mi papá se mostró muy determinado para ayudarla a criar a sus hijos. Puso una manta sobre la jaula, les puso bastante comida y luego preparó una limonada para que celebráramos todos juntos por el gran acontecimiento.

Palabras con la terminación *-ado* o *-ada*	Verbo o sustantivo	Significado del sustantivo

Inténtalo

Trabaja en equipo con un compañero. Escojan un fragmento del cuento "Ensenada de los Castaños". Busquen y escriban en una hoja aparte todas las palabras con las terminaciones *-ado* y *-ada* que encuentren en ese fragmento. Identifiquen si son verbos o sustantivos y digan el significado de los sustantivos.

En Internet www.harcourtschool.com/reading

Vocabulario

Desarrollar un vocabulario rico

- **afición**
- **emoción**
- **ridícula**
- **deshonra**
- **honesto**
- **heredará**

La nueva casa del pato

Sábado, 20 de abril

Hoy fui al lago a contar patitos. Tengo una **afición** muy especial por los patos. Me llené de **emoción** al ver muchos patitos en el lago. Los patos grandes se habían ido volando muy lejos. Al regresar a mi castillo, le pregunté a mi madre si podía traer a los patitos a vivir con nosotros.

—No seas **ridícula** —me respondió—. Los patos no viven en castillos.

Me sentí muy triste.

Domingo, 21 de abril

Hoy fui a ver a los patitos otra vez.

—Es una **deshonra** que los patos grandes los hayan abandonado —les dije—. Pero no se preocupen, los ayudaré a encontrar un mejor hogar.

Durante la cena, le dije a mi madre:

—El estanque de nuestro castillo es perfecto para los patos. Los patitos podrían vivir allí con los cisnes.

Mi madre accedió finalmente.

—Es muy **honesto** tu deseo de ayudar a esos pobres patitos —me dijo—. Nadie mejor que tú **heredará** mi corona de reina.

Entonces me sentí muy dichosa.

www.harcourtschool.com/reading

Campeones de las palabras

Tu misión de esta semana es usar palabras del vocabulario en tus conversaciones. Por ejemplo, habla con un compañero sobre alguna ocasión en que te haya sucedido algo ridículo. Escribe en tu diario de vocabulario las oraciones que usaste y que contenían palabras del vocabulario.

Estudio del género

Una **fantasía** es un cuento que no podría suceder en la vida real. Identifica

- personajes que podrían ser o no reales.
- algo que hace que otros sucesos ocurran.

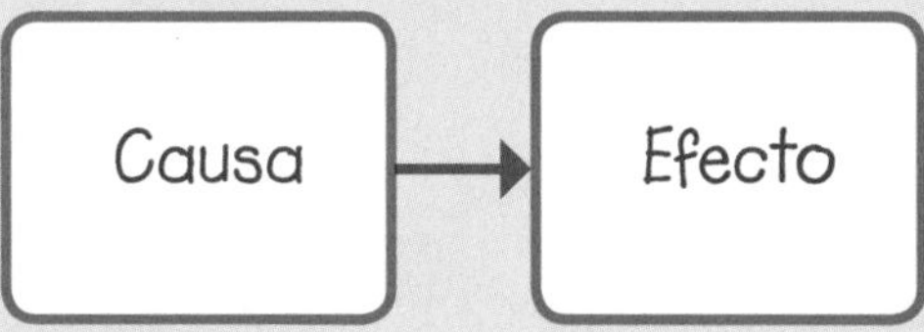

Estrategia de comprensión

Mientras lees, busca información que te ayude a **contestar preguntas** que podrías tener.

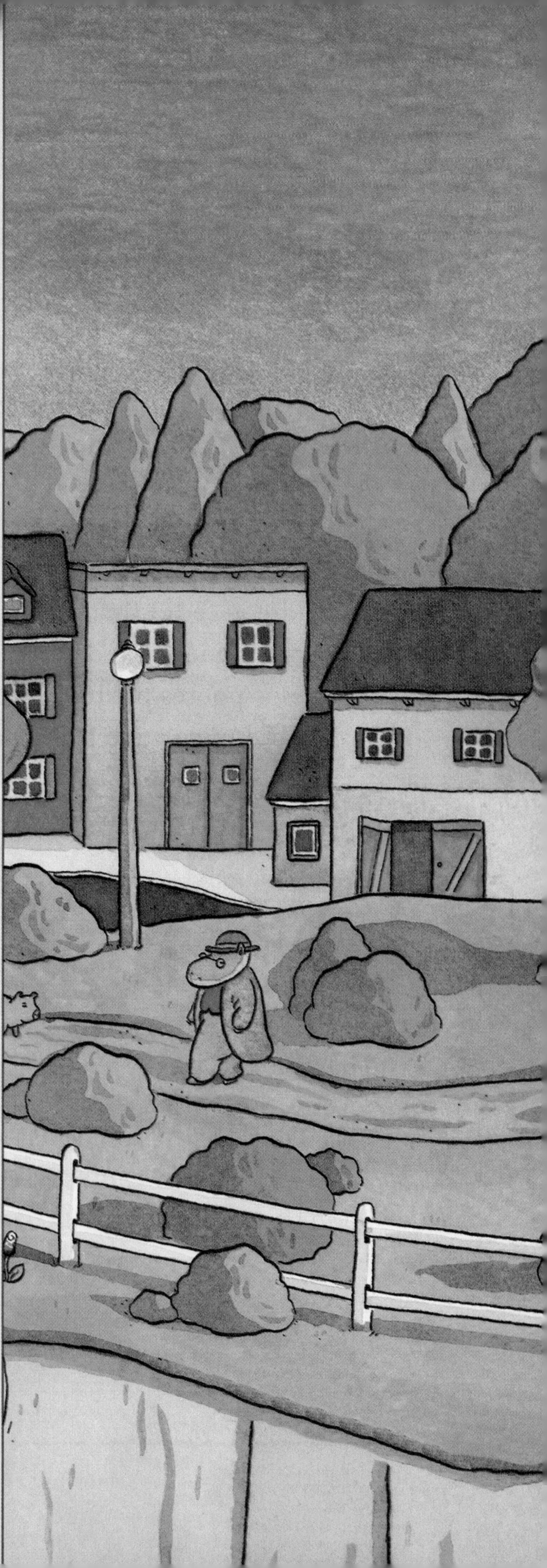

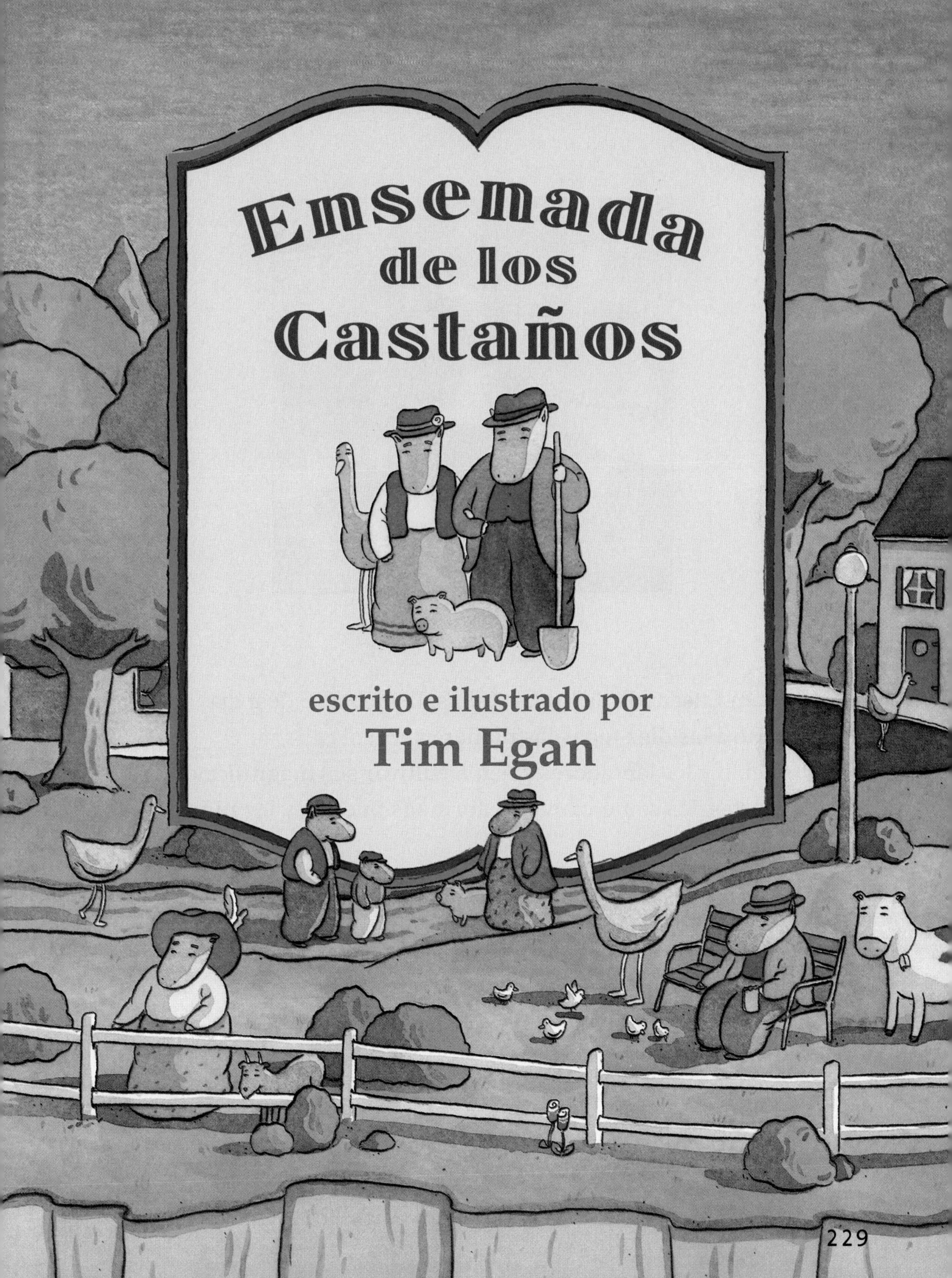
Ensenada
de los
Castaños
escrito e ilustrado por
Tim Egan

En Ensenada de los Castaños, la niebla se despeja como a las diez todas las mañanas. El sol calienta el pueblo y los labradores salen a cultivar sus magníficas huertas, los comerciantes a abrir sus puertas y los niños a la escuela.

A la señora Alondra la verás a menudo paseando por los acantilados con su cerdita Luisa. Y, a veces, puedes ver a los Fernández jugando a hacer volteretas en la plaza central.

Casi siempre, la ganadora es la Sra. Fernández.

MERCADO

En Ensenada de los Castaños siempre pasan cosas muy interesantes. Como la vez que Telma, la vaca de José Marqués, se quedó atascada en un roble y no podía bajar. Medio pueblo se reunió para salvarla.

Nadie sabe todavía cómo fue que se subió al árbol.

En otra ocasión, el pez de los Fernández se bebió toda el agua del estanque. En una carrera desenfrenada, el pueblo lo llevó al lago. Aunque las cosas parezcan muy extrañas en Ensenada de los Castaños, una cosa no lo es. A todos les gusta ayudarse.

Resulta que un día del invierno pasado, el pueblo se despertó al sonido de campanas y trompetas. Había llegado el barco del rey Nicasio y esto causaba mucha conmoción. Eran apenas las siete de la mañana y, aunque había quien no quería despertarse aún, todos salieron de sus camas.

El rey Nicasio era un buen caudillo y les caía bien a casi todos. En vez de corona, llevaba un sombrero de copa y tenía una afición extraña por las sandías. Pero era un soberano justo y honesto.

El rey vivía en un magnífico castillo en una isla cercana. Llevaba tres días viajando por cada uno de los pueblos de esas tierras con un anuncio para todos:

—¡El que cultive para finales del verano el melón más grande y más jugoso, heredará mi trono! ¡Y buena suerte a todos!

Y con eso se fue.

Todos los aldeanos se rieron de tan ridícula idea y volvieron a sus quehaceres diarios.

Algunos regresaron a sus camas.

Pero en el transcurso de los próximos días, los aldeanos empezaron a pensar en las cosas que podían tener si heredaban todas las riquezas del rey.

La señora Padilla se imaginaba los vestidos hermosos y los sombreros elegantes que podría comprarse. Le encantaban los sombreros finos.

Y los Jiménez sabían que podrían comprar un rancho más grande y tener más animales… como si necesitaran más.

José Marqués podría comprarse la mejor carreta en todos esos parajes. La carreta que él mismo había construido dejó de gustarle al instante.

Y el señor Fernández podría comprarse un barco y navegar con su familia. Había un sinfín de cosas que podrían tener.

La semana siguiente transcurrió tranquila. Todos estaban ocupados en el trabajo de la huerta, preparando el terreno y sembrando sandías.

Pasaron las semanas y las sandías comenzaron a crecer, y la gente de Ensenada de los Castaños empezó a cambiar. Casi no se hablaban porque estaban muy atareados. Algunos levantaron cercas para que nadie pudiera acercarse a sus sandías.

Parecía que la sandía más grande iba a ser la de la señora Alondra. Era más grande que la puerca Luisa, pero más pequeña que la vaca Telma.

A la señora Alondra le dio por dormir en el huerto por las noches para que nadie le fuera a robar la maravillosa sandía.

La sandía de José Marqués también estaba inmensa. Todo el día, él y Telma la velaban. Las cosas iban mal.

Para colmo de males, un día, a la cabra de la señora Padilla se le encajaron los cuernos en la banca del parque. Nadie corrió en su auxilio, ni la mismísima señora Padilla. Ahora sí se podía decir que las cosas habían cambiado.

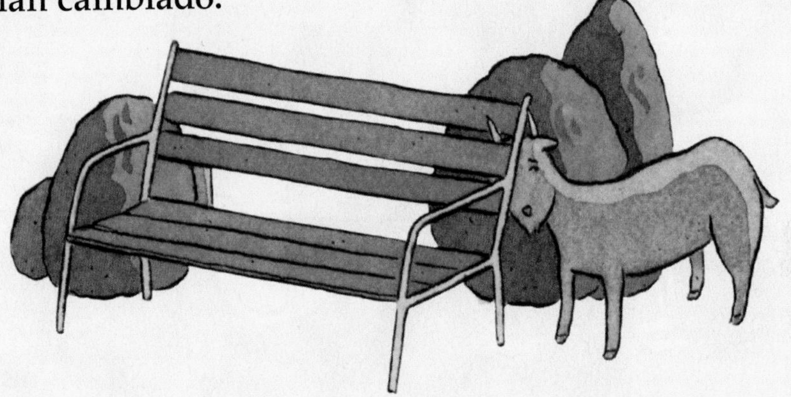

Llegó la época de la cosecha y todo iba de mal en peor. Los aldeanos se peleaban por tener la mejor sandía. El rey llegaba al otro día y todos trabajaron en los preparativos hasta muy tarde en la noche. Las calles estaban atestadas, pero nadie se hablaba.

Entonces, a la hora en que el sol se ponía, la señora Alondra llegó gritando al pueblo:

—¡La Luisa se ha caído por el acantilado! Mi cochinita, la pobrecita se ha quedado enganchada en una roca. ¡Socorro! ¡Ayúdenme!

En un santiamén, el pueblo entero corrió al acantilado. Todos conocían y querían a Luisa. ¡Harían cualquier cosa por salvarle la vida a la chanchita!

Hicieron un esfuerzo enorme. Trajeron sogas y palas y martillos y llaves. Claro, lo único que les hacía falta era la soga, así que se olvidaron del resto de las herramientas. Bajaron a José Marqués por el lado del acantilado donde estaba Luisa.

¡Qué miedo y qué emoción!

Por fin, como veinte minutos después, José y Luisa estaban sanos y salvos. La señora Alondra, llena de emoción, se paró y dijo:

—Muchas gracias por ayudarme... Y sin intenciones de hablar mal de Nicasio, el rey de las sandías, a mí me parece que este concurso es... pues bastante estúpido. ¿Y saben lo que voy a hacer? Me voy a casa a comerme la sandía antes de que ni tan siquiera la vea. ¿Alguien quiere probar mi sandía?

Hubo un silencio total. Y entonces, uno de los hijos de los Fernández gritó: —¡Hagamos un *picnic* en la plaza!

Y en cinco minutos, todos se reunieron en la plaza. Llevaron panes y quesos y refrescos y palas. Las palas no las necesitaban, pero hubo quien las trajo de todos modos.

Ah, y también trajeron las sandías. Las sandías más bellas que jamás se habían visto.

Se pasaron la noche bailando y comiendo. Y al terminar, sólo quedaron unas pocas que hasta parecían estar podridas.

Y como era de esperarse, al otro día llegó el rey. Pasó la mirada por las sandías que habían quedado.

No les impresionaron mucho.

De regreso al barco dijo:

—Me da pena decirles que éstas son las sandías más feas que he visto en la vida. Francamente, son una deshonra. Creo que todos ustedes deben aprender a ser mejores labradores.

Y mientras el barco se alejaba, el rostro de los aldeanos de Ensenada de los Castaños dejó entrever cierta tristeza.

Pero en realidad no estaban tristes. Lo que estaban era cansados. Porque se habían desvelado bailando y comiendo.

Pensamiento crítico

1. ¿Por qué los aldeanos quieren cosechar las sandías más grandes y jugosas? CAUSA/EFECTO

2. ¿Cómo cambia a los aldeanos el concurso de sandías? INFERIR

3. ¿Qué piensa el autor sobre la manera en que los aldeanos cambian durante el concurso? ¿Cómo lo sabes? PUNTO DE VISTA DEL AUTOR

4. ¿Por qué no se entristecen los aldeanos al perder el concurso? SACAR CONCLUSIONES

5. **ESCRIBIR** Describe cómo cambian las actividades de la comunidad a lo largo del cuento. Apoya tu respuesta con detalles de la propia lectura.
   RESPUESTA AMPLIA

Conoce al autor e ilustrador

Tim Egan

Tim Egan no siempre escribió e ilustró libros infantiles. Durante muchos años trabajó en otras cosas. Pero su esposa se dio cuenta de que él siempre estaba dibujando imágenes de cerdos, patos y otros personajes. Un día le sugirió que hiciera un libro infantil. Desde entonces, no ha dejado de hacer libros para niños.

Sus primeros cuentos eran muy largos y serios. Después comenzó a escribir otros más divertidos. Como a él mismo le divertía mucho hacer este tipo de libros, se esforzó todavía más en hacerlos bien. La mayoría de las veces comienza un libro dibujando los personajes. Después escribe sobre ellos. Tim Egan asegura que, si a él le gustan los personajes, es muy probable que a las demás personas les gusten también.

En Internet www.harcourtschool.com/reading

EL ALCALDE

por Shannon Knudsen

¿Quién es el líder de tu comunidad? Muchas comunidades tienen un líder que se llama alcalde. La función del alcalde es hacer de la comunidad un buen lugar para vivir. Pero el alcalde realiza diferentes labores según la ciudad o el pueblo que gobierna.

¿Cuáles son algunas de las labores que realiza el alcalde?

Hay alcaldes que dirigen grupos de trabajadores que se organizan en departamentos. Cada departamento ayuda a la comunidad de un modo distinto. El departamento de policía combate el crimen. El departamento de bomberos lucha contra el fuego.

El alcalde trabaja para mejorar las escuelas. Se reúne con los directores, los maestros y los estudiantes, y juntos hablan sobre la mejor manera de ayudar a los niños a aprender.

El alcalde también ayuda a formular las leyes. Se reúne con un grupo llamado ayuntamiento. Los miembros del ayuntamiento discuten las nuevas leyes. También deciden en qué gastar el dinero de la comunidad.

El alcalde trabaja para que la comunidad sea un lugar bonito donde vivir. Igual se encarga de mostrarles la ciudad a las personas importantes que vienen a visitarla.

El alcalde reconoce el esfuerzo de las personas que ayudan a la comunidad. Les entrega premios en honor a su labor. El alcalde organiza festejos para el pueblo. En ocasiones asiste a algún evento especial de una escuela.

¿Cómo se elige el alcalde?

En la mayoría de las comunidades, los ciudadanos eligen al alcalde. Las personas que se presentan para ser alcaldes se llaman candidatos. Los candidatos dan discursos. Le hablan a la gente sobre sus ideas para dirigir la comunidad. También se reúnen con muchas personas y conversan con ellas. A veces hablan de las diferencias entre sus ideas y las de los otros candidatos.

¡Llegó el día de las elecciones! Los adultos votan por la persona que quieren para alcalde. Los votos se cuentan. El candidato que recibe más votos gana las elecciones. Esa persona se convierte en el nuevo alcalde.

El alcalde dirige la comunidad de muchos modos. Algún día, tú podrás votar y elegir a tu alcalde. ¡Hasta podrás presentarte como candidato!

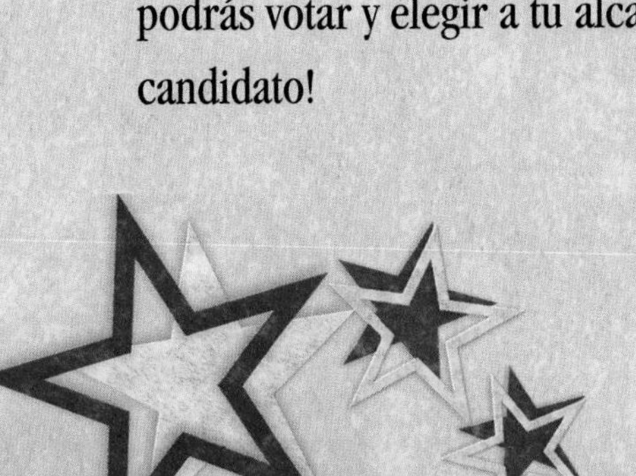

Enlaces

Comparar textos

1. Piensa en el rey de "Ensenada de los Castaños". ¿En qué se parece a un alcalde?

2. ¿De qué concursos conoces? Describe uno.

3. ¿En qué se parecen los aldeanos del cuento a los habitantes de una comunidad real? ¿En qué se diferencian?

Repaso del vocabulario

Redes de palabras

Trabaja en equipo con un compañero. Elige dos palabras del vocabulario y crea una red de palabras para cada una de ellas. Escribe la palabra del vocabulario en el centro de la red. Después escribe a su alrededor algunas palabras que se relacionen con ella. Explica cómo se relaciona cada palabra de la red con la palabra del vocabulario.

afición
emoción
ridícula
deshonra
honesto
heredará

interés — afición — gusto

Práctica de la fluidez

Teatro leído

Trabaja en equipo con un grupo pequeño. Elija cada uno un personaje de "Ensenada de los Castaños" y lean una página del cuento como teatro leído. Lean con énfasis para poder expresar los sentimientos de los personajes. Pregúntenle a su audiencia qué es lo que más les gustó de su lectura.

Escritura

Escribe un párrafo de causa y efecto

Piensa en lo que ocurre en "Ensenada de los Castaños" cuando la cerdita Luisa se cae en el acantilado. Escribe un párrafo para describir la causa y sus efectos. Antes de iniciar tu escritura, usa una gráfica de causa y efecto para organizar tus notas.

Mi lista de cotejo

Característica de escritura → **Organización**

- ✓ **Uso una gráfica de causa y efecto para organizar mi escritura.**
- ✓ **Uso palabras como *primero*, *a continuación*, *después* y *finalmente* para indicar el orden cronológico.**

Causa → Efecto

CONTENIDO

Lección 24

Género: Ficción realista

BEVERLY
CLEARY

RAMONA
EMPIEZA
EL CURS

edición en espa

ilustrado por Alan

AGUA
CHAPUZÓN

Género: Propaganda

Destreza de enfoque

Causa y efecto

En los cuentos, un suceso es comúnmente la razón por la cual ocurre otro suceso. La razón por la que algo ocurre es la **causa**. Lo que ocurre es el **efecto**. Los autores usan frecuentemente palabras clave como las siguientes para mostrar las causas y los efectos.

porque	*tan... que*	*dado que*	*como resultado de*
en consecuencia	*a fin de*	*por lo tanto*	*por esta razón*

Para comprender mejor lo que ocurre en un cuento, te será muy útil identificar las causas y los efectos.

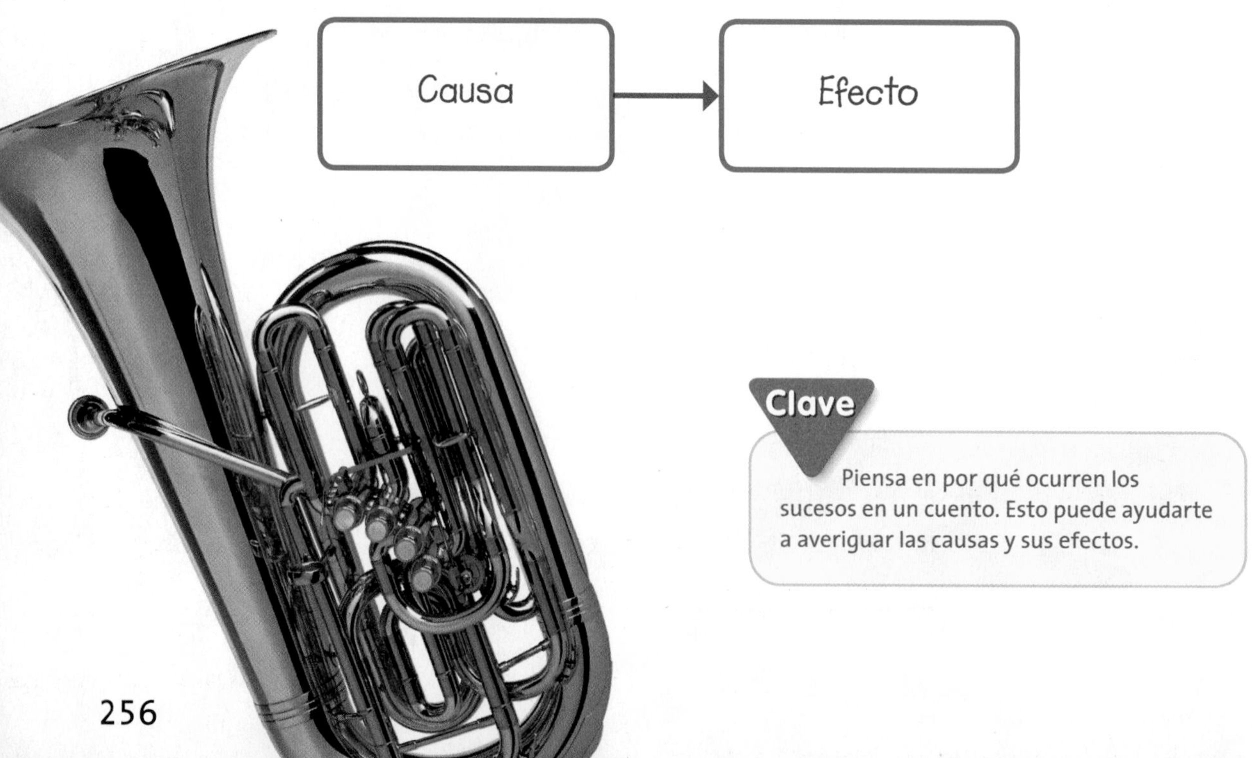

Clave

Piensa en por qué ocurren los sucesos en un cuento. Esto puede ayudarte a averiguar las causas y sus efectos.

Lee el siguiente cuento. Después usa la gráfica de abajo para analizar una causa y sus efectos.

A Alfredo le fascinaba tocar la tuba. Le gustaba mucho el grave y denso sonido de ese instrumento musical. Tocaba la tuba mañana, tarde y noche. Su perro lo acompañaba de vez en cuando con sus melancólicos aullidos.

Alfredo participó en una audición esperando integrarse a la banda escolar. Pero no fue aceptado porque tocaba la tuba muy alto.

Al llegar a casa, le preguntó a su madre:

—¿Qué puedo hacer?

La mamá de Alfredo le pidió que tocara la tuba mientras que ella lo acompañaba en el piano. Alfredo pudo oír la melodía del piano y luego pudo acompañar a su madre con la tuba.

—Ahora sé que debo tocar más bajo cuando toco con otros —comprendió Alfredo.

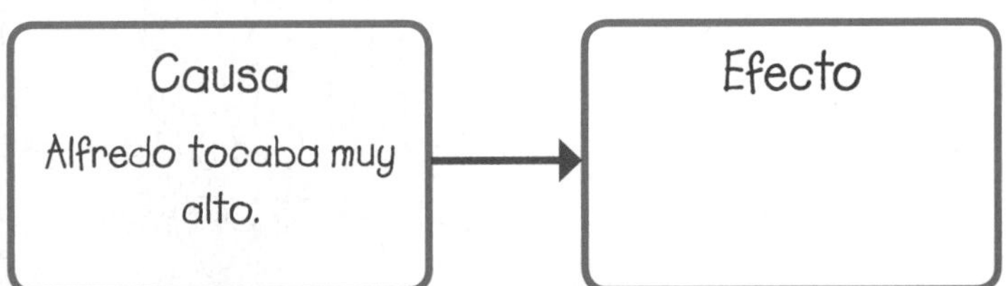

Inténtalo

Revisa el cuento. ¿Qué pasó como resultado de que Alfredo escuchara a su mamá tocar el piano?

www.harcourtschool.com/reading

Vocabulario

Desarrollar un vocabulario rico

abarrotada

cubierta

mencionó

gesto

comentario

nerviosa

El diario de Marcos

Lunes, 12 de enero

Mi habitación está **abarrotada** de colecciones. Toda la alfombra está **cubierta** de mis estampillas, piedras, monedas, tarjetas para intercambiar y muchas otras cosas. Por eso, mi mamá le **mencionó** a mi papá que yo necesitaba más espacio para guardar mis cosas.

Hoy, mi papá entró a mi cuarto y, con un **gesto** alegre, me enseñó las repisas que acababa de comprar ¡para mí!

Martes, 13 de enero

Cuando terminé de acomodar mis cosas en las repisas nuevas, le enseñé mi cuarto a mi papá. Al verlo, hizo un **comentario** muy cierto.

—Has hecho un gran trabajo —dijo—. Ahora no te sentirás frustrado cuando tengas que buscar algo. Tu mamá tampoco se sentirá **nerviosa** al entrar aquí, pensando que podría echar algo de tus colecciones a la basura sin darse cuenta. No olvides que hay un lugar para cada cosa y que cada cosa debe estar en su lugar.

www.harcourtschool.com/reading

Escribientes

Tu misión de esta semana es usar las palabras del vocabulario en tu escritura. Por ejemplo, puedes escribir sobre alguna ocasión en que hayas hecho un comentario o algún gesto. Léeles a tus compañeros lo que escribas.

Estudio del género

Los cuentos de **ficción realista** tienen personajes y escenarios que podrían ser reales. Identifica

- personajes con problemas reales.
- relaciones causa-efecto como las de la vida real.

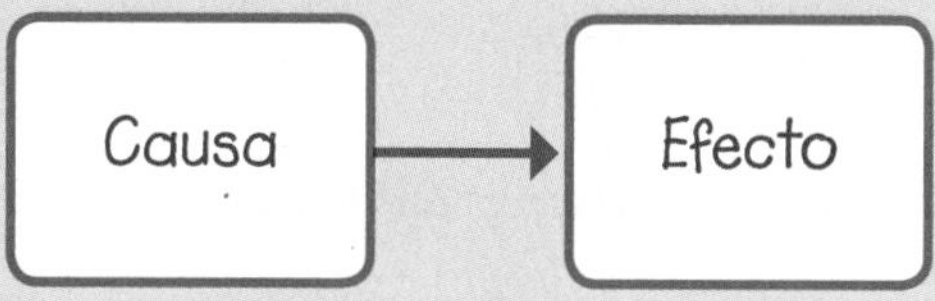

Estrategia de comprensión

Contesta preguntas que tengas o que te hagan tus maestros para que puedas entender mejor lo que lees.

na empieza el curso

por
Beverly Cleary

ilustrado por
Anne-Sophie Lanquetin

Hace dos días que Ramona se enfermó en la escuela y se tuvo que ir temprano. Ahora que está en casa, le preocupa lo que puedan pensar de ella sus compañeros de clase. Cree que Danny se reirá de ella por estar enferma. En secreto, Ramona le ha puesto el apodo de "macaco", porque siempre parece estar corriendo a lo loco por el patio.

Para que el tiempo pase de prisa mientras está en casa, Ramona mira los anuncios, o propagandas, de la televisión. Su papá le explicó que el propósito de los anuncios es vender algo.

Mientras tanto, la maestra de Ramona, la señora Ballenay, le ha enviado una tarea para hacer en casa. Ramona tiene que escribir un informe sobre el libro El gato abandonado. *La señora Ballenay quiere que los estudiantes escriban como si le estuvieran vendiendo el libro a alguna persona.*

La hermana mayor de Ramona, Beezus, dice que casi todos los informes se parecen. Ramona quiere que el de ella sea diferente al de los demás.

El informe de Ramona

Fue a su habitación, se quedó mirando su mesa, "el estudio de Ramona", como la llamaban los demás de la familia, porque estaba abarrotada de *crayolas* para dibujar, papel de diferentes tipos, cinta adhesiva, hilo de tejer y toda una serie de cachivaches que había ido reuniendo. Pensó durante unos minutos y, de repente, llena de inspiración, se puso manos a la obra. Sabía perfectamente lo que quería hacer y cómo quería hacerlo. Usó papel, creyones, cinta adhesiva y gomas elásticas. Se puso a trabajar con tanta intensidad y se estaba divirtiendo tanto, que se puso colorada. No hay nada mejor en el mundo que ponerse a hacer algo a partir de una idea relámpago.

Por fin, soltando un suspiro de alivio, Ramona se echó hacia atrás en la silla y contempló su labor: tres caretas de gato con agujeros para los ojos y la boca y con gomas para atárselas detrás de las orejas. Pero Ramona no se detuvo ahí. Cogió papel y lápiz y se puso a escribir lo que iba a decir. Se le ocurrieron tantas ideas que usó letra de imprenta, porque con letra cursiva iba a perder más tiempo. Luego llamó por teléfono a Sara y Janet y les explicó su plan, hablando en voz baja e intentando no reírse para no molestar mucho a su padre. Sus amigas se rieron y aceptaron participar en el informe. Ramona pasó el resto de la tarde aprendiendo de memoria lo que iba a decir.

A la mañana siguiente, nadie, ni en el autobús, ni en la escuela, mencionó el tema de que Ramona había vomitado. Estaba convencida de que el macaco iba a hacer algún comentario, pero lo único que dijo fue: —Hola, superpiés.

Al empezar la clase, Ramona dio las caretas a Sara y a Janet, entregó una justificación de su ausencia a la señora Ballenay y esperó a que empezaran con los informes, abanicándose para apartar las moscas que se habían escapado de los botes de copos de avena.

Cuando terminaron los ejercicios de matemáticas, la señora Ballenay pidió a varios niños que se pusieran de pie frente a la clase para simular que estaban vendiendo libros a los alumnos. La mayoría de los informes empezaban con la frase: "Este libro trata sobre...", y muchos, como había dicho Beezus, acababan diciendo: "...si quieren saber lo que pasa luego, lean el libro".

Entonces la señora Ballenay dijo:

—Tenemos tiempo para oír un informe más antes de irnos a comer. ¿Quién quiere hacerlo?

Ramona levantó la mano y la señora Ballenay asintió con la cabeza.

Ramona les hizo un gesto a Sara y Janet, que soltaron una risita avergonzada, pero se colocaron detrás de ella. Las tres niñas se pusieron sus caretas de gato y volvieron a soltar una risita. Ramona respiró con fuerza mientras Sara y Janet, bailando hacia delante y hacia atrás, como en el anuncio de comida para gatos que habían visto en la televisión, empezaron a cantar:

—Miau, miau, miau, miau. Miau, miau, miau, miau.

—*El gato abandonado* consigue que los niños sonrían —dijo Ramona con voz clara mientras su coro maullaba suavemente tras ella.

No estaba segura de que fuera verdad lo que acababa de decir, pero los anuncios en los que salían gatos comiendo galletas sin hacer ruido tampoco eran verdaderos.

—Los niños que han leído *El gato abandonado* son todo sonrisas, sonrisas, sonrisas. Todos los niños piden *El gato abandonado*. Pueden leerlo todos los días y seguir disfrutando de él. Los niños más felices son los que leen *El gato abandonado. El gato abandonado* contiene gatos, perros, personas… —En ese momento, Ramona vio al macaco echado hacia atrás en su silla, sonriendo de esa manera que la ponía tan nerviosa. No pudo contenerse y soltó una risita. Después de lograr dominarse procuró no mirar al macaco y siguió hablando—: …gatos, perros, personas… —Le volvió a entrar la risa y se perdió. No lograba acordarse de lo que venía después. Repitió—: …gatos, perros, personas… —e intentó volver a empezar sin conseguirlo.

La señora Ballenay y el resto de la clase esperaban atentos. El macaco seguía sonriendo. El coro, leal a Ramona, seguía maullando y bailando. Pero no podían estar así toda la mañana. Ramona tenía que decir algo, cualquier cosa, para acabar con la espera, los maullidos y el informe. Intentó desesperadamente acordarse de algún anuncio de comida para gatos, cualquiera en el que saliera un gato, pero no podía. Sólo se acordaba del señor que acababa de comerse una *pizza*, así que soltó la primera frase que se le ocurrió:

—¡Es increíble que me la haya comido entera!

La carcajada de la señora Ballenay se oyó por encima de la del resto de la clase. Ramona notó que la cara se le había puesto roja debajo de la careta y que las orejas, que toda la clase podía ver, también se le habían puesto rojas.

—Gracias, Ramona —dijo la señora Ballenay—. Ha sido muy entretenido. Bueno, pueden salir a comer.

Como tenía la cara cubierta con la careta, Ramona se sintió valiente.

—Señora Ballenay —dijo mientras los de su clase separaban las sillas de los pupitres y recogían su comida—, el final de mi informe no era así.

—¿Te ha gustado el libro? —preguntó la señora Ballenay.

—No mucho —confesó Ramona.

—Entonces creo que ha sido un buen final para tu informe —dijo la maestra.

Pensamiento crítico

1. ¿Qué pasa cuando el macaco le sonríe a Ramona durante la presentación de su informe? Destreza de enfoque CAUSA Y EFECTO

2. ¿Cómo les hace saber la autora a los lectores que Ramona es muy creativa? SACAR CONCLUSIONES

3. ¿Qué harías si tuvieras que fingir para "vender" un libro que no te gusta? EXPRESAR OPINIONES PERSONALES

4. ¿Cómo resuelve Ramona su problema al final del informe? PROBLEMA Y SOLUCIÓN

5. **ESCRIBIR** Narra por escrito alguna anécdota en la que tú hayas hecho algo gracioso o creativo. RESPUESTA BREVE

Conoce a la autora

Beverly Cleary

Beverly Cleary vivió alguna vez en un pueblo tan pequeño que no tenía ni siquiera biblioteca. No es por ello casual que cuando se mudó a Portland, Oregon, pasara horas y horas en la biblioteca local. Tanto le gustaron los libros, que finalmente se convirtió en bibliotecaria.

Algunos de los niños que conoció allí solían preguntarle: "¿Dónde hay libros de niños como nosotros?". La respuesta de Beverly Cleary fue su primer libro, *Henry Huggins*. Allí aparece por primera vez una niña llamada Ramona Quimby.

Actualmente, ya existe incluso una estatua de Ramona Quimby. Está en el parque del barrio donde Beverly Cleary vivió alguna vez. En el mismo barrio donde transcurren la vida y las aventuras de Ramona Quimby.

En Internet www.harcourtschool.com/reading

Artes del Lenguaje

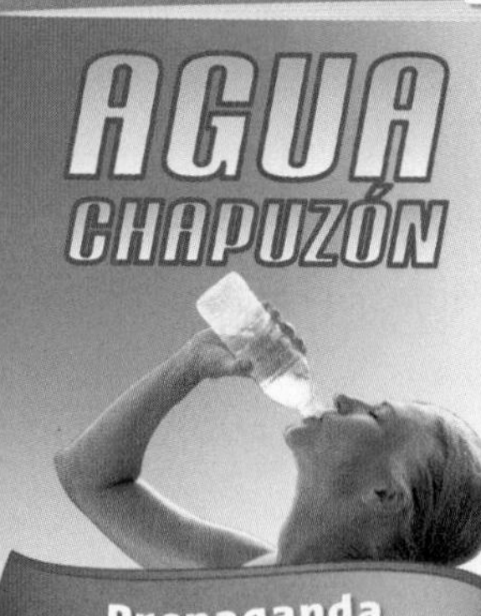

AGUA CHAPUZÓN

Las propagandas o anuncios publicitarios se usan para vender productos y servicios. Imagina que Agua Chapuzón es una nueva bebida para los que practican deportes. Lee estos ejemplos para que aprendas sobre los distintos tipos de propaganda.

Este tipo de propaganda lo puedes ver en los costados de las calles. Se le llama valla anunciadora.

Esto es un hecho. Se puede probar.

¡TU CUERPO NECESITA BEBER AGUA PARA MANTENERSE SALUDABLE!

¡LA MEJOR AGUA DEL MUNDO!

AGUA CHAPUZÓN

Ésta es una opinión. No se puede probar.

Una propaganda en una revista puede ser como ésta.

Algunas empresas usan personajes famosos en sus propagandas, para que respalden su producto o servicio. A esto se le llama **promoción.**

Cuando juego con los Tigres de Córdoba, siempre bebo AGUA CHAPUZÓN. El AGUA CHAPUZÓN me refresca.

AGUA CHAPUZÓN

¡Un *splash* de frescura!

Las propagandas frecuentemente tienen un eslogan o frase pegadiza.

Enlaces

Comparar textos

1. ¿En qué se parece el informe de Ramona a una propaganda? ¿En qué se diferencia?

2. ¿Cuál parte del cuento te pareció más divertida? ¿Por qué?

3. ¿En qué se parece la escuela de Ramona a la tuya? Explica tu respuesta con detalles.

Repaso del vocabulario

Clasificación de palabras

Trabaja en equipo con un compañero. Hagan una tabla de dos columnas: "Palabras sobre el escenario" y "Acciones del personaje". Escriban cada palabra del vocabulario en la columna que corresponde. Comenten por qué las palabras pertenecen a esa categoría.

- **abarrotada**
- **cubierta**
- **mencionó**
- **gesto**
- **comentario**
- **nerviosa**

Práctica de la fluidez

Lectura en pareja

Trabaja en equipo con un compañero. Túrnense para leer una página de "Ramona empieza el curso". Proponte leer con énfasis. Usa tu voz para expresar los sentimientos de los personajes. Pregúntale a tu compañero qué es lo que más le gustó de tu lectura.

Escritura

Escribe una propaganda

Escribe una propaganda para promover uno de tus productos favoritos. Explica por qué alguien debería usar ese producto. Para ayudarte a organizar tu escritura, usa una gráfica de causa y efecto.

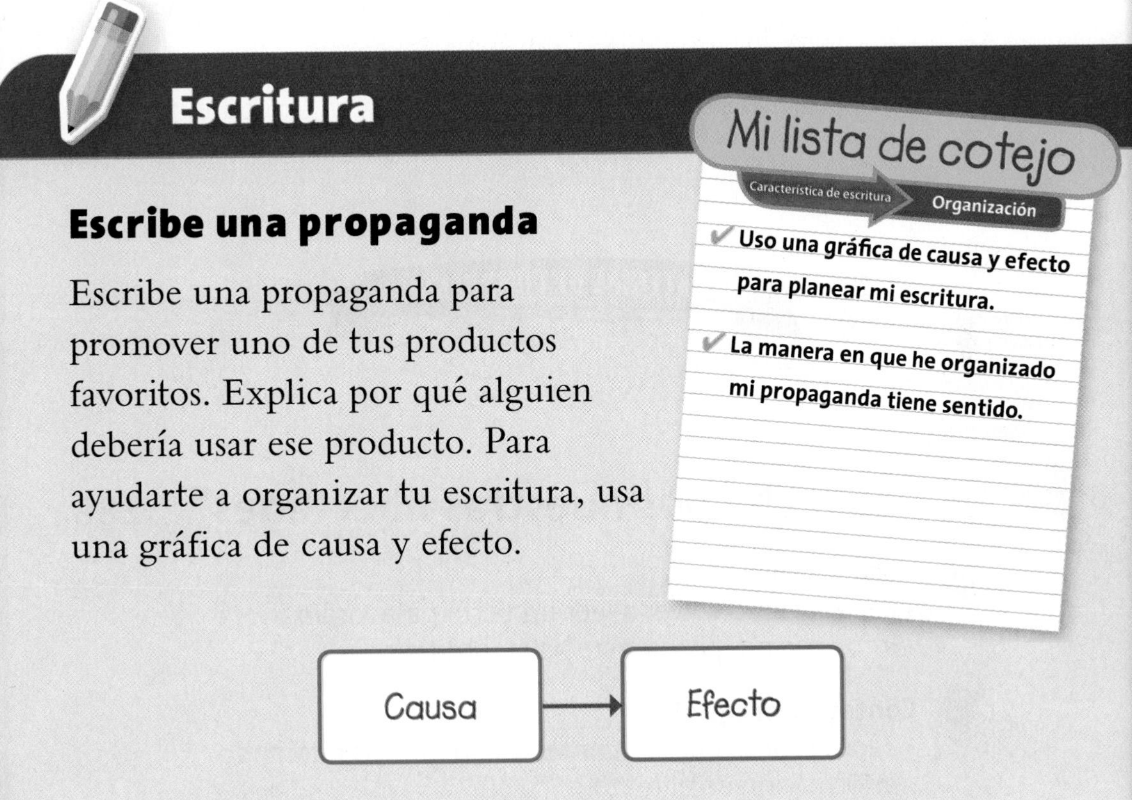

CONTENIDO

Lección 25

Repaso del tema y desarrollo del vocabulario

TEATRO LEÍDO

- requieren
- funcional
- habitantes
- asombrados
- amplio
- responsabilidad

Leer para adquirir fluidez

Cuando lees un guión en voz alta:

- lee a la misma velocidad que le hablas a un amigo.
- expresa con la voz las emociones y los sentimientos de los personajes.

Los ROBOTIPERROS de Villa Verde

ilustrado por John Hovell

Personajes

Narrador
Mareo
Cosme
Robotiperro
Profesor
Capitán Astro

Escenario: Una ciudad del planeta Tierra en el futuro

Narrador: Esta historia tiene lugar en el año 2222 en una pequeña ciudad llamada Villa Verde. Su gente es tan alegre y feliz como la de cualquier otra comunidad. Todos se conocen y se llevan muy bien.

Mareo: Hola, Cosme. Gracias por invitarme a tu casa.

Cosme: De nada, Mareo. ¿Y cómo va el negocio de autos de hidrógeno de tu papá?

Mareo: Bien. Siempre está muy ocupado, Cosme.

Cosme: ¡Oí que están vendiendo tantos autos de esos, que la fábrica de Marte no da abasto para construirlos!

Narrador: Mareo y Cosme viven con su familia en Villa Verde. Todos los días, sus padres los llevan a la escuela en sus autos de hidrógeno voladores. Por las noches, los chicos se divierten conversando con sus amigos a través de sus televídeocomputadoras. También juegan con sus perros.

Mareo: ¡Vamos, robotiperro! ¡Atrapa este disco volador!

Robotiperro: Enseguida, amo Mareo. ¡Agarraré el disco!

Narrador: Los perros de Villa Verde no son perros comunes. Son robots.

Mareo: ¡Bien hecho, robotiperro! ¡Lo atrapaste en el aire!

Robotiperro: Gracias, amo Mareo. ¿Qué más puedo hacer por usted?

Narrador: Los robotiperros son los únicos perros que hay en Villa Verde. Los científicos los inventaron para que fueran la mascota perfecta, mejores que los perros de verdad. Pueden hablar. Pueden hacer quehaceres que requieren esfuerzo, como limpiar la casa y cocinar. ¡Hasta pueden proyectar películas con sus ojos!

Clave para leer con fluidez

Piensa cómo sonaría la voz de un perro robot si pudiera hablar.

Cosme: Anoche, nuestro robotiperro nos proyectó una película antigua.

Mareo: ¿Cuál película les proyectó?

Cosme: Una sobre un perro de verdad. Era una perra muy hermosa.

Mareo: ¿Una perra de verdad? ¿Cómo era?

Cosme: Muy parecida a nuestros robotiperros. Hacía toda clase de gracias y además ayudaba a sus amos.

Mareo: ¿Podía hablar?

Cosme: No. Sólo hacía un sonido que se llama ladrido. No podía pronunciar palabras humanas.

Mareo: ¿De veras? Eso sí que es raro.

Robotiperro: Sí, bastante extraño, amo Mareo.

Cosme: Robotiperro, tengo hambre. Por favor, ¿podrías ir a la cocina y hacernos unos emparedados a Mareo y a mí?

Robotiperro: Amo Mareo, ¿debo cumplir esa orden?

Mareo: Sí. El robotiperro de Cosme se quedó en su casa. Te ordeno que cumplas las órdenes de mi amigo Cosme.

Robotiperro: Así será, amo Mareo. Amigo Cosme, ahora vuelvo.

Cosme: La perra de la película parecía querer mucho a su amo. Era dulce y cariñosa. No solamente hacía los quehaceres de la casa.

Mareo: ¿La perra quería a su amo? Eso sí que suena raro.

Cosme: Era muy linda la relación entre ambos. La perra y su amo eran íntimos amigos.

Mareo: Ojalá mi robotiperro fuera así.

Narrador: Como ven, los robotiperros son mascotas muy útiles y pueden hacer gracias, pero no pueden dar amor ni ser cariñosos.

Cosme: Tal vez debiéramos consultar al profesor sobre este tema.

Narrador: El profesor es un experto en animales. Mareo y Cosme corren a preguntarle sobre las diferencias entre un perro de verdad y un robotiperro.

Profesor: Sí, Cosme y Mareo, es cierto que los perros de verdad sienten y expresan sus emociones, mientras que los robotiperros no sienten nada. Un perro de verdad puede estar alegre o triste. Hasta puede demostrar amor.

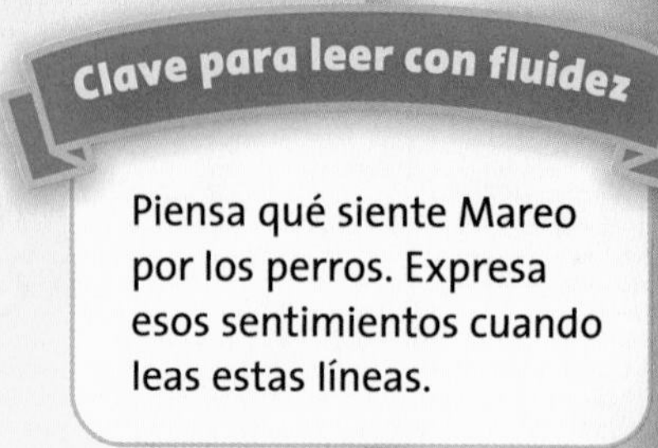

Mareo: ¿Por qué los robotiperros no pueden expresar emociones?

Profesor: Los científicos no saben cómo hacer que los robotiperros actúen como amigos. Los pueden hacer útiles, pero no cariñosos.

Cosme: Mi robotiperro es muy funcional. Limpia mi habitación, prepara mis comidas y hasta me ayuda a hacer la tarea.

Mareo: Pero los robotiperros no son muy tiernos que digamos.

Cosme: Lo sé. Una vez que mi robotiperro hace sus labores o sus gracias, parece desconectarse.

Profesor: Es cierto. Se quedan como dormitando. Los científicos los hacen así para ahorrar energía.

Mareo: Ojalá tuviera un perro de verdad.

Cosme: Ya no hay perros de ese tipo. Desaparecieron permanentemente de la Tierra hace como cien años.

Profesor: Es curioso que digas eso. Acabo de conversar a través del teléfono intergaláctico con el famoso explorador espacial, el capitán Astro. Me dijo algo sobre un descubrimiento increíble. Quizás él mismo les pueda decir. Teléfono intergaláctico, llame al capitán Astro.

Astro: Aquí capitán Astro. ¿Qué pasa profesor? ¿Quiere oír más sobre mi descubrimiento?

Profesor: Sí, Capitán, por eso lo llamo. Cuénteles a mis amigos Mareo y Cosme lo que ha descubierto.

Astro: Puedo hacer algo mejor que eso. Les puedo mostrar lo que encontré.

Narrador: El capitán Astro se aleja del teléfono intergaláctico. De pronto, Mareo y Cosme oyen unos chillidos seguidos de unos ladridos.

Mareo: ¿Qué es ese sonido tan extraño?

Cosme: Es el sonido que escuché en la película. ¡Son los ladridos que hacen los perros de verdad!

Narrador: El capitán Astro aparece otra vez en la pantalla de la computadora. Le hace una seña a una cosa peluda que salta a sus brazos. Mareo y Cosme ven que se parece bastante a un robotiperro, pero actúa de manera diferente.

Astro: ¡He encontrado perros de verdad! Hay un planeta muy pequeño donde viven muchos animales iguales a los que una vez habitaron la Tierra. De hecho, hay tantos habitantes en ese planeta, que la comida y el espacio escasean.

Narrador: El perro que está en los brazos del capitán Astro mueve la cola y comienza a lamerle la cara. Mareo y Cosme miran asombrados al perro.

Mareo: ¡Ojalá pudiera tener uno de esos perros!

Cosme: ¡Yo también!

Clave para leer con fluidez

El capitán Astro está dando detalles importantes. Lee a una velocidad que permita entender el cuento claramente.

Profesor: Creo que eso podría arreglarse. Dígales cuál es su plan, capitán Astro.

Astro: Ayudar a los animales. Darles refugio aquí en la Tierra. ¡Voy a traer una nave espacial llena de perros! Hay amplio espacio en el planeta Tierra para ellos. Y sé que la gente los tratará con mucho cariño. Cosme y Mareo, deben saber que tener perros de verdad exige mucha responsabilidad. Si me prometen cuidarlos con esmero, ustedes pueden tener los dos primeros.

Mareo y **Cosme:** ¡Gracias, capitán Astro!

Narrador: El capitán Astro, tal como lo prometió, trajo perros de verdad a la Tierra. Mareo y Cosme tuvieron los dos primeros.

Mareo: ¡Aquí, Patín! ¡Dame un abrazo!

Cosme: ¡Luna! ¡Ven a jugar conmigo!

Narrador: Mareo y Cosme decidieron quedarse también con sus robotiperros. Les son de mucha ayuda cuando tienen que bañar a Patín y a Luna.

Robotiperro: Amo Cosme, ¿quiere que prepare el baño para Luna?

Cosme: Sí, robotiperro. ¿Y después podrías sacarla a pasear?

Lectura de un libro de Estudios Sociales

Enlace a la lectura de otra asignatura Los libros de Estudios Sociales cuentan con características especiales que te ayudan a comprender mejor el texto. Entre estas características se incluyen títulos y encabezamientos, vocabulario específico y elementos visuales de apoyo. Revisa las páginas que contengan esta información cada vez que leas un libro de Estudios Sociales.

Lee las notas de la página 289. ¿Cómo pueden ayudarte esas características a leer una lección de Estudios Sociales?

Repasar las estrategias de enfoque

Las estrategias que aprendiste en este tema también te ayudan a leer un libro de Estudios Sociales.

Volver a leer

Verifica tu comprensión cada vez que leas. Si algo te parece confuso al leerlo por primera vez, intenta volver a leerlo.

Contestar preguntas

Usa la información que has leído para contestar las preguntas al final de cada sección. Revisa el texto para comprobar tus respuestas.

Piensa en dónde y cómo puedes usar las estrategias de comprensión mientras lees "La lucha por nuestras libertades" en las páginas 290 y 291.

TÍTULOS Y ENCABEZAMIENTOS
El **título de la lección** indica de lo que tratará toda la lección. Los **encabezamientos** indican de lo que tratará cada sección.

Lección 1

La lucha por nuestras libertades

Reflexiona
¿Quiénes lucharon por nuestras libertades?
✓ Hace mucho tiempo hubo personas que lucharon por nuestras libertades.

Vocabulario
libertad p. 370
colonia p. 371
colono p. 371
revolución p. 372
independencia p. 372

Resumir

En los Estados Unidos disfrutamos de gran libertad. La **libertad** es el derecho a elegir. Es una de las ideas sobre las que se fundó nuestro país. En los primeros días de nuestra nación, sus habitantes tuvieron que luchar por conseguir todo tipo de libertades.

En Boston, Massachusetts, ocurrieron sucesos importantes que ayudaron al surgimiento de los Estados Unidos.

370 ■ Unidad 5

Las trece colonias

Hace mucho tiempo, la mayoría de los asentamientos de la costa este de América del Norte eran colonias que pertenecían a Inglaterra. Una **colonia** es un asentamiento gobernado por un país desde lejos. Las colonias tenían sus propias leyes, pero Inglaterra imponía las suyas también.

Hacia el siglo XVIII, ya había trece colonias inglesas que ocupaban desde el lugar en el que actualmente se encuentra Maine hasta Georgia. Estas colonias fueron el comienzo de lo que hoy es los Estados Unidos de América.

Durante mucho tiempo, a los **colonos**, habitantes de las trece colonias, no les importó vivir gobernados por Inglaterra. Pero los legisladores de Inglaterra empezaron a aprobar nuevas leyes que los colonos consideraban injustas. Los colonos querían participar en la creación de sus propias leyes.

Repaso de la lectura **Resumir**
¿En qué lugar de América del Norte se fundaron las colonias?

Analizar mapas
◆ **Regiones ¿Por qué crees que las 13 colonias estaban situadas en la costa este de lo que luego se convertiría en los Estados Unidos?**

Capítulo 10 ■ 371

VOCABULARIO ESPECÍFICO
Por lo general, las palabras del **vocabulario** de Estudios Sociales se presentan resaltadas. El significado de cada una de ellas se explica en la propia oración.

ELEMENTOS VISUALES
Las **fotografías con pies de foto** y los **mapas** proporcionan información a primera vista. Los mapas te ayudan a localizar lugares. Usa la rosa náutica para ubicar el Norte, el Sur, el Este y el Oeste.

Aplicar las estrategias Lee estas páginas de un libro de Estudios Sociales. Mientras lees, detente y piensa en cómo estás usando las estrategias de comprensión.

Lección 1

La lucha por nuestras libertades

Reflexiona ¿Quiénes lucharon por nuestras libertades?

✔ Hace mucho tiempo hubo personas que lucharon por nuestras libertades.

Vocabulario
libertad p. 370
colonia p. 371
colono p. 371
revolución p. 372
independencia p. 372

Resumir

En los Estados Unidos disfrutamos de gran libertad. La **libertad** es el derecho a elegir. Es una de las ideas sobre las que se fundó nuestro país. En los primeros días de nuestra nación, sus habitantes tuvieron que luchar por conseguir todo tipo de libertades.

En Boston, Massachusetts, ocurrieron sucesos importantes que ayudaron al surgimiento de los Estados Unidos.

370 ■ Unidad 5

Detente a pensar

¿Cómo podría ayudarte **volver a leer** la lección a **contestar las preguntas** que están al final de la página?

Las trece colonias

Hace mucho tiempo, la mayoría de los asentamientos de la costa este de América del Norte eran colonias que pertenecían a Inglaterra. Una **colonia** es un asentamiento gobernado por un país desde lejos. Las colonias tenían sus propias leyes, pero Inglaterra imponía las suyas también.

Hacia el siglo XVIII, ya había trece colonias inglesas que ocupaban desde el lugar en el que actualmente se encuentra Maine hasta Georgia. Estas colonias fueron el comienzo de lo que hoy es los Estados Unidos de América.

Durante mucho tiempo, a los **colonos**, habitantes de las trece colonias, no les importó vivir gobernados por Inglaterra. Pero los legisladores de Inglaterra empezaron a aprobar nuevas leyes que los colonos consideraban injustas. Los colonos querían participar en la creación de sus propias leyes.

Repaso de la lectura **Resumir**

¿En qué lugar de América del Norte se fundaron las colonias?

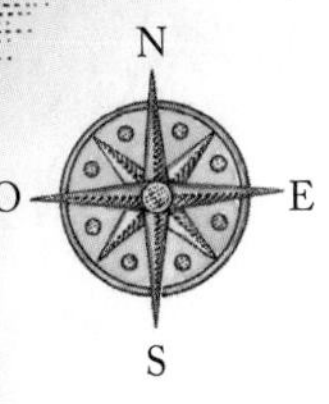

Las trece colonias

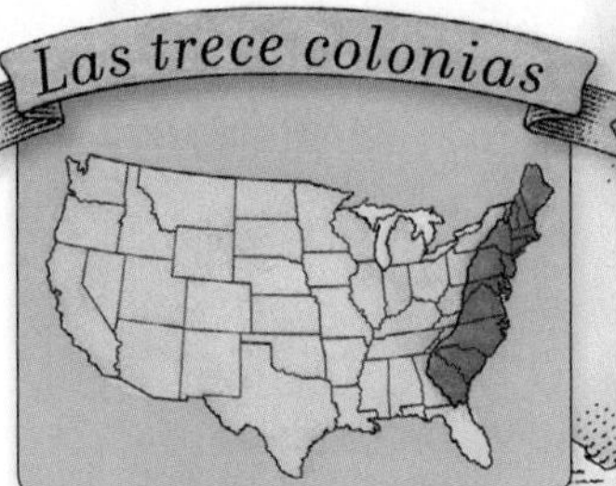

Destreza de análisis **Analizar mapas**

◆ **Regiones ¿Por qué crees que las 13 colonias estaban situadas en la costa este de lo que luego se convertiría en los Estados Unidos?**

ENLACE: LECTURA Y ESCRITURA

	Lección 26	Lección 27
TÍTULOS DE LAS LECTURAS	**La telaraña de Carlota**	**Las arañas y sus telarañas**
	¡Las orugas también tejen!	Por ti
Estrategia de comprensión	Hacer preguntas	Hacer preguntas
Destreza de enfoque	Inferir	Inferir

Tema 6 Descubrimientos

Noche estrellada, Vincent van Gogh

Lección 28	Lección 29	Lección 30 Repaso
La feria de ciencias	**Los planetas**	**Viaje a través del sistema solar**
Consejos del Dr. Todoloarregla	La casa de Jeremías	La energía
Verificar la comprensión: Hacer una lectura anticipada	Verificar la comprensión: Hacer una lectura anticipada	Repasar las destrezas y estrategias
Predecir	Predecir	

CONTENIDO

Lección 26

Género: Fantasía

La telaraña de Carlota

E. B. WHITE

STUART LITT

GARTH WILLI

¡Las orugas también tejen!

por Shane McEvey

Género: No ficción descriptiva

Destreza de enfoque

Inferir

Los autores no les dan a sus lectores todos los detalles de un cuento. Los lectores deben averiguar por sí mismos algunas cosas. Cuando un lector añade su propio conocimiento a la información que le da un autor, decimos que está **infiriendo.**

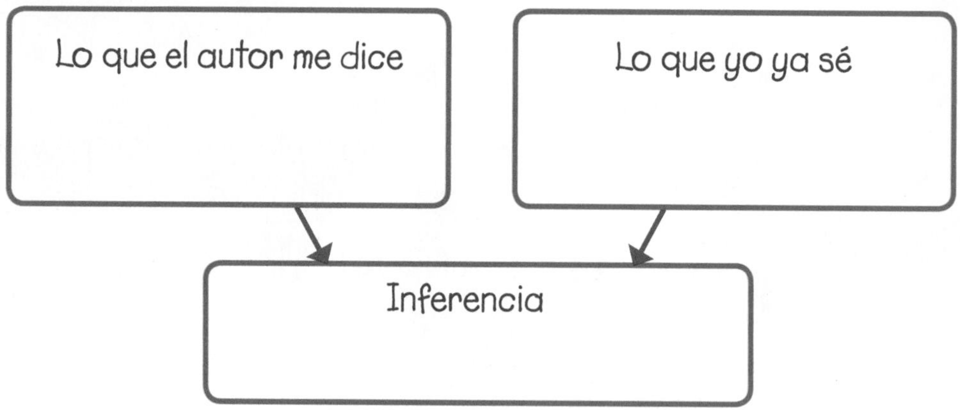

Clave

Usa lo que has aprendido de la vida real para comprender cómo se siente un personaje, a qué o a quién se parece y por qué ocurre algo en un cuento.

Lee el siguiente cuento. Después usa la gráfica de abajo para inferir.

Margo, una araña subterránea, hizo un hoyo en la tierra y luego produjo hilo de seda para rellenar y hacer más cómoda su madriguera. La mañana siguiente vio que su vecino salía con sigilo de su propia madriguera y cubría con grava la entrada.

—¿Qué haces? —le preguntó Margo.

—Shh, estoy buscando mi desayuno —le respondió el vecino.

—Es muy difícil ver la entrada de tu madriguera —le dijo Margo.

—¡De eso se trata! —respondió el vecino—. Quiero tomar por sorpresa a los insectos que pasen por aquí. ¡Así podré atraparlos!

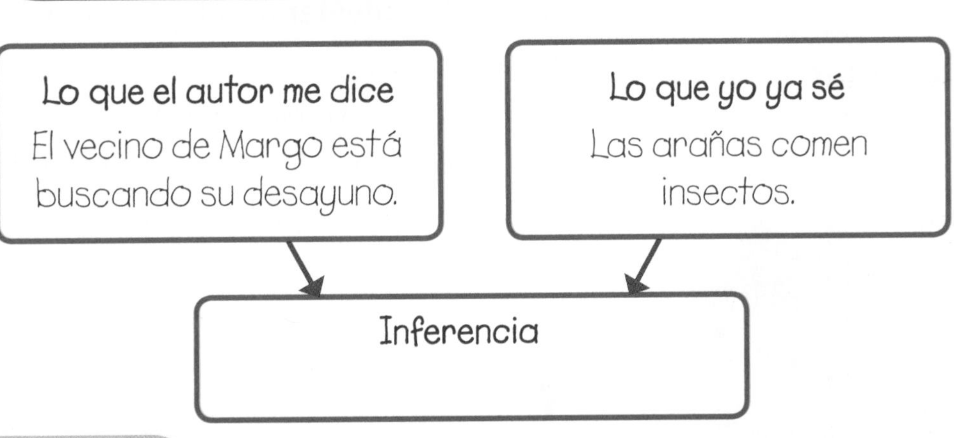

Inténtalo

Vuelve a leer el cuento. ¿Qué puedes inferir sobre cómo es el vecino de Margo?

www.harcourtschool.com/reading

Vocabulario

Desarrollar un vocabulario rico

acopio

molestia

sedentaria

compromiso

jactó

temblar

La vida en una granja

¿Alguna vez has estado en una granja? ¿Has visto el gran **acopio** de cereales y alimentos que hay allí? ¿Has oído al gallo despertar a toda la granja para comenzar el día? Los granjeros siempre tienen mucho trabajo por delante. Por eso, no consideran una **molestia** el canto temprano del gallo. En la granja es imposible llevar una vida **sedentaria**. ¡Hay demasiadas cosas para hacer!

El tipo de trabajo que realizan los granjeros depende del tipo de granja que tienen. Algunos granjeros cultivan plantas. Otros crían animales.

La vaca se ordeña todos los días. El granjero tiene el **compromiso** de entregar la leche a diario.

Los granjeros que cultivan plantas suelen sembrar cereales, verduras o frutas. Se aseguran de regar las plantas para que puedan crecer. Observa la fotografía. Después de cosechar estos sembrados, ningún granjero se **jactó** de los frutos de su esfuerzo. No hubo tiempo. Todos debían preparar en seguida la siembra de la siguiente temporada.

Otros granjeros crían vacas, cerdos o gallinas. Ellos alimentan y cuidan a los animales. Mantienen limpios sus corrales y establos para que los animales estén saludables y puedan producir alimentos.

Cuando las espigas del trigo crecen sanas y altas, la brisa las hace ondear suavemente. Parecen **temblar**.

www.harcourtschool.com/reading

Detectives de las palabras

Tu misión de esta semana es buscar las palabras del vocabulario en libros de no ficción o en artículos de revistas sobre granjas y animales de cría. Cada vez que encuentres una palabra del vocabulario, escríbela en tu diario de vocabulario. Indica dónde encontraste cada palabra.

Estudio del género

Una **fantasía** es un cuento sobre sucesos que no pueden ocurrir en la vida real. Identifica

- personajes, como animales, que hacen cosas que no pueden hacer los verdaderos animales.
- una trama con un comienzo, medio y final.

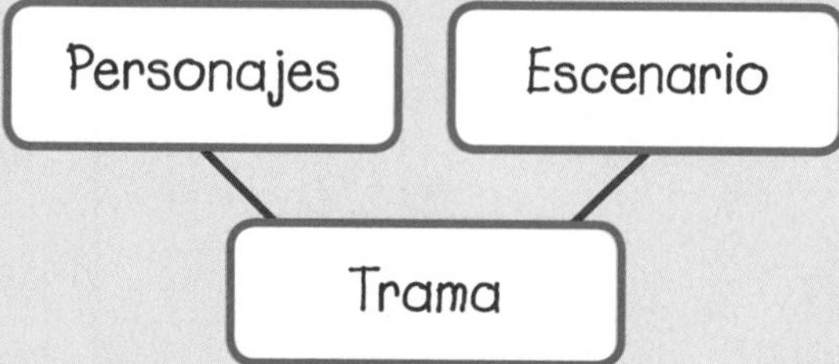

Estrategia de comprensión

Haz preguntas mientras lees. Esto te ayudará a concentrarte en las ideas más importantes de la lectura.

La telaraña de Carlota

por E. B. White ilustrado por Garth Williams

*La granja de los Zuckerman es un sitio lleno de vida. A Fern, la sobrina del señor Zuckerman, le encanta visitar el granero y observar los animales en sus aventuras cotidianas. Especialmente Wilbur, un cerdito muy curioso que ella misma ayudó a criar. Wilbur tiene muchos amigos en el granero, incluyendo a Carlota, la araña que vive en el corral. Templeton, la rata, puede ser una **molestia** para muchos, pero no para Wilbur, que la tiene por su amiga también. Una familia de gansos y varias ovejas y corderos hacen más emocionante la vida en el corral, donde los animales pasan la mayor parte del día.*

Wilbur es muy joven y tiene mucho que aprender del mundo que lo rodea. Afortunadamente, Carlota es una sabia y paciente amiga con la que él puede contar.

La bravata de Wilbur

Una telaraña es más fuerte de lo que parece. Aunque formada por hilos finos y delicados, la red no se rompe fácilmente. Pero una tela de araña se rompe día tras día cuando los insectos atrapados tratan de escapar. La araña tiene que repararla cuando se llena de agujeros. A Carlota le gustaba entretejerla al final de la tarde y a Fern le gustaba sentarse cerca y observar. Una tarde oyó una conversación interesantísima y fue testigo de un extraño acontecimiento.

—Tienes unas patas horriblemente peludas, Carlota —dijo Wilbur mientras la araña se afanaba en su tarea.

—Mis patas son peludas por una buena razón —replicó Carlota—. Además, cada una de mis patas tiene siete partes: la coxa, el trocánter, el fémur, la patela, la tibia, el metatarso y el tarso.

Wilbur se cayó sentado de la sorpresa.

—Estás bromeando —dijo.

—No, en absoluto.

—Di esos nombres de nuevo. No los capté la primera vez.

—Coxa, trocánter, fémur, patela, tibia, metatarso y tarso.

—¡Caramba! —comentó Wilbur al tiempo que observaba sus patas rechonchas—. No creo que *mis* patas tengan siete partes.

—Bueno —declaró Carlota—, tú y yo llevamos vidas diferentes. Tú no tienes que tejer una tela de araña. Eso exige mucho trabajo a las patas.

—Yo podría tejer una telaraña si quisiera —se jactó Wilbur—. Lo que pasa es que nunca lo he intentado.

—Vamos a ver cómo lo haces —dijo Carlota. Fern soltó una risita y sus ojos se agrandaron por el cariño que sentía hacia el cerdo.

—De acuerdo —repuso Wilbur—. Tú guíame y yo tejeré una tela de araña. ¿Cómo empiezo?

—¡Respira hondo! —dijo Carlota sonriente. Wilbur respiró hondo—. Ahora sube lo más alto que puedas. Así.

Y Carlota trepó a toda prisa hasta lo alto de la entrada. Wilbur se afanó por llegar a la cumbre del montón de estiércol.

—¡Muy bien! —dijo Carlota—. ¡Ahora haz un enganche con tus hileras, lánzate al espacio y suelta hilo a medida que caes!

Wilbur titubeó un momento y luego se lanzó al vacío. A toda prisa volvió la cabeza para ver si le seguía una cuerda que frenara su caída, pero nada parecía suceder en su parte posterior y lo que a continuación supo fue que aterrizó de un porrazo.

—¡Pum! —gruñó.

Carlota lanzó tal carcajada que empezó a temblar toda la tela de araña.

—¿Qué es lo que hice mal? —preguntó el cerdo cuando se recobró del golpe.

—Nada —respondió Carlota—. Fue un buen intento.

—Me parece que lo intentaré otra vez —dijo Wilbur alegremente—. Me parece que lo que necesito es una cuerda que me sujete.

El cerdo salió a su corral.

—¿Estás ahí, Templeton? —la llamó. La rata asomó la cabeza por debajo del comedero.

—¿Puedes prestarme una cuerda? —preguntó Wilbur—. La necesito para tejer una telaraña.

—Sí, desde luego —replicó Templeton, que guardaba cuerdas—. No hay ningún problema. Te la daré sin compromiso.

Se metió en el agujero, echó a un lado el huevo de gansa y volvió con un pedazo de cuerda vieja y sucia. Wilbur la examinó.

—Esto es lo que necesito —declaró—. Ata un extremo a mi rabo. ¿Quieres, Templeton?

Wilbur se agachó, presentando a la rata su rabito rizado. Templeton tomó la cuerda, la pasó por el extremo del rabo del cerdo e hizo dos nudos. Carlota lo observaba encantada. Al igual que Fern, Carlota quería mucho a Wilbur, cuya olorosa pocilga y cuya comida rancia atraían a las moscas que ella necesitaba. Le enorgullecía saber que no desistía con facilidad y que trataba otra vez de tejer una telaraña.

Mientras la rata, la araña y la niña lo miraban, Wilbur volvió a subir a lo alto del montón de estiércol, rebosante de energía y de esperanza.

—¡Miren todos! —gritó. Y haciendo acopio de todas sus fuerzas, se lanzó de cabeza. La cuerda fue tras él. Pero se había olvidado de sujetar el otro extremo a algo. Wilbur aterrizó de golpe. Se aplastó, dolorido, contra el suelo. Las lágrimas asomaron a sus ojos. Templeton se sonrió. Carlota se sentó en silencio. Al cabo de un instante habló.

—Tú no puedes tejer una tela de araña, Wilbur, y te aconsejo que te olvides de la idea. Te faltan dos cosas para poder tejer una tela de araña.

—¿Cuáles son? —preguntó Wilbur entristecido.

—Careces de una serie de hileras y te falta la técnica. Pero alégrate, tú no necesitas tener una tela de araña. Zuckerman te proporciona cada día tres grandes comidas. ¿Por qué tienes que preocuparte por atrapar alimentos?

Wilbur suspiró.

—Eres mucho más hábil y más lista que yo, Carlota. Me imagino que lo que yo hice fue una pura tontería.

Templeton desató la cuerda y se la llevó a su casa. Carlota volvió a tejer.

—No tienes por qué ponerte así, Wilbur —le dijo—. No son muchos los seres que pueden tejer redes. Incluso los hombres no son tan buenos en eso como las arañas, aunque ellos *piensan* que son muy listos e *intentarán* cualquier cosa. ¿Oíste hablar del puente de Queensborough?

Wilbur movió la cabeza.

—¿Es una tela de araña?

—Algo parecido —replicó Carlota—. Pero, ¿sabes cuánto les costó a los hombres construirlo? Ocho años enteros. Caramba, yo me habría muerto de hambre si hubiese tardado tanto tiempo.

—¿Y qué es lo que los hombres atrapan en el puente de Queensborough? ¿Insectos? —preguntó Wilbur.

—No —respondió Carlota—. No atrapan nada. Simplemente trotan entre uno y otro extremo, pensando que en el otro lado hay algo mejor. Si se colgaran cabeza abajo en lo alto de aquella cosa y aguardaran en silencio, quizás les llegaría algo bueno. Pero no… con la gente es siempre prisa, prisa, prisa, a cada minuto que pasa. Me alegra ser una araña sedentaria.

—¿Qué significa eso de sedentaria? —preguntó Wilbur.

—Significa que paso inmóvil buena parte del tiempo y no me lanzo a vagar por el mundo. Sé distinguir una buena cosa cuando la veo y mi tela de araña es una buena cosa. Aquí permanezco y espero lo que llegue. Me proporciona la posibilidad de pensar.

—Pues supongo que yo también soy sedentario —dijo el cerdo—. Tengo que permanecer aquí, tanto si me gusta como si no me gusta. ¿Sabes dónde me gustaría estar de verdad esta tarde?

—¿Dónde?

—En un bosque, buscando hayucos y trufas y raíces sabrosas, apartando las hojas con mi espléndido y fuerte hocico, husmeando y hurgando la tierra, oliendo, oliendo, oliendo…

—Tú hueles a lo que eres —observó un cordero que acababa de entrar—. Puedo olerte desde aquí. Eres la criatura más apestosa de este lugar.

Wilbur agachó la cabeza. Las lágrimas humedecieron sus ojos. Carlota advirtió su turbación y se dirigió ásperamente al cordero.

—¡Deja en paz a Wilbur! —dijo—. Tiene perfecto derecho a oler así, considerando lo que le rodea. Y tú tampoco eres precisamente un manojo de guisantes de olor. Además, has interrumpido una conversación muy agradable. ¿De qué hablabas, Wilbur, cuando fuimos tan groseramente interrumpidos?

—Oh, ya no me acuerdo —dijo Wilbur—. No importa. Vamos a dejar de hablar por un rato, Carlota. Está entrándome sueño. Sigue adelante y acaba de arreglar tu telaraña y yo me tenderé aquí y te observaré. Es una tarde maravillosa.

Wilbur se tendió de costado.

El crepúsculo cayó sobre el granero de Zuckerman, acompañado de una sensación de paz.

Pensamiento crítico

1. ¿Cómo es el carácter de Wilbur? ¿Cómo lo sabes? INFERIR
2. ¿Cómo se siente Carlota al ver a Wilbur intentando tejer una tela de araña? EMOCIONES DE LOS PERSONAJES
3. Si tú hubieras visto a Wilbur intentando tejer la tela de araña, ¿le hubieras dicho que eso era imposible? Explica tu respuesta. EXPRESAR OPINIONES PERSONALES
4. ¿Cómo puedes asegurar que el autor opina que la gente se apresura demasiado? SACAR CONCLUSIONES
5. **ESCRIBIR** Describe alguna ocasión en que hayas intentado hacer algo nuevo con la ayuda de otras personas. RESPUESTA AMPLIA

Sobre el autor

E.B. White

E.B. White difícilmente habría podido recordar una época en la que no hubiera estado ocupado con su escritura. Solía decir que siempre quiso plasmar sus ideas en el papel, pero que, como nunca aprendió a dibujar, debió escribir palabras sin remedio. Primero trabajó como reportero en un periódico. Después comenzó a escribir artículos para una revista.

A los niños de su familia les encantaban los cuentos que él les contaba. Un día decidió convertir esos cuentos en libros. El primero fue *El pequeño Stuart*; el segundo, *La telaraña de Carlota*. La idea para este cuento se le ocurrió un día que estaba alimentando a su cerdito en su granja de Maine. Poco antes había observado cómo trabajaba una enorme araña gris. E.B. White quedó maravillado al ver lo lista que era y lo bien que tejía.

Sobre el ilustrador

Garth Williams

Durante su niñez, Garth Williams vivió en una granja de Nueva Jersey. Le encantaba subirse al tractor con el granjero y ver cómo éste ordeñaba las vacas. Al cumplir diez años, su familia se mudó a Inglaterra, donde Garth Williams asistió a la escuela.

Dado que sus dos padres eran artistas, él también decidió estudiar arte. Garth Williams alguna vez dijo: "En mi casa, todos pintaban o dibujaban. Por eso pensé que no había nada más que hacer en la vida que hacer dibujos". En su productiva vida ilustró más de ochenta libros infantiles, incluyendo *La telaraña de Carlota.* También ilustró muchos libros que él mismo escribió.

www.harcourtschool.com/reading

¡LAS ORUGAS TAMBIÉN TEJEN!

por Shane F. McEvey

Las arañas no son los únicos seres vivos que tejen y usan sus telas de seda. Las orugas también lo hacen.

LAS ORUGAS

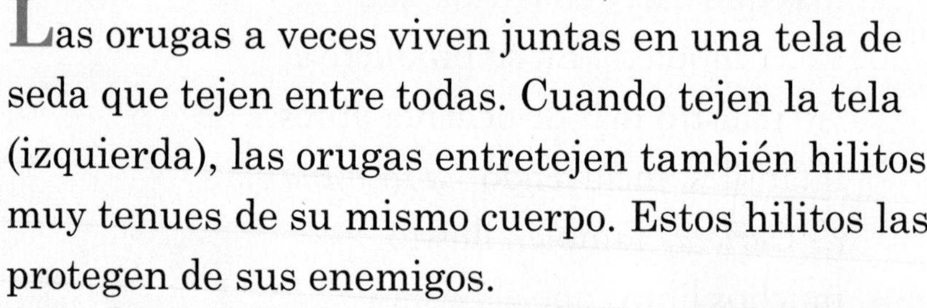

Las orugas a veces viven juntas en una tela de seda que tejen entre todas. Cuando tejen la tela (izquierda), las orugas entretejen también hilitos muy tenues de su mismo cuerpo. Estos hilitos las protegen de sus enemigos.

La oruga de la mariposa nocturna, o polilla, construye una bolsa de seda y ramitas para vivir. Esta bolsa viaja con ella a todas partes (derecha). Cuando alguien la ataca, la oruga de la mariposa nocturna se esconde en su bolsa.

Oruga de la mariposa nocturna ▸

LOS CAPULLOS

Algunas orugas tejen un capullo en el cual se encierran antes de convertirse en crisálida. El capullo protege la crisálida que se está transformando en adulto. Los capullos pueden ser de distintos tamaños y distintas formas, pero todos están hechos de seda. Hay orugas que entretejen hojas e hilos dentro de sus capullos para estar más protegidas.

Esta oruga de la mariposa *Chelepteryx collesi* (derecha) entreteje hilitos de su cuerpo en su capullo de seda. Estos pelitos pinchan a quien los toque causándole dolor. La crisálida dentro del capullo está más protegida.

MILLONES DE MONARCAS

La mariposa monarca no construye un capullo para protegerse. En vez, forma una crisálida. Para que la oruga pueda formar la crisálida deberá utilizar la seda. La oruga teje un "botón" de seda para sostener la crisálida. Luego de dos semanas, una hermosa mariposa sale de la crisálida.

La mariposa monarca se puede encontrar durante la primavera y el verano en casi todas partes de los Estados Unidos. Pero vive todo el año en lugares cálidos como California, Texas y Florida.

Monarcas

Enlaces

Comparar textos

1. Piensa en la razón por la que las orugas tejen redes y en la razón por la que las arañas también lo hacen. ¿En qué se parecen? ¿En qué se diferencian?

2. ¿Te gustaría tener una amiga como Carlota? Explica tu respuesta.

3. ¿Podrían ocurrir en la vida real los sucesos de "La telaraña de Carlota? ¿Cómo lo sabes?

Repaso del vocabulario

Califica la situación

acopio
molestia
sedentaria
compromiso
jactó
temblar

Trabaja en equipo con un compañero. Túrnense para leer en voz alta cada una de las siguientes oraciones. Señalen un punto en la línea para indicar qué tan solidaria o egoísta es cada situación. Comenten sus respuestas.

solidaria ______________________________ egoísta

- El ganador de la carrera se **jactó** frente a los perdedores.
- Respondió con **compromiso** cuando alguien le pidió ayuda.
- Hizo **acopio** de energía cuando participó en el juego.
- Alguien se empeña en ser una **molestia** cuando intentas trabajar.

Práctica de la fluidez

Teatro leído

Trabaja en equipo con un grupo pequeño y elijan entre todos un pasaje de "La telaraña de Carlota" para representarlo como teatro leído. Elija cada uno un personaje, incluyendo el del narrador. Presten atención a la puntuación para que puedan expresarse correctamente. Después de la lectura, pidan la opinión de su audiencia.

Escritura

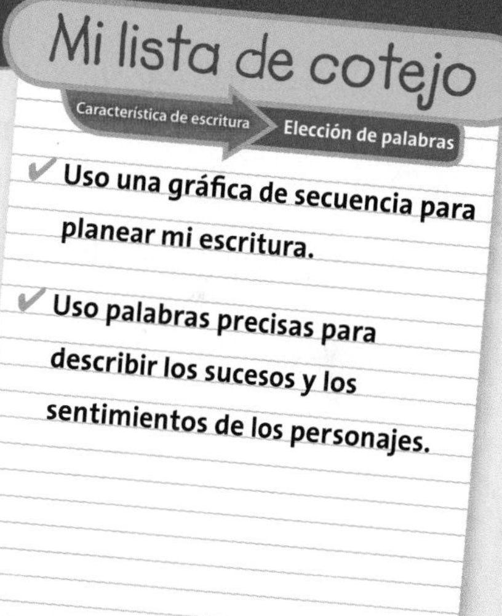

Escribe en un diario

Escribe en un diario desde la perspectiva de uno de los personajes de "La telaraña de Carlota". Describe lo que sucede allí y cómo se siente el personaje después de lo sucedido. Usa una gráfica de secuencia para planear tu escritura.

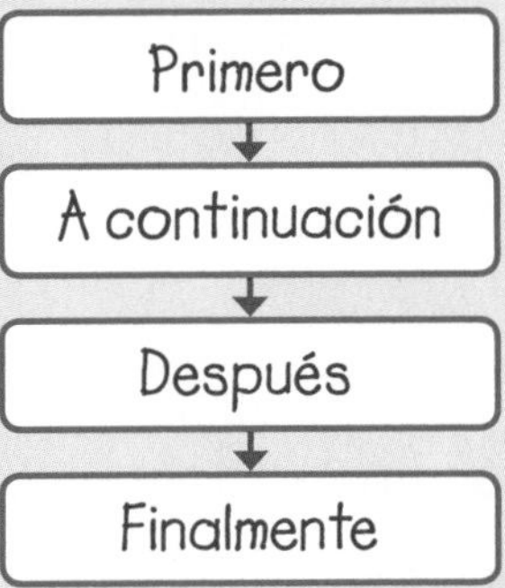

Enlace: Lectura y escritura

Informe de investigación

Antes de escribir un **informe de investigación**, el autor reúne información, hace anotaciones y hace un bosquejo. Después de leer "La telaraña de Carlota" y "¡Las orugas también tejen!", escribí este informe sobre la seda.

Ejemplo de escritura

La seda, un material maravilloso
por Sara

¿Sabías que las arañas y las orugas producen un hilo que está considerado entre los más fuertes del mundo? Así es: producen seda, el hilo natural más resistente que se conoce. De hecho, el hilo de seda es más resistente que ¡un alambre de acero de la misma medida!

Los científicos trabajan ahora para producir un hilo de seda artificial tan resistente como el de las arañas. Este material se podría utilizar para fabricar trajes protectores para los policías. También podría servir para unir músculos y huesos fracturados.

La seda es un material maravilloso. Es muy resistente, pero suave a la vez. Más importante aún: muy pronto podría servir para salvar vidas.

Característica de escritura

ELECCIÓN DE PALABRAS Usa palabras precisas y términos correctos.

Característica de escritura

IDEAS Concéntrate en las ideas. Las oraciones que describen los detalles apoyan la idea principal con datos.

A continuación explico cómo escribo un informe de investigación.

1. **Pienso en un tema sobre el que me gustaría aprender. A veces descubro ese tema por casualidad, mientras leo un libro. Es posible que entonces me surjan preguntas que me gustaría contestar.**

¿Qué tan resistente es la seda?
¿La gente puede producir seda?
¿De qué diferentes maneras se usa la seda?

2. **Si mi tema es demasiado general, lo especifico. Sería muy difícil escribir un informe sobre todas las arañas y todas las orugas. Por eso decidí concentrarme sólo en la seda.**

3. **Voy a la biblioteca a buscar en libros y revistas más información sobre mi tema. En ocasiones, también busco información en la computadora. Anoto la información en tarjetas.**

¿Qué tan resistente es la seda?

• el hilo más resistente del mundo

• más resistente que un alambre de acero del mismo tamaño

4. **Organizo la información que he encontrado. Hago un bosquejo con mis notas. Un bosquejo establece el orden de la idea principal y de los detalles. Los detalles transmiten datos.**

Seda

I. ¿Qué tan resistente es la seda?
   A. el hilo más resistente del mundo
   B. más resistente que un alambre de acero

II. ¿Qué nuevos usos posibles pueden dársele a la seda?
   A. trajes protectores
   B. útil para reconstituir huesos y músculos

III. Conclusión
   A. La seda es muy resistente, pero suave a la vez.
   B. Proveerá nuevas formas para ayudar a la gente.

5. **Escribo un borrador de mi informe de investigación. Reviso mi borrador y lo corrijo. Le pongo un título que logre reflejar su contenido.**

Ésta es la lista de cotejo que uso cuando escribo un informe de investigación. Tú también puedes usarla.

Lista de cotejo para escribir un informe de investigación

- ☐ Mi informe tiene un título subrayado que le indica a mi lector sobre qué trata.
- ☐ Mi informe ofrece datos sobre un tema en particular.
- ☐ En cada párrafo hay una idea principal.
- ☐ Las oraciones que aportan detalles apoyan con datos la idea principal de cada párrafo.
- ☐ Comienzo mi informe de manera interesante.
- ☐ Mi informe sigue un orden lógico.
- ☐ Uso palabras precisas y términos correctos para facilitar que mi lector entienda el informe.

CONTENIDO

Lección 27

Género: No ficción descriptiva
NATIONAL GEOGRAPHIC
Las arañas y sus telaraña
Darlyne A. Murawsk
Por ti
Escrito e ilustrado por Kurt Cyrus
Género: Poesía

Destreza de enfoque

Inferir

Recuerda que los autores no siempre les dicen a los lectores todo lo que éstos quieren saber sobre un tema determinado. Cuando tú añades lo que ya sabes a lo que el autor te dice, estás **infiriendo.**

- Primero busca algunas pistas en lo que el autor te dice.
- A continuación piensa en lo que tú ya sabes sobre ese tema.
- Después infiere usando la información del autor y tu propio conocimiento.

Inferir puede serte muy útil para entender las ideas más importantes de una lectura.

Lo que el autor me dice → Inferencia

Lo que yo ya sé → Inferencia

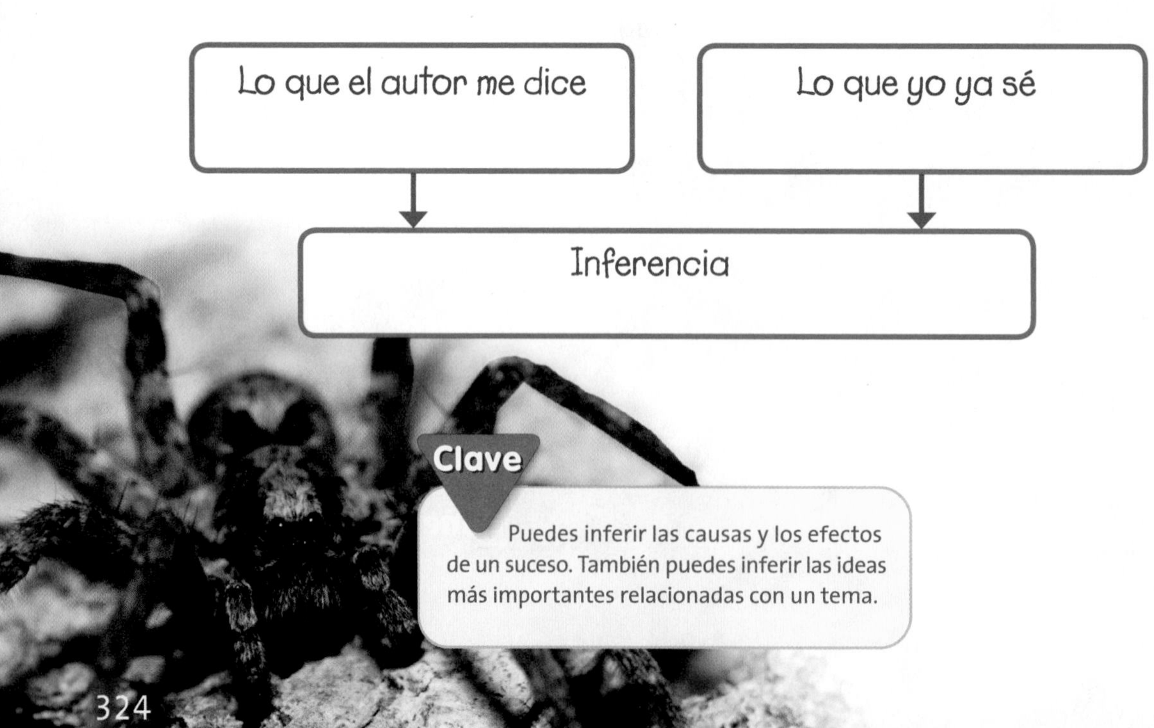

Clave

Puedes inferir las causas y los efectos de un suceso. También puedes inferir las ideas más importantes relacionadas con un tema.

Lee el siguiente artículo. Después usa la gráfica de abajo para inferir algunos aspectos sobre las arañas.

En Florida viven muchos tipos de arañas. Como las arañas se alimentan de insectos, pueden encontrar abundante comida en esta parte del mundo. Las arañas tienen muchas formas de atrapar a sus presas. Algunas usan telarañas. Las tarántulas y las arañas saltadoras cazan su alimento.

Todas las arañas tienen muy buena vista. Las arañas saltadoras tienen tres líneas de ojos. Las tarántulas usan además la vibración del suelo para detectar a los insectos que se acercan.

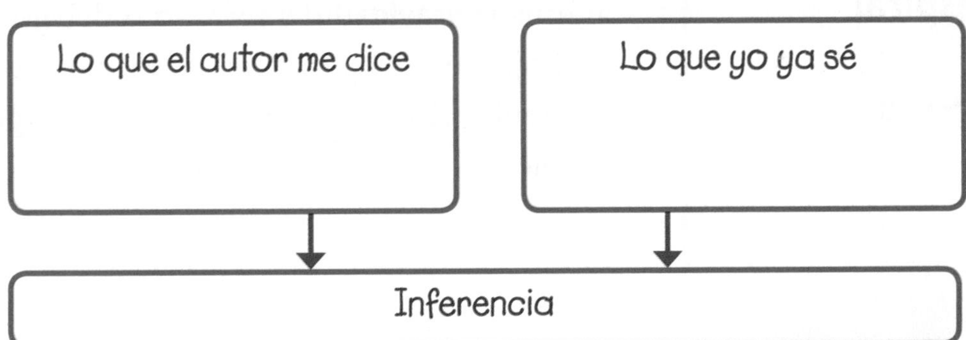

Inténtalo

Vuelve a leer el artículo. ¿Qué puedes inferir sobre los insectos de Florida?

www.harcourtschool.com/reading

Vocabulario

Desarrollar un vocabulario rico

presas

concavidad

hebras

social

espiral

recoge

Un recorrido por el mundo natural de Florida

Las ásperas tierras de Florida son secas. Su clima es perfecto para que sobrevivan allí lagartijas, arañas, tortugas y ratones. La lagartija de Florida caza **presas** como hormigas, escarabajos y arañas. Las tarántulas también cazan. Se esconden en alguna **concavidad** del terreno o debajo de las hojas secas. La tortuga de Florida come diferentes tipos de plantas. Vive en largos túneles que comparte con otros animales.

Cuando la tortuga de Florida sale de su túnel, los ratones corren a guarecerse en él. Allí forman sus nidos con **hebras** de musgo español y otras plantas secas.

Durante una visita a los pantanos de agua dulce de Florida, puedes ver animales de comportamiento **social**, como las cigüeñas americanas o las nutrias de río. Estas cigüeñas viven en colonias a lo largo de las márgenes poco profundas. Las nutrias de río son muy inquietas y divertidas. Retozan en la ribera y nadan bajo el agua para atrapar peces.

En los pantanos viven muchas víboras. La cascabel diamantada del este es muy venenosa y caza conejos. Cuando descansa, se enrosca en forma de **espiral**.

nutria de río

Este hombre **recoge** la caña con que atrapó un pez.

www.harcourtschool.com/reading

Campeones de las palabras

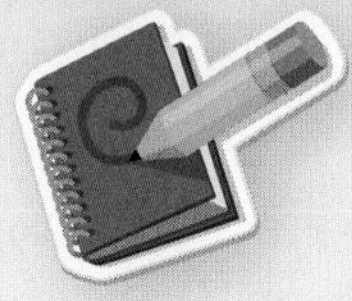

Tu misión de esta semana es usar las palabras del vocabulario en conversaciones con amigos y familiares. Por ejemplo, descríbeles algunos lugares donde puedan encontrar objetos con forma de espiral. Escribe en tu diario de vocabulario las oraciones que usaste y que contengan palabras del vocabulario.

Estudio del género

Un texto de **no ficción descriptiva** explica información e ideas. Identifica

- gráficas que proporcionen información adicional.
- datos y detalles que te ayuden a comprender mejor un tema.

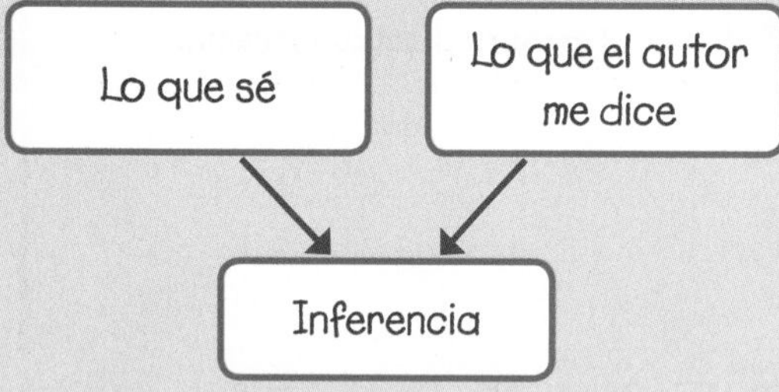

Estrategia de comprensión

Haz preguntas al mismo tiempo que lees. Esto te será muy útil para comprender mejor el texto.

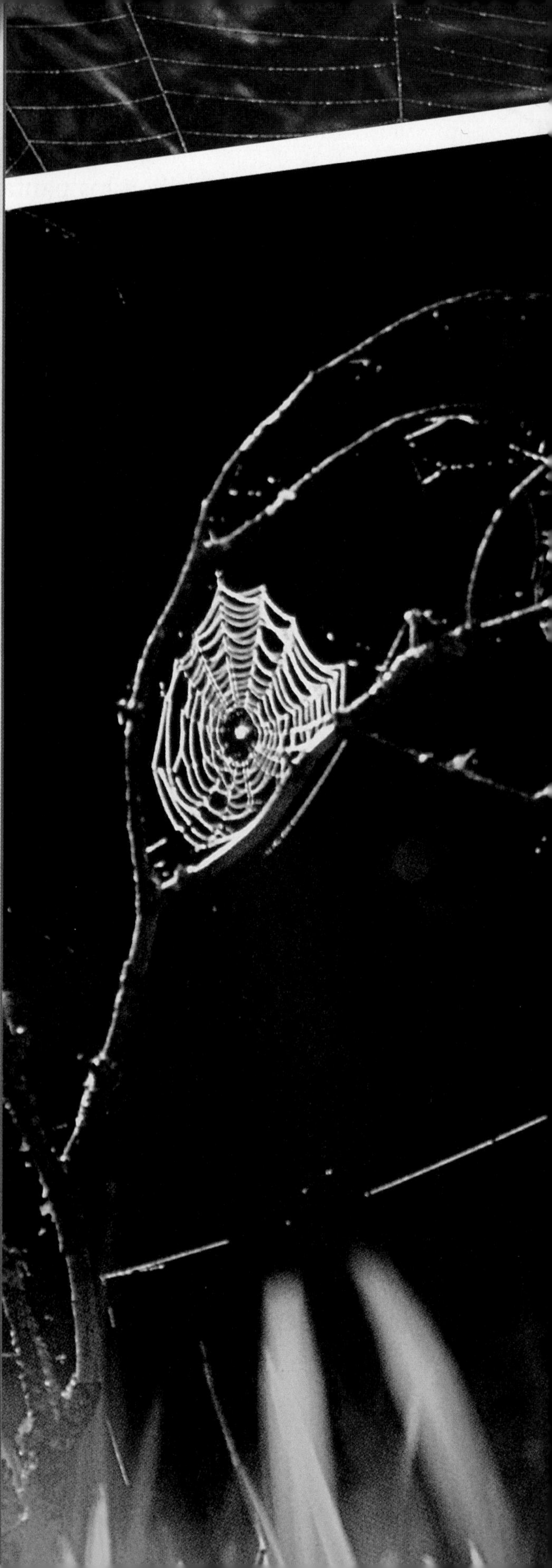

Las arañas y sus telarañas

por Darlyne A. Murawski

Introducción

Es posible ver telarañas en todos lados: en el bosque, el desierto, el jardín y hasta debajo del agua. Con ellas, las arañas capturan insectos y otras presas pequeñas que les sirven de alimento. De las 38,000 especies de arañas que se conocen, unas 13,000 son capaces de tejer telarañas.

Las telarañas están hechas de seda. Por lo general las tejen las arañas hembras jóvenes. La seda de las arañas es líquida mientras está en las glándulas de su abdomen. Se convierte en hilo al salir por los pequeñísimos orificios que las arañas tienen en las hileras que se encuentran en la parte inferior de su cuerpo. Un hilo de seda de araña es más resistente que un hilo de acero del mismo espesor. Esa seda puede ser tan elástica como una liga de goma. Otras veces puede ser muy pegajosa. De hecho, algunas arañas pueden producir hasta siete tipos distintos de seda. Cada tipo tiene un propósito diferente, por ejemplo, para envolver sus huevos o a sus presas, tal como lo hacen las arañas *Argiope* (segunda fotografía de la derecha).

Cuando un insecto cae en la red, la araña lo ataca. Para que no se escape, le inyecta el veneno que guarda en las uñas de su boca. A veces, las arañas envuelven a su presa. La mayoría de las arañas tienen dientes con los que trituran el endurecido dermatoesqueleto de sus presas. Segregan jugos naturales para convertir las entrañas del insecto en líquido y así poder bebérselas.

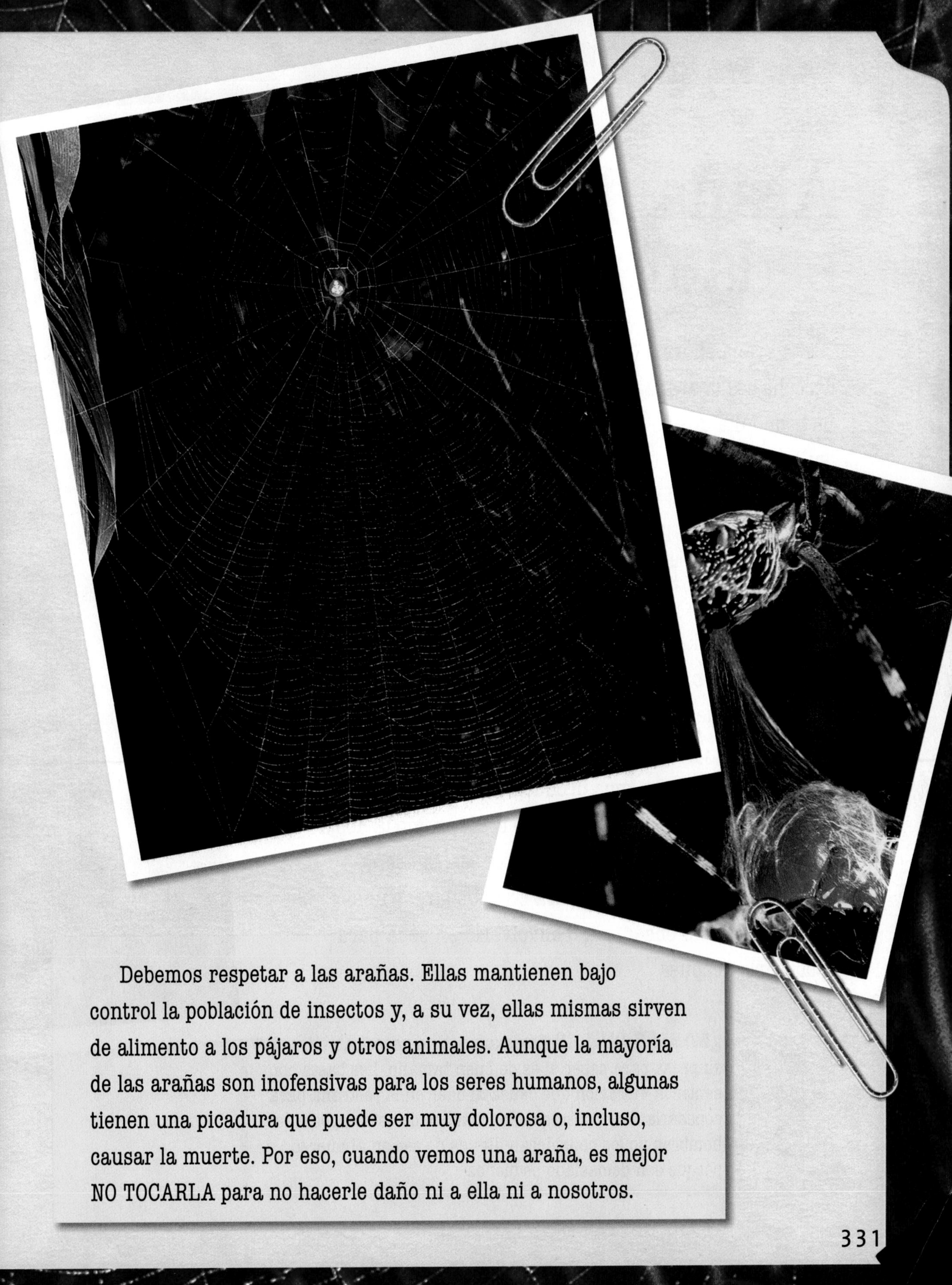

Debemos respetar a las arañas. Ellas mantienen bajo control la población de insectos y, a su vez, ellas mismas sirven de alimento a los pájaros y otros animales. Aunque la mayoría de las arañas son inofensivas para los seres humanos, algunas tienen una picadura que puede ser muy dolorosa o, incluso, causar la muerte. Por eso, cuando vemos una araña, es mejor NO TOCARLA para no hacerle daño ni a ella ni a nosotros.

Araña de seda dorada

Esta araña enorme (fotografía de la derecha) es la araña de seda dorada. La pequeñita que está a su lado es ¡su compañero! Su telaraña puede medir más de tres pies de ancho. Es muy resistente y llega a durar varios días. Esta araña puede escoger el color de su seda para tejer su tela: dorada, si la telaraña va a estar en un lugar soleado; o blanca, si permanecerá en la sombra. Las gotitas que se ven en la red (fotografía pequeña a la derecha) no son de agua sino de una especie de pegamento que ella misma produce. Cuando un insecto cae en su telaraña, queda adherido a ella, como la abeja que se ve en el dibujo de arriba. Entonces, la araña sale de su escondrijo y lo tritura con sus largas uñas. Puede comérselo enseguida o envolverlo en seda para saborearlo después.

¿SABÍAS QUE...? Estas arañas no necesitan mirar a su presa para saber si es de buen tamaño. Les basta con sentir la vibración que causa al caer en la telaraña para sopesarla. Para suerte de los machos de esta especie, las hembras no los consideran dignos de ser su almuerzo porque son demasiado pequeños.

DATOS SOBRE LAS ARAÑAS

- **Nombre común:** araña de seda dorada
- **Hábitat:** los bosques y los claros al norte de América del Sur, en Centroamérica y en el sur de los Estados Unidos (especialmente en Florida y en Texas)
- **Alimentación:** principalmente, una gran variedad de insectos voladores, tales como polillas (mariposas nocturnas), moscas, mosquitos y abejas; algunas, sin embargo, han sido capaces de comerse pájaros pequeños y ranas
- **Tamaño del cuerpo:** de 24 a 40 mm las hembras adultas; los machos son mucho más pequeños

DATOS SOBRE
LAS ARAÑAS
Nombre común: araña de cara feliz
Hábitat: parte inferior de las hojas de los bosques húmedos hawaianos, desde Oahu hasta la isla grande de Hawái
Alimentación: pequeñas cicádidas (cigarras) y moscas del vinagre
Tamaño del cuerpo: hasta 5 mm las hembras adultas; los machos son más pequeños
5 mm
0
25
50
milímetros
0
1
2
pulgadas

Araña de cara feliz

Esta araña amarilla es tan pequeña que se necesita una lupa para poder ver la especie de cara sonriente que tiene en su abdomen. La araña teje una red muy compleja y la coloca en la concavidad inferior de una hoja. Usa esa tela para empollar sus huevos y conservar su comida. Al llegar un insecto pequeño a la hoja, la araña se pone en acción. Con sus patas traseras saca el hilo de las hileras y lo echa encima de su presa. Luego lo recoge y aprieta el insecto hasta asfixiarlo. Después de envolver su almuerzo en seda, lo acomoda en la telaraña al lado de sus huevos. Se lo comerá en cuanto tenga apetito. Cuando sus crías rompen el cascarón, usa la telaraña para criarlos y para conseguirles alimento durante los primeros meses de vida.

¿SABÍAS QUE...? No todas las arañas de cara feliz tienen una carita sonriente dibujada en su abdomen. Algunas tienen otras expresiones o sólo un diseño abstracto.

Araña acuática

La araña acuática vive debajo del agua, aunque tiene pulmones como todas las demás arañas. El aire que necesita para respirar lo obtiene tejiendo una burbuja en forma de campana. Las hebras de seda las adhiere a las hojas y a los tallos de las plantas acuáticas. Luego teje una tela en forma de malla en el espacio vacío. La araña hace entonces varios viajes a la superficie. Cada vez que sale del agua, una burbuja de aire se adhiere a los pelos de su abdomen. Una a una lleva esas burbujas a su telaraña subacuática. El aire hace que la campana se infle como un globo. La araña nada por fuera de su casa para conseguir alimento. Cuando atrapa una presa, la lleva adentro para comérsela.

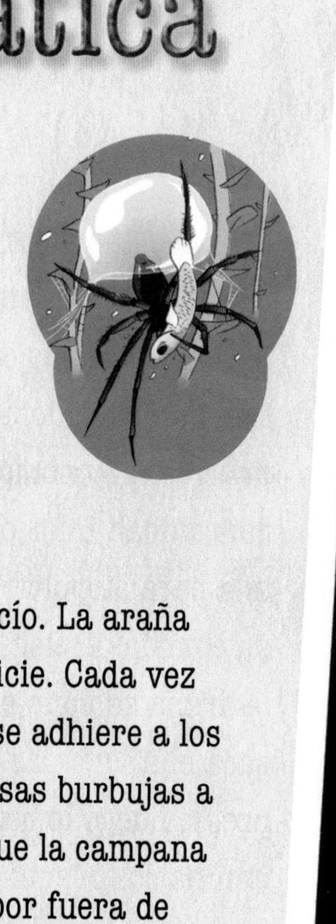

¿SABÍAS QUE...? Las arañas acuáticas salen continuamente a la superficie para conseguir el aire con que inflan sus telarañas. El aire que recogen y que necesitan para respirar es rico en oxígeno.

DATOS SOBRE LAS ARAÑAS

- **Nombre común:** araña acuática o araña de agua
- **Hábitat:** estanques y riachuelos del norte y el centro de Europa, y en Asia central
- **Alimentación:** una variedad de animales acuáticos, tales como renacuajos y pececillos recién nacidos
- **Tamaño del cuerpo:** aproximadamente 13 mm los machos adultos; las hembras son un poco más pequeñas

DATOS SOBRE LAS ARAÑAS

Nombre común: araña social

Hábitat: en canales y en la maleza de los bosques tropicales desde Panamá hasta Brasil

Alimentación: insectos de varios tamaños: escarabajos, mariposas, saltamontes, cigarras, grillos de matorral, libélulas y avispas

Tamaño del cuerpo: 5 mm las hembras adultas; los machos son un poco más pequeños

Araña social

Algunas arañas viven en grupos. A esta especie de araña se le llama araña social. Miles de ellas trabajan juntas para tejer telarañas que pueden ser del tamaño de ¡un camión de basura! La telaraña tiene una sábana de seda en la base. De ella se desprenden muchos hilos largos que la sujetan a las ramas de los árboles y los arbustos, como se muestra en el dibujo de arriba. Estos hilos sirven para atrapar insectos voladores. Cuando estos insectos chocan con los hilos, se caen en la sábana y quedan adheridos a ella. Las arañitas que ves en la fotografía (izquierda) están muy ocupadas: atacan un saltamontes que cayó en su trampa. Al trabajar en conjunto, la araña social puede cazar y comer insectos mucho más grandes que ella.

¿SABÍAS QUE...? En vez de tejer una sábana nueva cada vez que se ensucia o daña la que está en uso, estas arañas la arreglan y la limpian en equipo.

Araña tejedora de red orbicular

Para atrapar su almuerzo, la araña tejedora de red orbicular (fotografía de la derecha) hace una telaraña en forma circular. La usa como si fuera una red para cazar. Con las patas delanteras, toma un hilo y lo hala hacia atrás (Paso 1). Cuando siente que se acerca una presa, suelta el hilo. Entonces, la red se precipita sobre el insecto y lo atrapa entre sus hilos pegajosos en forma de espiral (Paso 2). La araña corre en busca de su presa. Para evitar quedar pegada a su propia tela, esta araña está provista de un pelaje y unas garras especiales. La araña tejedora de red orbicular puede usar la misma telaraña varias veces antes de tener que tejer una nueva.

Paso 1

Paso 2

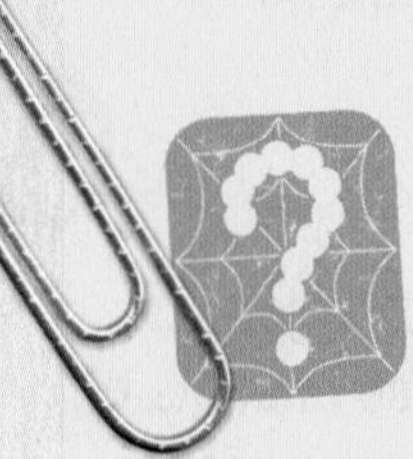

¿SABÍAS QUE...? Puedes engañar a esta araña si frotas cerca de ella el dedo pulgar contra la yema de los otros dedos. Ella creerá que se acerca una presa y soltará la telaraña.

DATOS SOBRE
LAS ARAÑAS
Nombre común: araña tejedora de red orbicular
Hábitat: lugares oscuros y húmedos cerca de los riachuelos y en los bosques con mucha sombra; casi todas las especies viven en el trópico, pero algunas se hallan en los Estados Unidos, Europa y Asia; esta fotografía es de un bosque tropical de Costa Rica
Alimentación: insectos voladores pequeños, tales como moscas, polillas y escarabajos
Tamaño del cuerpo: aproximadamente 3 mm las hembras adultas; los machos son más pequeños
3 mm
0 25 50 milímetros
0 1 2 pulgadas

DATOS SOBRE
LAS ARAÑAS
Nombre común: araña tegenaria doméstica
Hábitat: rincones y grietas entre las plantas, bajo las rocas y en los alrededores de los edificios
Alimentación: pequeños insectos rastreros y otros voladores, como las moscas
Tamaño del cuerpo: de 2 a 3 mm las hembras adultas; los machos son un poco más pequeños
3 mm
0 25 50 milímetros
0 1 2 pulgadas

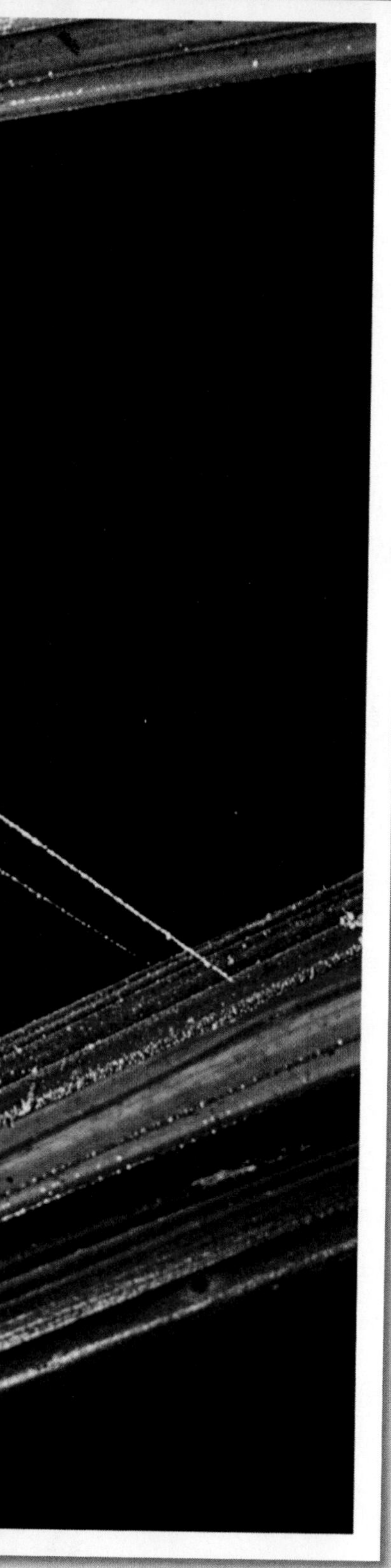

Araña tegenaria doméstica

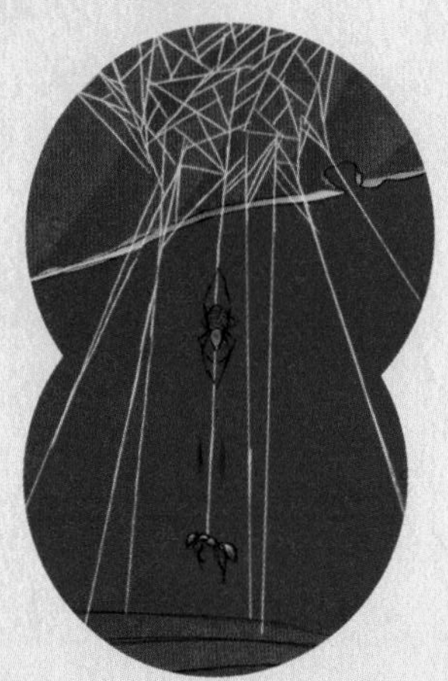

La araña que tejió esta enmarañada telaraña (fotografía de la izquierda) se llama araña tegenaria doméstica. El punto rojo que ves en el centro es la araña colgada al revés. Está esperando su almuerzo. Atrapa los insectos con las hebras de seda que están pegadas a la hoja de abajo. Estas hebras son muy pegajosas en la punta. Cuando una hormiga o algún otro insecto pequeño toca uno de estos hilos, queda adherido a él. A toda prisa, la araña hace subir el hilo como si fuera un yoyó, trayendo consigo el insecto. Al tenerlo a su alcance, produce más seda para envolver al insecto e impedir así que se escape. Entonces, la araña le da una mordida fatal y lo chupa hasta quedar satisfecha.

¿SABÍAS QUE...? La araña tegenaria doméstica es una de las más comunes. Es muy posible que tengas algunas en tu casa o en el garaje.

Pensamiento crítico

1. ¿Cómo puedes saber que muchas arañas usan sus telarañas para sobrevivir? Destreza de enfoque INFERIR

2. ¿Qué hace primero la araña acuática para construir su burbuja de oxígeno debajo del agua? SECUENCIA

3. ¿Qué fue lo que más te sorprendió de lo que aprendiste sobre las arañas? EXPRESAR OPINIONES PERSONALES

4. ¿Cómo puedes saber que la autora quiere que seamos cuidadosos cuando estemos cerca de las arañas? SACAR CONCLUSIONES

5. **ESCRIBIR** Escoge tu telaraña favorita de “Las arañas y sus telarañas”. Descríbesela a alguien que nunca la ha visto. Usa detalles de la selección para escribir tu descripción. RESPUESTA BREVE

Conoce a la autora y fotógrafa Darlyne A. Murawski

A Darlyne A. Murawski le maravilla la naturaleza. Por eso se dedicó mucho tiempo al estudio de las plantas tropicales y las mariposas. Ha viajado por todo el mundo con el fin de fotografiar animales pequeños, insectos y especies marinas.

Darlyne espera que los niños se sientan más interesados en la exploración del mundo natural con la lectura de sus libros. También escribe artículos sobre la vida natural para varias revistas.

www.harcourtschool.com/reading

Ciencias

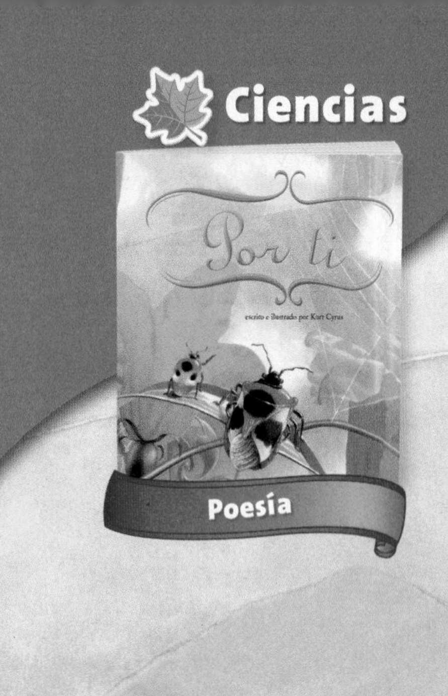

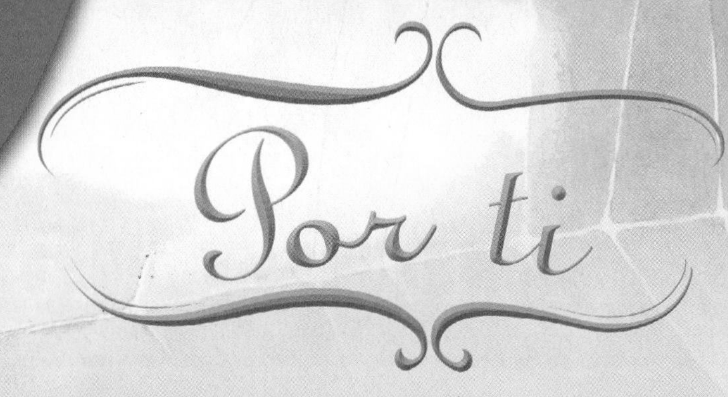

Por ti

—Mira, mamá, observa, derechito hacia allá.
¿Por qué de hebras de plata el cielo se ha de llenar?
—Son para quien se acerque, para ti o para mí.
Son para *todos,* hijito, muy pronto verás que sí.

—Mira, mamá, observa. ¡Mira que preciosidad!
La tela plateada ondea sobre la tierra en que está.
—Saluda a las mariposas que por el cielo azul van.
Y a *ti* también te saluda, te dice adiós desde allá.

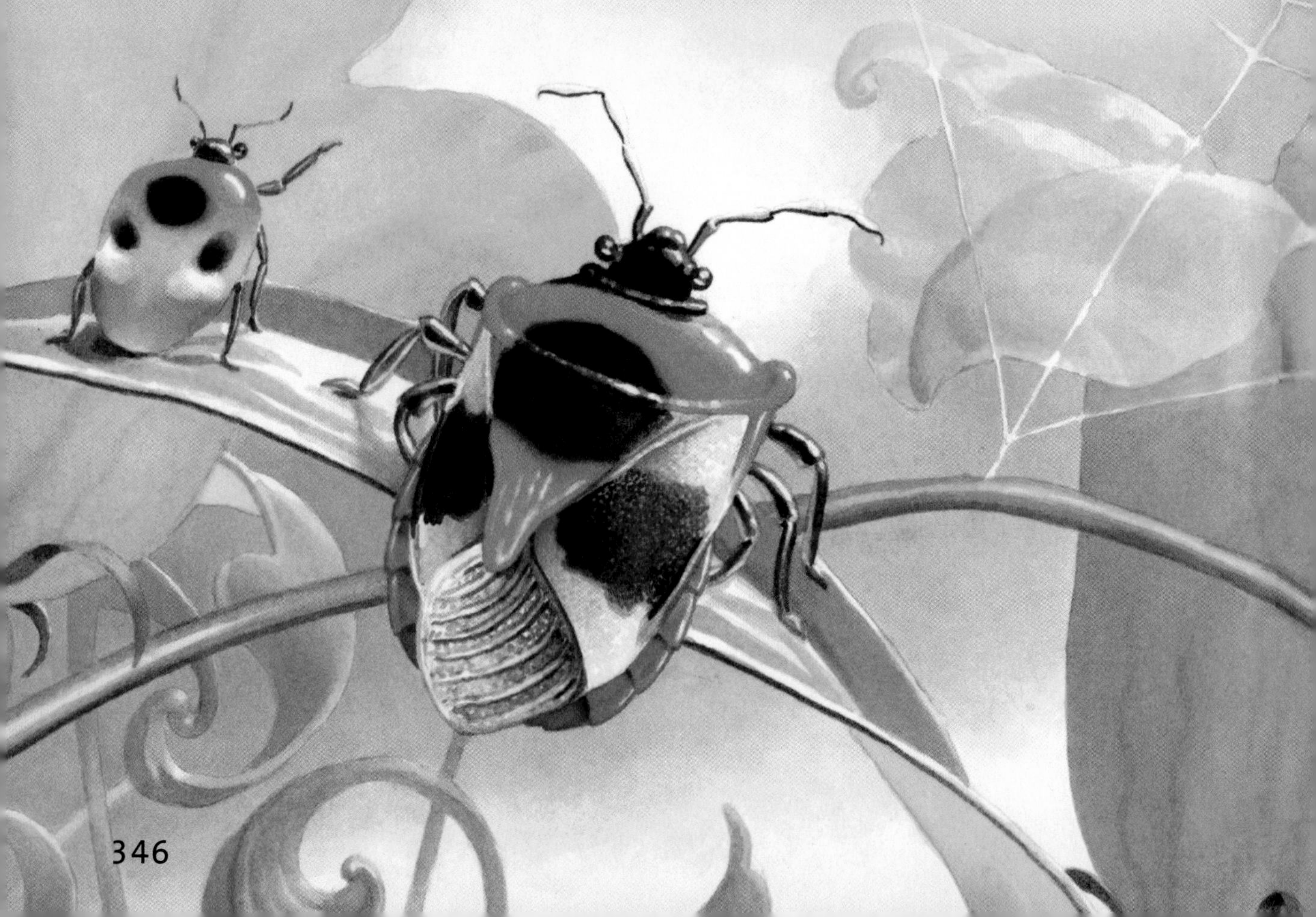

—Mira, mamá, esa arañita, ¡qué llena de pelo está!
¿Creo que me guiña un ojo? ¿Qué es lo que quiere, mamá?
—Quiere moscas y mosquitos y quizás un moscardón.
Y hasta a ti también te quiere, *tú* eres su galardón.

—Mira, mamá, ¡qué barriga! ¡Ésa sí que es barrigona!
Parece que tiene hambre. ¿Qué quiere esa comilona?
—Quiere a todos, a quien sea, a ella lo mismo le da.
A ti te quiere, hijo mío, verás que por ti vendrá.

escrito e ilustrado por Kurt Cyrus

Enlaces

Comparar textos

1. ¿Cómo te ayudó la lectura de "Las arañas y sus telarañas" a comprender el poema "Por ti"?

2. ¿Te gustaría ser un científico que estudie a las arañas? Explica tus razones.

3. ¿Por qué algunas personas pueden pensar que las arañas son útiles?

Repaso del vocabulario

Redes de palabras

Trabaja en equipo con un compañero. Elige dos palabras del vocabulario y crea una red de palabras para cada una de ellas. Escribe la palabra del vocabulario en el centro de la red. Después escribe a su alrededor algunas palabras que se relacionen con ella. Analiza con tu compañero las palabras seleccionadas.

presas
concavidad
hebras
social
espiral
recoge

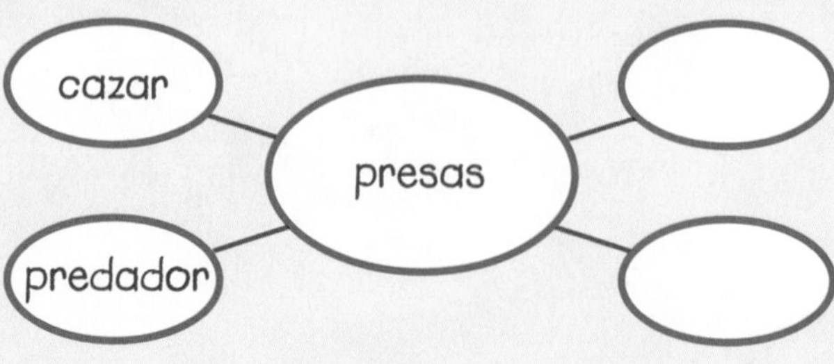

Práctica de la fluidez

Lectura repetida

Elige y lee un fragmento de "Las arañas y sus telarañas". Presta atención a las comas, al punto y a los signos de interrogación y exclamación para que sepas dónde detenerte y cuándo cambiar el tono de la voz. Después usa un cronómetro para saber en cuánto tiempo haces una segunda lectura del fragmento. Proponte un objetivo a fin de mejorar tu tiempo de lectura. Lee el fragmento hasta que lo hagas en el tiempo propuesto, sin equivocarte o con muy pocos errores.

Escritura

Escribe un poema

Escribe un poema acerca de una araña de "Las arañas y sus telarañas". El poema no tiene que rimar. Compara la araña y su telaraña con alguna otra cosa. Usa una red de palabras para organizar tus ideas. Léele tu poema a un compañero.

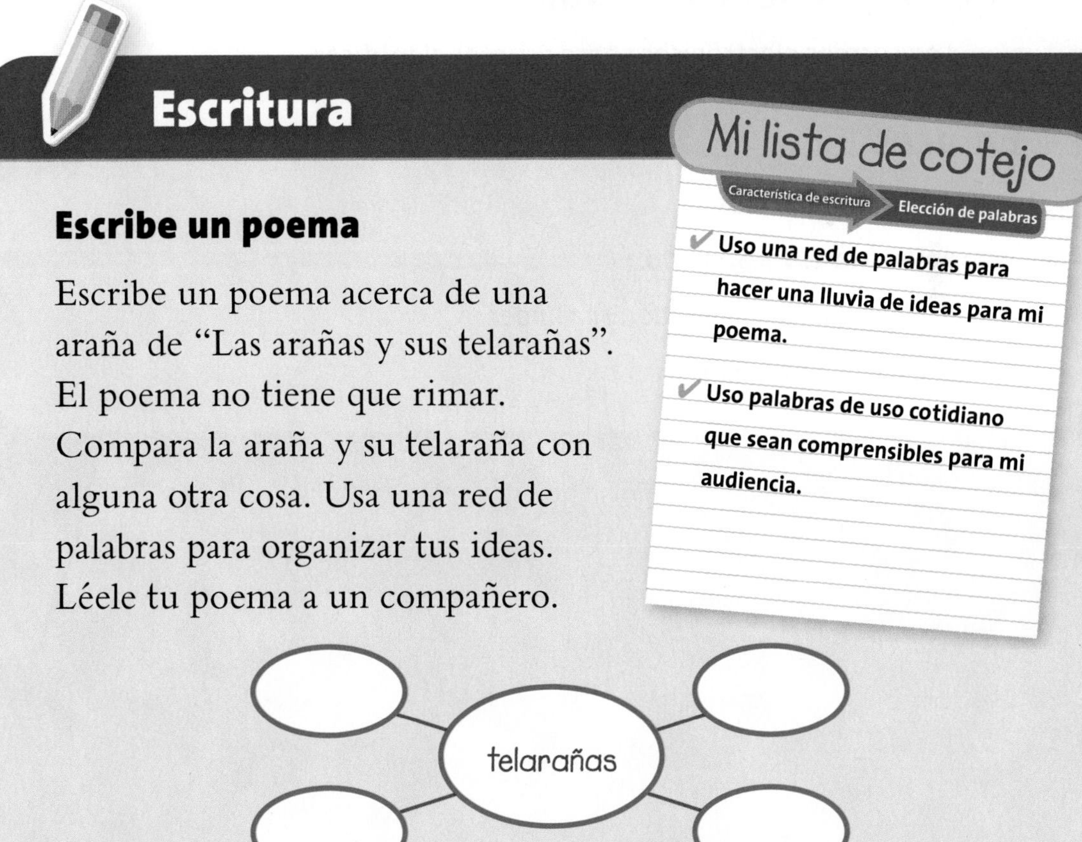

CONTENIDO

Lección 28

Género: Ficción realista
La feria de ciencias
por Susan Wojciechowski
ilustrado por Susanna Natti
Consejos del
Dr. Todoloarregla
Género: Correo electrónico

Destreza fonética

Palabras que terminan en *-ía*

- La terminación *-ía* es un sufijo cuando forma un sustantivo.
- Las palabras con el sufijo *-ía* siempre son sustantivos que expresan una situación, una cualidad o un lugar.
- Cuando la terminación *-ía* **sustituye** a la terminación *-er* o *-ir* de un verbo, significa que esa acción sucedió en el pasado (*correr/corría*).
- Cuando la terminación *-ía* se **añade** al final de la terminación *-ar, -er* o *-ir* de un verbo, significa que esa acción puede suceder en un tiempo futuro (*correr/correría*).

Sufijo *-ía*	
Palabra	Significado del sufijo
lejanía	situación
alegría	cualidad
lechería	lugar

Terminación *-ía*	
Verbos que terminan en *-er* o *-ir*	Tiempo pretérito
oír	oía
comprender	comprendía

Terminación *-ía*	
Verbos que terminan en *-ar, -er* o *-ir*	Tiempo futuro
admitir	admitiría
correr	correría
cantar	cantaría

Clave

La terminación *ía* siempre se divide en sílabas separadas, por ejemplo: *jugaría/ju-ga-rí-a.*

Lee las siguientes oraciones. Observa las palabras subrayadas. Con la ayuda de un diccionario, identifica el significado de cada una de ellas y escríbelo en la tabla de abajo.

1. La cercanía de nuestras casas nos permite jugar juntos todo el tiempo.
2. La camaradería entre los estudiantes es de gran importancia.
3. A mi mamá le gusta comprar en la carnicería del tío Pancho.
4. Surtieron la juguetería de nuevos productos.
5. La osadía de mi hermano lo llevó a encontrar el tesoro.

Palabra	Significado
cercanía	
camaradería	
carnicería	
juguetería	
osadía	

Inténtalo

Busca en un diccionario la palabra *ferretería*. Escribe una oración con ella donde muestres su significado. Encierra en un círculo el sufijo de la palabra *ferretería*.

www.harcourtschool.com/reading

Vocabulario

Desarrollar un vocabulario rico

salpicado

expandan

erupcionan

preciso

deliberación

granulosa

La ciencia en la cocina

Lunes, 24 de abril

Mi maestra nos pidió que estudiáramos ciencia en casa mientras cocinábamos. Hoy, mi papá me ayudó a preparar panecillos "volcán". Mezclamos harina de trigo, polvo para hornear, sal, mantequilla y leche en un recipiente. Después pusimos varias cucharadas de esa masa en una bandeja y les dimos la forma de un cono. Mi papá me dijo que cada conito debía estar **salpicado** con nueces. Así lo hice y finalmente metimos la bandeja al horno.

Cuando los panecillos estuvieron listos, noté que habían crecido. El polvo para hornear, al mezclarse con la leche, hace que los panecillos se **expandan**. Me divierte mucho imaginar que mis bizcochos "volcán" **erupcionan** y ¡salpican a todos de nueces!

Martes, 25 de abril

Hoy, mi papá y yo hicimos un análisis muy **preciso** de un libro de cocina. Luego de mucha **deliberación**, ambos elegimos la receta de crema de chocolate. Mezclamos los ingredientes y calentamos la mezcla hasta que su temperatura fue de 234° F. Después esperé para removerla hasta que su temperatura bajó a 110° F. Si la hubiera agitado antes de tiempo, podrían haberse formado cristales que harían la mezcla **granulosa**. Pero como esperé lo necesario, la crema de chocolate nos quedó muy sabrosa y suavecita.

En Internet www.harcourtschool.com/reading

Escribientes

Tu misión de esta semana es usar las palabras del vocabulario en tu escritura. Por ejemplo, escribe sobre alguna ocasión en que hayas necesitado de mucha deliberación para tomar una decisión. Léele tus oraciones a un compañero.

Estudio del género

La **ficción realista** es un cuento con personajes y sucesos parecidos a los de la vida real. Identifica

- detalles que ayuden al lector a hacer predicciones.
- una trama con un comienzo, medio y final.

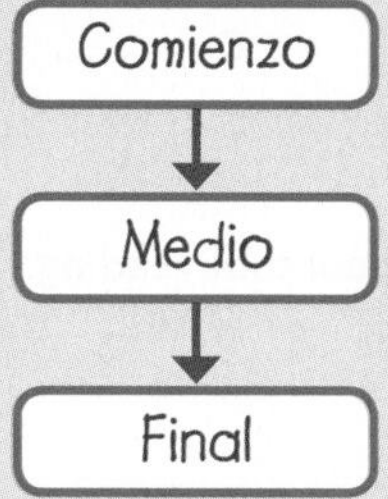

Estrategia de comprensión

Verificar la comprensión: Si algo te parece confuso mientras lees, **haz una lectura anticipada** de lo que sigue.

La feria de ciencias

por
Susan
Wojciechowski

ilustrado por
Susanna
Natti

La señorita Irma ha organizado una feria de ciencias. El compañero de Mari, Ciro Pérez, es muy bueno en ciencias. Él solito ideó dos experimentos para demostrar que el calor hace que los líquidos y los gases se expandan, es decir, que ocupen más espacio al calentarse. Mari se siente muy satisfecha porque se le ocurrió un experimento para demostrar que los sólidos también se expanden con el calor.

Sin embargo, a Mari le preocupa ahora que no vayan a sacar una buena calificación. Ha visto que algunos de sus compañeros están haciendo carteles muy atractivos. Otros piensan tocar música. Ciro insiste en que todo lo que se necesita en la feria de ciencias es buena ciencia. ¿Pero cómo podrán competir dignamente si no tienen accesorios tan atractivos?

El día de la feria de ciencias me desperté muy temprano, incluso antes de que sonara el despertador. Acostada en la cama y abrazada a Peluchito me sentía más preocupada que nunca.

—¿Qué pasará si nuestro proyecto es el peor de la feria? —le pregunté a Peluchito—. ¿Y qué tal si se me traba la lengua cuando me toque hablar ante los jueces? ¿O si los jueces se ríen al darnos la espalda? ¿O si la señorita Irma nos dice que el proyecto está muy bonito sólo para no hacernos sentir mal? Es capaz de hacerlo. Una vez escuché a mi papá decirle a mi mamá que ella sabe muy bien cómo aumentar nuestra autoestima. Cuando le pregunté qué significaba eso, me explicó que a ella le interesa mucho que sus alumnos se sientan orgullosos de sí mismos.

Al menos Peluchito parecía entender el motivo de mi angustia.

Esa mañana en el autobús vi que Carolina y Estela iban vestidas iguales. No parecían preocupadas en lo absoluto. Hablaban sin parar sobre lo mucho que iban a divertirse en la feria de ciencias.

—Les vamos a regalar caramelos a todos los que se acerquen a ver nuestro experimento —dijo Carolina—. Seguro que ganaremos el primer lugar.

—O por lo menos, el segundo —dijo Estela—. Porque el experimento del volcán parece que va a sorprender a todos.

Se referían al proyecto de Luis y de Ramón. Hablarían de cómo erupcionan los volcanes. Llevarían un volcán de papel maché y lo rellenarían de un líquido que hiciera burbujas. Así simularían un volcán en erupción.

Estela me dijo: —Tu proyecto también está súper.

Pero yo sabía que estaba practicando conmigo aquello de la autoestima.

Después de la hora del almuerzo, todos los alumnos de la señorita Irma fuimos al gimnasio. Al fondo había tres filas de mesas y cada fila tenía cuatro mesas.

—Tienen media hora para montar sus proyectos —dijo la señorita Irma—. ¡Que se diviertan!

¿Divertirme? Estaba por desmayarme.

Los gases, los líquidos y los sólidos ocupan más espacio al calentarse. ¡No es magia! ¡Es ciencia!

Experimentos

El calor hace que las cosas ocupen más espacio:

A. Gas

B. Líquido

C. Sólido

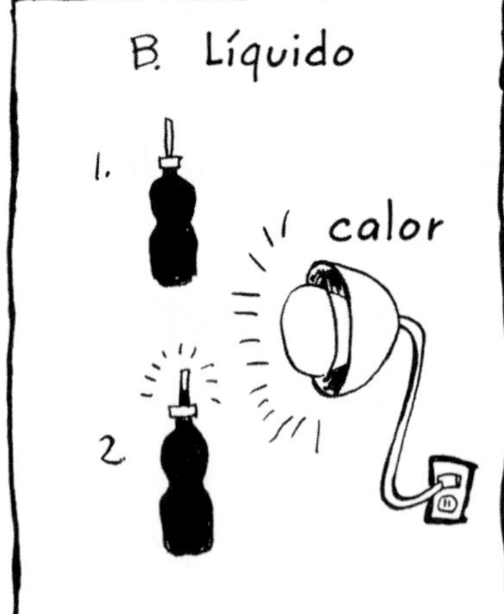

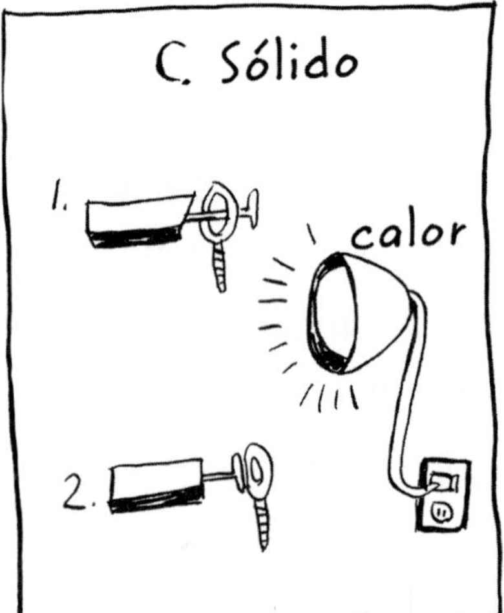

Ciro y yo cubrimos nuestra mesa con un mantel blanco que me prestó mi mamá. Tenía una mancha de salsa en el centro, pero mi mamá me dijo que podría cubrirla poniéndole algo encima. Así lo hice. Colocamos nuestros materiales y un anuncio. También pegué unos carteles sobre la mesa.

Cuando acabamos de montar el proyecto, decidí dar una vuelta por el gimnasio para ver lo que habían hecho los otros equipos. Al ver el volcán, regresé corriendo a nuestra mesa.

—Ciro, tienes que ver el volcán. ¡Es enorme! ¿Por qué no se nos ocurrió hacer un volcán?

Antes de que pudiera contestarme, salí corriendo a ver los otros proyectos. Volví segundos después a contarle a Ciro lo que acababa de ver.

—Carolina y Estela adornaron su mesa con banderolas. ¿Por qué no se nos ocurrió lo mismo? ¿Crees que debería llamar a mi mamá y pedirle que vaya a comprarnos unos adornos de papel? Ella nos ayudaría. Estoy segura.

—La ciencia no necesita de adornos —dijo Ciro.

Me alejé otra vez y volví con más noticias.

—Manuel y Beto van a hablar de los planetas. En su mesa pusieron un mantel negro con estrellas. Deberíamos haber traído un mantel más atractivo en lugar de éste tan aburrido. ¡Para colmo está manchado!

—Deberías calmarte —me dijo Ciro—. Olvídate de lo que estén haciendo los otros y ponte a...

Pero antes de que terminara su frase, corrí a ver los otros experimentos. En un dos por tres estaba de vuelta con más noticias.

—Linda y Helena van a usar burbujas —dije casi sin aliento—. A todo el mundo le encantan las burbujas. ¿Por qué no pusimos burbujas en nuestro experimento?

—Mari —me dijo Ciro—, ¿podrías conseguir algunas toallas de papel por si se derrama el agua colorada del pitillo?

En ese momento me fijé en el equipo que estaba junto a nosotros. Eran Silvia y Camila. Miré de prisa su experimento. En la mesa habían colocado unos globos grandes de varios colores. También había un plato salpicado de pimienta.

—¡Qué horror! Mira esos globos, Ciro. Los globos son más atractivos que las burbujas. Nosotros sólo tenemos un globo minúsculo.

Silvia frotó uno de los globos contra su brazo y lo acercó unas cuantas pulgadas por encima del plato. ¡La pimienta saltó y se pegó en el globo! A coro, todos exclamaron asombrados.

—Eso ocurre a causa de la estática —explicó Silvia.

Un niño comentó:

—Seguro que ese experimento gana el primer lugar.

Sentí una punzada en el estómago. Le dije a Ciro que tenía que ir a la enfermería a recostarme un rato. La señorita Cruz, la enfermera de la escuela, nos deja ver historietas hasta que nos sentimos bien.

—Si no he vuelto cuando llegue nuestro turno, empieza sin mí —dije. Por poco logro escaparme, pero Ciro me sujetó del brazo.

—¿Y dónde están las toallas de papel que te pedí? —me preguntó.

Los familiares habían empezado a entrar al gimnasio y ya caminaban de mesa en mesa. Los demás maestros también trajeron a sus estudiantes a la feria. Al ver a mis papás, les hice una seña. Se acercaron enseguida para desearnos buena suerte. Ciro me dijo entonces que su mamá intentaría salir temprano del trabajo para ver nuestro proyecto. Aunque miraba de vez en cuando hacia la puerta y alrededor del gimnasio, no parecía encontrarla.

Los jueces aparecieron por fin y empezaron a observar mesa por mesa. No pude evitar morderme las uñas. Cuando llegaron a la mesa con los globos, supe que nuestro turno estaba cerca. Comenzaron a temblarme las rodillas.

Entonces se acercaron a nuestra mesa y Ciro echó un último vistazo hacia la puerta. Una mujer entraba al gimnasio en ese momento.

—Ahí está, por fin —dijo Ciro.

La mujer no podía ni respirar. Había debido correr para poder llegar a tiempo.

El director dijo:

—Hola, Mari. Hola, Ciro. ¿Qué nos van a presentar?

—Con este experimento probaremos que el calor hace que las cosas se expandan, o sea, que ocupen más espacio —respondió Ciro.

Ciro me dio un codazo y yo añadí:

—Primero veremos cómo el calor hace que los gases se expandan.

Ciro hizo el experimento del globo y la botella. A la vez iba explicando todo lo que sucedía.

Cuando me tocó mi turno, dije:

—Ahora veremos cómo el calor también hace que los líquidos se expandan.

Ciro hizo el experimento de la botella y el popote. Al mismo tiempo explicaba lo que pasaba. No nos hicieron falta las toallas de papel porque el agua roja no se derramó. Sólo subió un poco de nivel al expandirse.

Entonces le tocó hablar a Ciro.

—Por último demostraremos que los sólidos también se expanden al calentarse.

Esta vez me tocó a mí hacer el experimento, el del clavo y la ranura. Cuando Ciro terminó su explicación, el director sólo dijo: —Ummm.

Los jueces escribieron algo en sus libretas y después nos hicieron algunas preguntas. Nos dieron la mano y avanzaron hacia la siguiente mesa.

—¿Por qué no nos sonrieron al darnos la mano? —le pregunté a Ciro—. ¿Por qué no se asombraron al ver cómo subía el agua? ¿Por qué el director sólo dijo “Ummm”? ¿Qué habrán escrito?

Ciro se sentó y sonrió.

—No te preocupes. Todo salió muy bien —dijo.

Mientras los jueces deliberaban, fui a ver a Carolina y Estela. Les pregunté cómo les había ido con su presentación.

—Bueno —dijo Carolina—, me parece que a los jueces les gustaron nuestros vestidos y collares, pero nos pidieron que bajáramos el volumen de la música para que pudieran oírnos mejor. Además, debimos haber puesto los cristales en el agua desde hace varios días, pero se nos olvidó leer las instrucciones. No lo hicimos hasta esta mañana y por eso los cristales quedaron pequeñitos.

Miré la pecera que tenían en la mesa. Habían puesto un cordón en el agua y se suponía que los cristales crecieran pegados a él. Pero sólo había un poco de una sustancia granulosa de color rosado adherida a una punta del cordón.

—Y por si fuera poco, a la mamá de Manuel se le rompió una muela cuando se comió uno de nuestros caramelos —añadió Estela.

—Y a ustedes, ¿cómo les fue? —me preguntó Carolina.

—No sé. Creo que bien.

Los jueces aparecieron de nuevo en el gimnasio. Todos volvimos a nuestros lugares. Crucé los dedos para que la suerte estuviera de nuestro lado.

La señorita Irma dijo:

—Nos impresionó mucho el esfuerzo que hicieron todos los participantes. Esperamos que estén tan orgullosos de sí mismos como lo estamos nosotros de ustedes.

Entonces, el director dijo:

—Nos fue muy difícil escoger los tres primeros lugares. Después de una larga deliberación decidimos que el tercer lugar es para el experimento sobre la estática. Nos pareció muy creativo y educativo.

Silvia y Camila gritaron jubilosas. Mi única esperanza había sido el tercer lugar. Desanudé mis dedos para aplaudir cuando ellas recibieron su premio.

Entonces, la señorita Irma anunció el segundo premio:

—El volcán de Luis y de Ramón nos impresionó mucho —dijo—. Pero lo que más nos gustó fueron sus carteles didácticos y su explicación sobre las causas de la erupción de los volcanes. Presentaron el proyecto de un modo interesante y fácil de entender.

Seguido de los aplausos, el director tosió y anunció:

—Y ahora, para el primer lugar, todos estamos de acuerdo en que este proyecto es un ejemplo muy bien elaborado de lo que en realidad es la ciencia. Un experimento preciso, claro y completo.

Me parecía obvio que no ganaríamos el primer premio. Empecé a repasar la tabla del siete mentalmente para evitar que se me salieran las lágrimas. Pero cuando iba por el siete por cuatro, sentí que Ciro me empujaba fuera de la mesa.

—Vamos —me decía—. ¡Ganamos!

—¿Que qué?

—¡Ganamos!

Me puse a gritar y a saltar por todos lados. ¡No lo podía creer!

Los jueces nos dieron un certificado y una cinta azul en la que se leía en letras doradas: "PRIMER PREMIO, FERIA DE CIENCIAS". La señorita Irma nos dio un abrazo y me susurró al oído:

—Estaba segura de que lo harían muy bien.

Mi mamá y mi papá corrieron a abrazarnos. También la mamá de Ciro se acercó dichosa. Escuché que Ciro le decía:

—Gracias por venir, mamá.

—No habría faltado por nada en el mundo. Lamento mucho haber llegado tarde, hijo —le dijo ella.

Luego sacó una cámara de su bolso.

—A ver, una sonrisa bien grande —nos dijo.

—Ay, no, mamá —exclamó Ciro. Pero posó muy sonriente para la fotografía.

Pensamiento crítico

1. ¿Qué crees que Mari hará la próxima vez que participe en una feria de ciencias? PREDECIR

2. ¿Por qué los cristales de Carolina y Estela quedaron pequeñitos? CAUSA/EFECTO

3. ¿Pensaste que Mari y Ciro ganarían el primer lugar? Explica tu respuesta. EXPRESAR OPINIONES PERSONALES

4. ¿Cómo puedes afirmar que la autora piensa que es más importante el contenido de un experimento científico que la decoración? SACAR CONCLUSIONES

5. **ESCRIBIR** ¿Qué crees que Mari aprendió gracias a su experimento científico? Apoya tu respuesta con ejemplos de la propia lectura. RESPUESTA BREVE

Conoce a la autora
Susan Wojciechowski

Antes de convertirse en autora de libros infantiles, Susan hizo muchos otros tipos de trabajo. Asegura que descubrió la escritura luego de que una vecina suya publicara un cuento en una revista. Entonces, ¡quiso que su nombre apareciera también en una revista!

Por lo general, la escritora escribe sentada en una silla grande y cómoda que tiene en su sala de estar. A veces, las ideas le llegan mientras lava los platos. Pero el personaje de Mari, sin embargo, se le ocurrió estando en cama con una gripe terrible.

En sus ratos libres le gusta hacer crucigramas, leer buenos libros y visitar escuelas. Actualmente, Susan vive en York, Pennsylvania, junto a su esposo y sus tres hijos.

www.harcourtschool.com/reading

Conoce a la ilustradora
Susanna Natti

Cuando apenas tenía cinco años de edad, a Susanna Natti le gustaba copiar las pinturas que veía en los libros de arte de sus papás. Al cumplir ocho años, ya sabía lo que quería ser de grande: ilustradora. Susanna creció en Gloucester, Massachusetts, donde vivían muchos artistas y escritores. De hecho, su mamá también escribía libros infantiles.

Muchos de sus trabajos de ilustración han sido premiados. A Susanna Natti le agrada especialmente trabajar en escuelas, ya que piensa que el arte es muy importante en esos lugares. También le gusta oír música, coser, leer y atender su jardín. Susanna Natti afirma: “Me gustan las hojas de mis plantas y de mis libros, ¡pero NO las de la HIERBA MALA!”.

Correo: Dr.Todoloarregla@enlínea.com

Consejos del Dr. Todoloarregla

Correo electrónico

Consejos del Dr. Todoloarregla

De: cubitodehielo@enlínea.com
Dirigido a: Dr.Todoloarregla@enlínea.com
Fecha: 29 de julio, 10:27 a. m.
Tema: ¡Auxilio!

Estimado doctor Todoloarregla:

Por favor, ayúdeme. Esta mañana me refrescaba con los otros cubos de hielo en la nevera y alguien vino y nos metió en un vaso. Ahora me encuentro al sol y me estoy derritiendo. Dígame doctor, ¿qué me está ocurriendo?

Saludos,

Cubito De Hielo

De: Dr.Todoloarregla@enlínea.com
Dirigido a: cubitodehielo@enlínea.com
Fecha: 29 de julio, 10:43 a. m.
Tema: ¡Auxilio!

Querido Cubito de Hielo:

No te preocupes por estar derritiéndote. Empezaste a derretirte porque estás compuesto de muchas partículas pequeñitas que en el congelador no están en constante movimiento. El sol les dio energía a las partículas. La energía provocó que comenzaran a moverse. Como se mueven mucho, no puedes mantener la forma que tenías antes.

Mis mejores deseos,

Dr. Todoloarregla

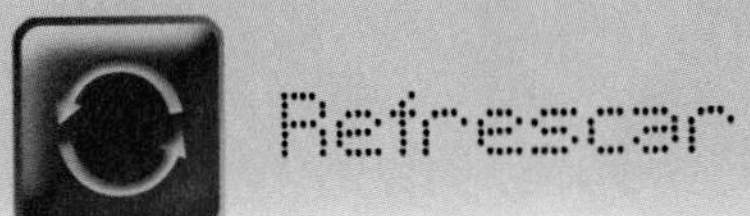

Buscar :

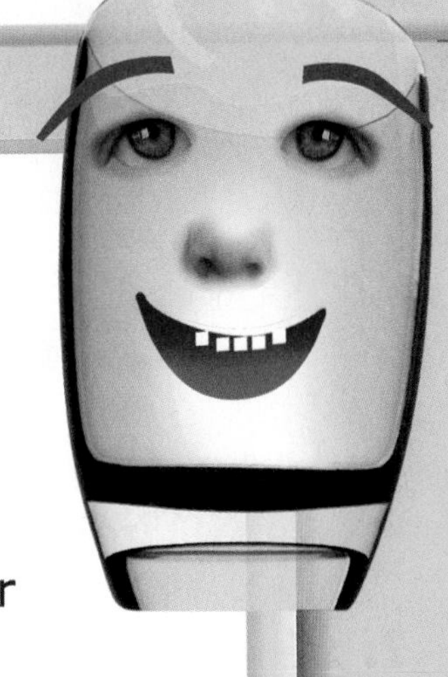

De: cubitodehielo@enlínea.com
Dirigido a: Dr.Todoloarregla@enlínea.com
Fecha: 29 de julio, 11:32 a. m.
Tema: ¿Y ahora qué?

Estimado doctor Todoloarregla:

Esta vida de líquido me gusta mucho. Aunque extraño la sombra. Estoy pasando mucho calor aquí afuera. ¿Y ahora qué me va a pasar?

Muchísimas gracias,

Cubito De Hielo

De: Dr.Todoloarregla@enlínea.com
Dirigido a: cubitodehielo@enlínea.com
Fecha: 29 de julio, 11:53 a. m.
Tema: ¿Y ahora qué?

Querido Cubito:

Si te quedas al sol, tus partículas seguirán moviéndose cada vez más rápido. El calor del sol le dará a tus partículas suficiente energía para que se desintegren y salgan del vaso. Y cuando esto ocurra, te convertirás de líquido en gas. Este proceso se llama evaporación.

Entonces no volveremos a verte, pero no te preocupes. ¡Simplemente cambiarás de forma!

Mis mejores deseos,

Dr. Todoloarregla

Enlaces

Comparar textos

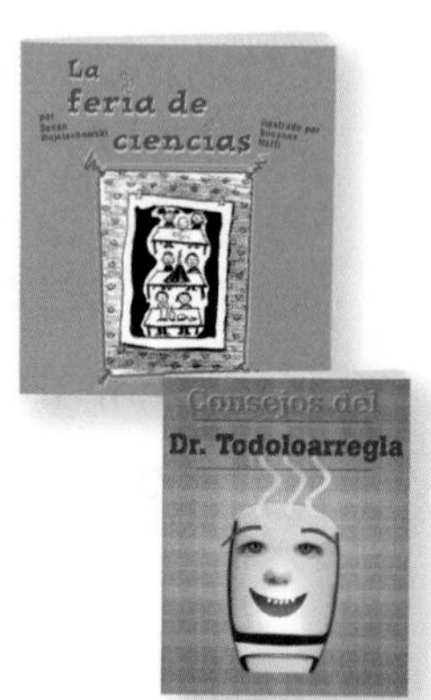

1. ¿Le agradaría al Dr. Tolodoarregla el experimento de Mari y Ciro? Explica tu respuesta.

2. ¿Te gustaría trabajar en equipo con Mari en un experimento científico? ¿Por qué?

3. ¿Por qué son importantes las ferias de ciencias para los estudiantes en la vida real?

Repaso del vocabulario

Cuando los volcanes **erupcionan**, arrojan materia **granulosa**.

Clasificación de palabras

Trabaja en equipo con un compañero. Clasifica las palabras del vocabulario en dos categorías. Decide qué palabras describen una *acción* y cuáles describen un *objeto* en "La feria de ciencias". Túrnate con tu compañero para explicar por qué decidieron clasificar las palabras de esa manera. Después elije una palabra de cada categoría y escribe una oración con ambas.

- **salpicado**
- **expandan**
- **erupcionan**
- **preciso**
- **deliberación**
- **granulosa**

Práctica de la fluidez

Teatro leído

Trabaja en equipo con un grupo pequeño. Entre todos elijan un fragmento de "La feria de ciencias" para representarlo como teatro leído. Elija cada uno un personaje del cuento, incluyendo al narrador. Mientras lees, deja que tu voz suba y baje de manera natural. Pidan la opinión de su audiencia.

Escritura

Escribe una carta

Escríbele una carta a la autora de "La feria de ciencias". Dile qué te gustó más de la feria de ciencias del cuento. Después escribe lo que crees que le gustaría saber a ella sobre la manera en que tú estudias ciencias. Usa un cuadro para ayudarte a organizar tus ideas. En tu borrador, incluye todas las partes de una carta.

Mi lista de cotejo

Característica de escritura → Ideas

- ✔ En mi carta incluyo la fecha, el saludo, el cuerpo redactado, la despedida y mi firma.
- ✔ Proporciono información que le permita a la autora conocer la respuesta de alguna pregunta que podría tener.

Feria de ciencias del cuento	Cómo yo estudio ciencias

CONTENIDO

Lección 29

Género: No ficción descriptiva

LOS PLANETAS

por GAIL GIBBONS

La casa de Jeremías

por Lois Simmie
ilustrado por Raúl Colón

Género: Poesía

Destreza de enfoque

Predecir

Mientras lees, aprende a **predecir** lo que sucederá más tarde en el cuento o lo que conocerás más adelante en un artículo. Para predecir, usa palabras o imágenes clave y recuerda lo que has aprendido de tus lecturas o de la vida real.

Lo que sé	Lo que quiero saber	Lo que aprendí

Después de predecir algo, vuelve a la lectura. Continúa leyendo para revisar y confirmar tu predicción.

Predecir puede serte útil para pensar mejor en lo que estás leyendo y para recordar detalles importantes.

Clave

Cuando leas un texto de no ficción, revisa bien el título, los encabezamientos y los pies de foto. Esto te será útil para predecir lo que hallarás en el texto.

Para predecir lo que leerás en este artículo, usa el título y la tabla de abajo. Después lee el artículo y usa la tabla para pensar en lo que aprendiste.

Un viaje a Saturno y otro más allá

En 1980, la nave espacial *Voyager I* voló muy cerca de Saturno y envió algunas fotos a la Tierra. Por primera vez, los científicos vieron los rayos de los anillos de Saturno. También encontraron tres satélites más en ese planeta. Posteriormente, el *Voyager II* llegó más lejos y envió información novedosa sobre Urano y Neptuno.

Lo que sé	Lo que quiero saber	Lo que aprendí
Saturno es un planeta.		

Inténtalo

Usa la información que has leído para predecir qué harán las futuras misiones espaciales.

www.harcourtschool.com/reading

Vocabulario

Desarrollar un vocabulario rico

- **gira**
- **superficie**
- **constante**
- **refleja**
- **despejada**
- **evidencia**

¡Aquí viene el Sol!

Los científicos que estudian el Sol han observado que esta estrella **gira** en dirección este-oeste. Ellos saben que la fuerza de gravedad es mayor en la **superficie** solar que en la terrestre. En el Sol, una persona pesaría casi treinta veces más que en la Tierra. Sin embargo, nadie podría vivir en el Sol, porque su superficie es miles de veces más caliente que la de la Tierra. Los científicos han descubierto también que existen poderosos vientos solares que se desprenden del Sol y viajan a través del sistema solar.

Debido a que el Sol gira, el viento solar no es **constante**. Siempre varía en velocidad y temperatura.

Cuando los vientos solares se aproximan a la Tierra, los químicos de esos vientos se mezclan con los del aire. El cielo nocturno **refleja** los colores de los químicos en un asombroso espectáculo de luces. Este espectáculo luminoso puede verse en una noche **despejada** y se llama *aurora boreal* en el Polo Norte, y *aurora austral* en el Polo Sur.

Los científicos han enviado varios globos para obtener alguna **evidencia** de esas luces, esperando aprender así más sobre este fascinante fenómeno.

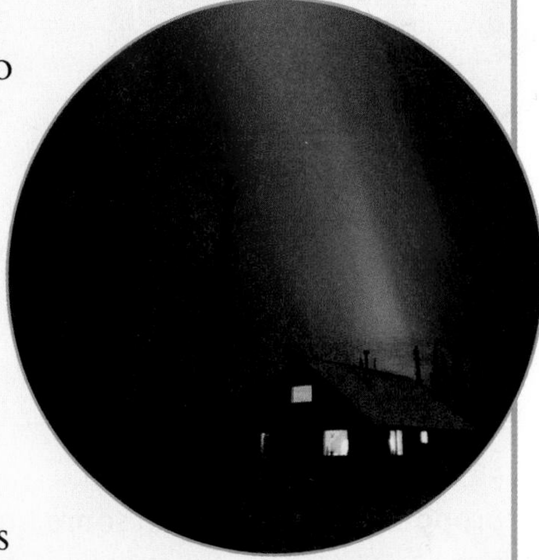

Las auroras boreales pueden verse en Alaska.

www.harcourtschool.com/reading

Detectives de las palabras

Tu misión de esta semana es buscar las palabras del vocabulario en libros sobre la Tierra, el Sol, la Luna o los planetas del sistema solar. Cada vez que encuentres una de esas palabras, escríbela en tu diario de vocabulario. Indica dónde encontraste cada palabra.

Estudio del género

La no ficción descriptiva proporciona información sobre un tema en particular. Identifica

- pies de foto y rótulos que proporcionen información acerca de una ilustración.
- datos y detalles que te ayuden a comprender mejor un tema.

Lo que sé	Lo que quiero saber	Lo que aprendí

Estrategia de comprensión

Verificar la comprensión: Haz una **lectura anticipada** de lo que sigue para localizar información que pudiera ayudarte a entender mejor el texto.

por Gail Gibbons

EL SOL

Si observas el cielo en una noche despejada, cuando las estrellas brillan con más intensidad, es posible que veas un punto que parece ser otra estrella. Pero ese cuerpo celeste cambia de posición cada noche. Y es porque es un planeta. La palabra *planeta* proviene de la palabra griega que significa "vagabundo".

Un planeta no es igual a una estrella. Si podemos ver un planeta es porque refleja la luz del sol. Las estrellas, en cambio, están compuestas de gases que generan luz y calor propios. El Sol es una estrella. Por lo general, las estrellas son más grandes que los planetas.

El SISTEMA SOLAR está formado por el Sol y todos los cuerpos celestes que giran a su alrededor.

En la antigüedad se conocían sólo seis planetas. Éstos eran Mercurio, Venus, Tierra, Marte, Júpiter y Saturno. Sus descubridores los llamaron así en honor a los dioses y las diosas romanas. Más tarde, en los últimos 200 años, se descubrieron tres planetas más: Urano, Neptuno y Plutón.

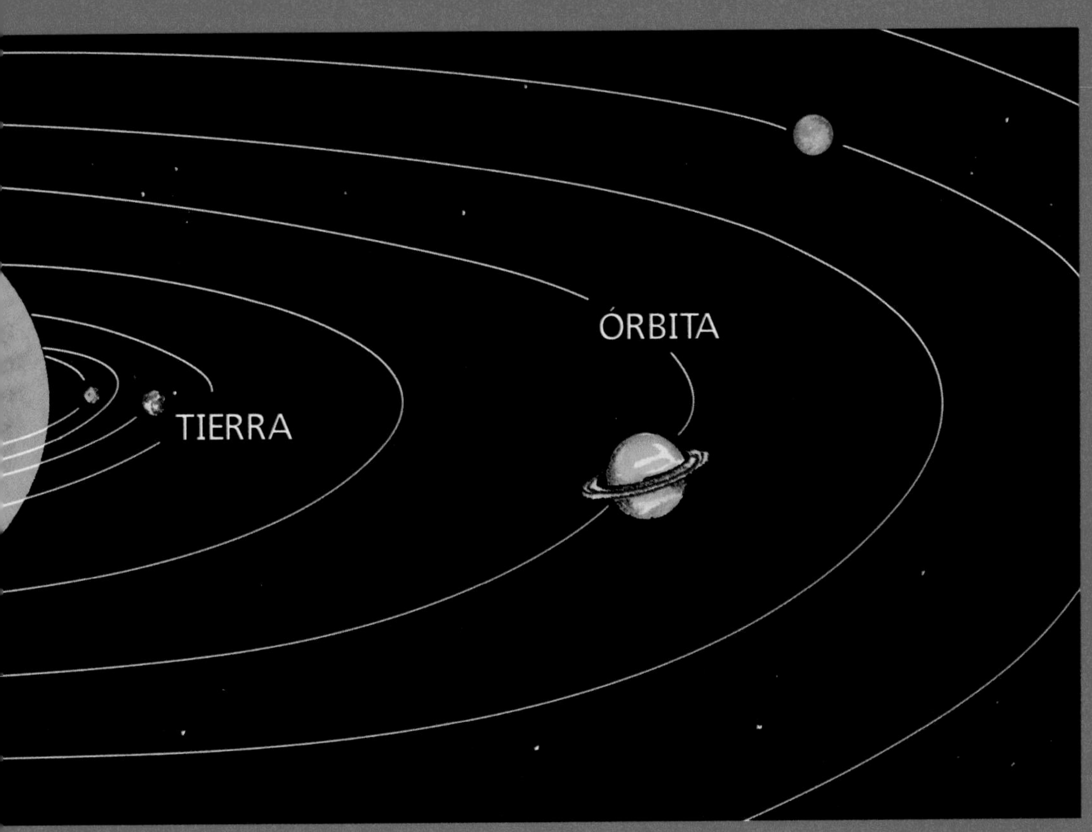

Nosotros vivimos en el planeta Tierra, uno de los planetas que giran alrededor del Sol. Juntos, el Sol y la Tierra conforman el núcleo del sistema solar. La palabra *solar* significa "que pertenece al Sol".

Todos los planetas giran alrededor del Sol. La ruta que cada uno sigue es su órbita. El tiempo que tarda cada planeta en darle una vuelta completa al Sol es el año de ese planeta. Cada año tiene una duración distinta en cada planeta.

Al mismo tiempo que un planeta recorre su órbita alrededor del Sol, gira o rota sobre su propio eje. El tiempo que tarda en dar una vuelta completa sobre su propio eje es el día de ese planeta. La duración del día es distinta en cada planeta. Al rotar, un lado del planeta está de cara al Sol. En ese lado es de día. En el lado oscuro es de noche.

En una noche despejada, es posible ver a Mercurio, Venus, Marte, Júpiter y Saturno. La luz que reflejan los planetas es constante. Una estrella, en cambio, parpadea o centellea. Para ver a Urano y Neptuno se necesita un telescopio, ya que ambos están muy lejos de la Tierra.

De todos los planetas, Mercurio es el que está más cercano al Sol, aproximadamente a 36 millones de millas. Durante el día hace mucho calor en Mercurio. En la noche hace un frío muy intenso porque ese planeta no tiene atmósfera y, por lo tanto, no puede retener el calor.

Mercurio es el segundo planeta más pequeño y está compuesto de piedra y metal. Un año en Mercurio dura 88 días terrestres. Ése es el tiempo que se tarda en completar su órbita alrededor del Sol. Mercurio gira muy despacio sobre su propio eje y, por lo tanto, sus días son muy largos. Un día en Mercurio dura 59 días terrestres.

Una ATMÓSFERA es una capa de aire.

MERCURIO

El segundo planeta más cerca del Sol es Venus. Es el cuerpo celeste más brillante que se ve desde la Tierra después del Sol y la Luna. Al amanecer y al atardecer parece una estrella grande y brillante. Venus brilla porque tiene una capa de nubes que refleja la luz solar. Estas nubes están compuestas de gases.

Venus se encuentra aproximadamente a 67 millones de millas del Sol. Es casi del mismo tamaño que la Tierra. Su clima es muy caluroso. Un año en Venus tiene una duración de 225 días terrestres. Un día equivale a 243 días en la Tierra porque, al igual que Mercurio, rota muy lentamente sobre su propio eje. En Venus, un día es más largo que un año y un año es más corto que un día.

TIERRA

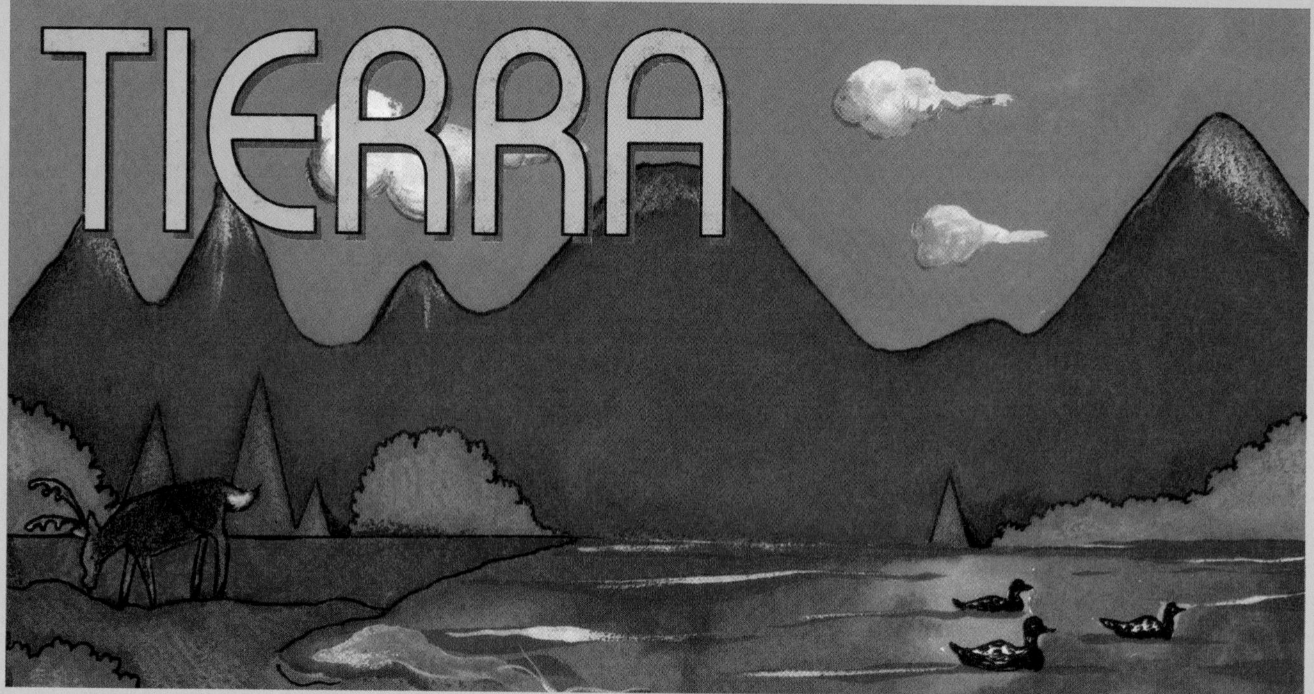

El tercer planeta más próximo al Sol es la Tierra. Hasta donde sabemos actualmente, es el único planeta que tiene un ambiente propicio para la vida de las plantas, los animales y los seres humanos. La Tierra está a 93 millones de millas del Sol.

La fuerza de gravedad de la Tierra es capaz de retener la atmósfera a su alrededor. La Tierra tiene un satélite, la Luna, que causa las mareas altas y bajas. El año de la Tierra es de unos 365 días, que es el tiempo que tarda en recorrer su órbita alrededor del Sol. Su rotación completa dura 24 horas. Ésta es la duración del día terrestre.

Una LUNA gira alrededor de un planeta. La luna no tiene luz propia. Refleja la luz del Sol.

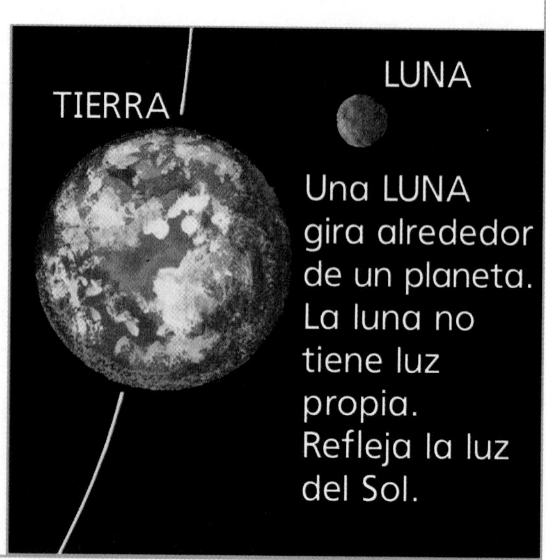

MARTE

MERCURIO
VENUS
TIERRA
MARTE

El cuarto planeta más cerca del Sol es Marte, a unos 142 millones de millas de distancia. Muchas personas se preguntan si alguna vez hubo vida en Marte. Aunque su superficie es desértica, pudo haber tenido ríos y quizás hasta un océano. En 2004, la misión de exploración *Rover* envió dos vehículos robot a Marte para examinar su superficie. Todavía es posible que los científicos encuentren alguna evidencia de vida en Marte.

MISIÓN *ROVER* A MARTE

Los astrónomos creen que Marte es rojizo debido al hierro oxidado de su superficie, causado por la atmósfera tan ligera del planeta. Allí hace mucho frío. Marte no es muy grande. Es casi la mitad del tamaño de la Tierra y tiene dos lunas pequeñas. Un año en Marte dura unos 2 años terrestres. Sus días duran casi lo mismo que en la Tierra.

MARTE

JÚPITER

ÍO

La GRAN MANCHA ROJA

GANÍMEDES

El quinto planeta más cercano al Sol es Júpiter. Está a 484 millones de millas de distancia. ¡Es enorme! Es más grande que todos los otros planetas juntos. Tiene anillos y está compuesto en su mayoría de gases. Algunos de estos gases forman un círculo gigante en su superficie llamado la Gran Mancha Roja.

Júpiter tiene, por lo menos, sesenta y tres lunas. Una de ellas, Ganímedes, es la más grande del sistema solar. Es más grande que el planeta Mercurio. En otra de sus lunas, Ío, hay muchos volcanes activos. Un año en Júpiter dura casi 12 años terrestres. Pero sus días son cortos: duran menos de 10 horas terrestres.

LOS ANILLOS están compuestos de piedra, hielo y polvo.

SATURNO

MARTE

JÚPITER

SATURNO

TITÁN

El sexto planeta más cerca del Sol es Saturno, a unos 887 millones de millas. Es el segundo planeta más grande. Es muy diferente de los otros planetas porque tiene centenares de anillos. Estos anillos están compuestos de bloques de hielo. Algunos son del tamaño de una casa. En Saturno hace un frío intenso.

Saturno tiene por lo menos cuarenta y seis lunas. Titán, la más grande de ellas, es la única del sistema solar que tiene atmósfera y nubes. El año en Saturno dura casi 30 años terrestres. Pero el día es más corto que el nuestro: dura 11 horas terrestres aproximadamente.

URANO

JÚPITER SATURNO URANO NEPTUNO

El séptimo planeta más próximo al Sol es Urano. Está aproximadamente a una distancia de 1,800 millones de millas del Sol. Está tan lejos que, desde su superficie, el Sol se vería diminuto. Urano tiene diez anillos.

Urano es el tercer planeta más grande de todos. Mide casi un tercio del tamaño de Júpiter. Por lo menos, veintisiete lunas giran en torno a él. Los planetas más lejanos del Sol tienen órbitas más grandes. Por eso tardan más tiempo en darle una vuelta completa al Sol. Un año de Urano dura cerca de 84 años terrestres. En cambio, sus días son más cortos que los de la Tierra: 17 horas terrestres aproximadamente.

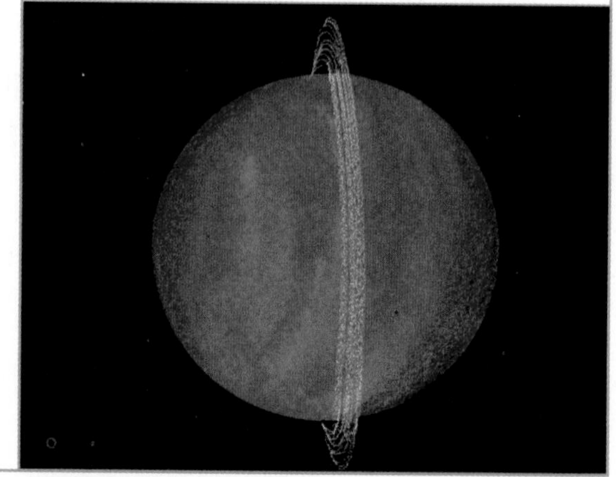

NEPTUNO

TRITÓN

El octavo planeta más cercano al Sol es Neptuno. Se encuentra a una distancia de aproximadamente 2,800 millones de millas. Es de color azul producto de un gas que contiene su atmósfera. Neptuno es casi del mismo tamaño de Urano.

Una de las trece lunas de Neptuno, Tritón, es casi del mismo tamaño de la luna de la Tierra. La nave espacial *Voyager II* viajó a Neptuno en 1989. El año de Neptuno dura 164 años terrestres, mientras que uno de sus días es de 16 horas terrestres.

Voyager II

Hasta el año 2006, a Plutón se le consideró el noveno planeta y el más lejano del Sol. Hoy se le conoce como el *planeta enano.* Su órbita, a veces lo acerca más al Sol que Neptuno. Cuando está en el punto más alejado, se encuentra aproximadamente a 3,600 millones de millas del Sol. Fue descubierto en 1930.

En Plutón hace mucho frío. También es muy pequeño. Es más pequeño que la luna terrestre. Tiene una luna pequeñita que se llama Caronte. Un año en Plutón dura aproximadamente 248 años en la Tierra, mientras que el día tiene un tiempo de duración de aproximadamente 6 días terrestres.

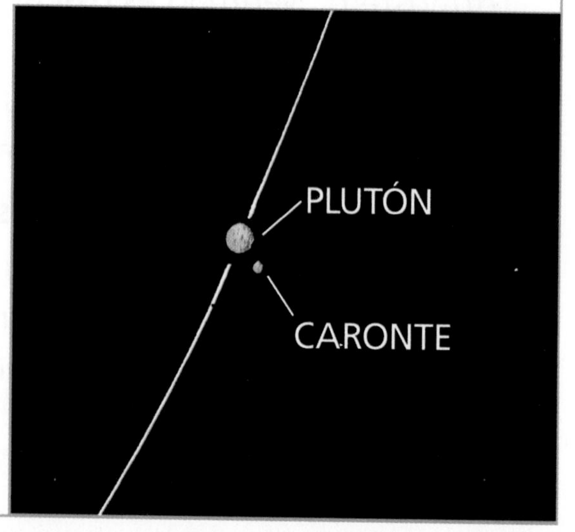

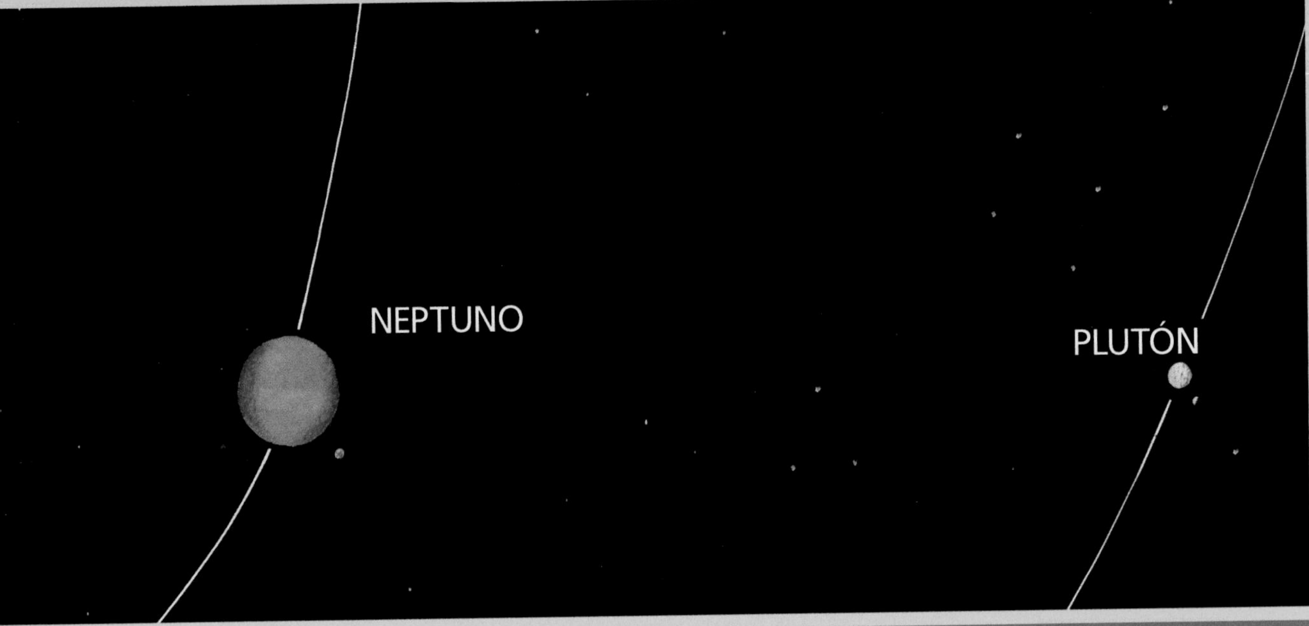

Los astrónomos estudian el cielo con ayuda de los telescopios. También se sirven de naves espaciales que se envían a distintos puntos del sistema solar, y aun más allá, esperando realizar nuevos descubrimientos.

Cada día aprendemos más sobre los planetas, las estrellas y el universo. Es muy divertido intentar localizar en el cielo nocturno los planetas y las estrellas que se ven desde la Tierra, nuestro planeta.

APRENDE MÁS SOBRE NUESTROS PLANETAS

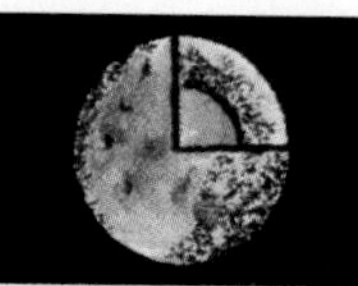

Mercurio, que es más grande que la luna de la Tierra, tiene un núcleo compuesto de hierro.

Venus gira en dirección opuesta a la de los otros planetas.

La **Tierra** es el quinto planeta más grande del sistema solar. Tres planetas son más pequeños que ella y cuatro son más grandes.

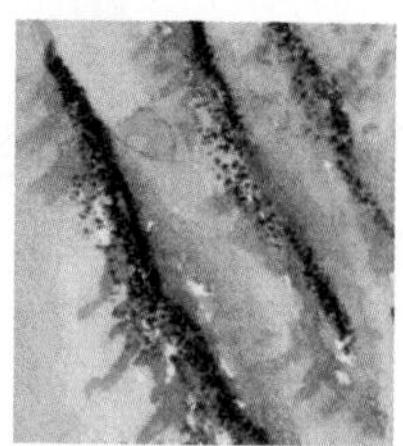

En **Marte** hay un cañón o despeñadero muy grande. Es el más grande del sistema solar. Se le llama Valles Marineris y es trece veces más grande que el Gran Cañón del Colorado en Estados Unidos.

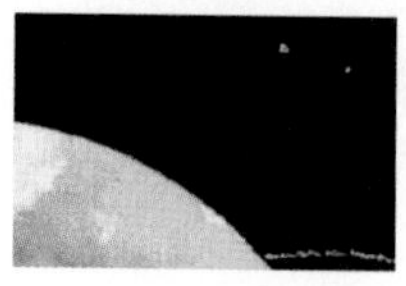

Júpiter es enorme. Si estuviera vacío, cabrían dentro de él más de mil planetas como la Tierra.

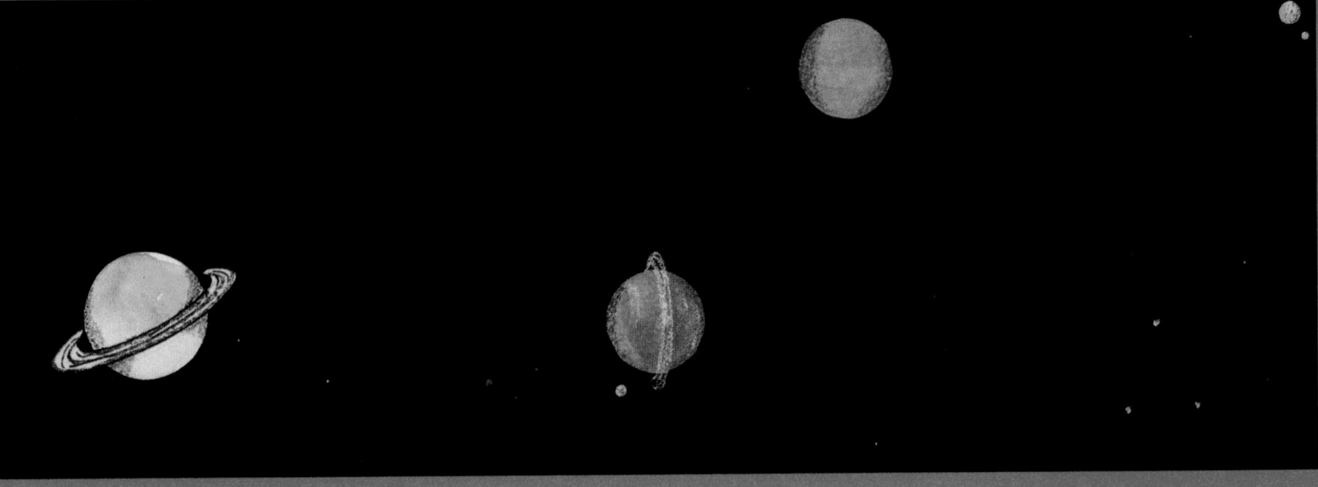

En **Saturno** hay mucho viento. Cerca de su ecuador soplan corrientes de aire hasta diez veces más fuertes que las que traen los huracanes de la Tierra.

La nave espacial *Voyager II* llegó a **Urano** en 1986. Tardó nueve años en realizar el recorrido.

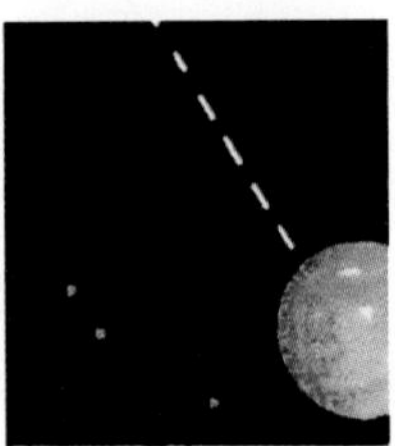

Neptuno está treinta veces más lejos del Sol que la Tierra. Algunos astrónomos dicen que intentar estudiar ese planeta es como observar una moneda desde una milla de distancia.

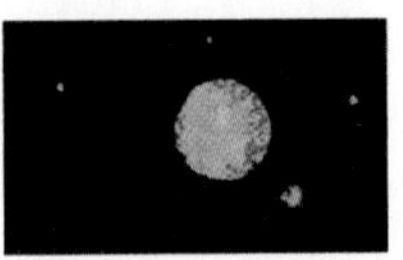

Plutón, el planeta enano, nunca ha sido explorado por una nave espacial.

1. ¿Qué claves ayudan al lector a predecir la secuencia de los sucesos que ocurren en "Los planetas"? PREDECIR

2. ¿Qué causa que Venus brille? CAUSA/ EFECTO

3. ¿Cuál información sobre los planetas te interesó más? ¿Por qué? EXPRESAR OPINIONES PERSONALES

4. ¿Cómo sabes que a la autora le gusta conocer sobre el espacio? SACAR CONCLUSIONES

5. **ESCRIBIR** Narra por escrito alguna ocasión en que hayas observado el firmamento de noche.

RESPUESTA BREVE

Conoce a la autora e ilustradora

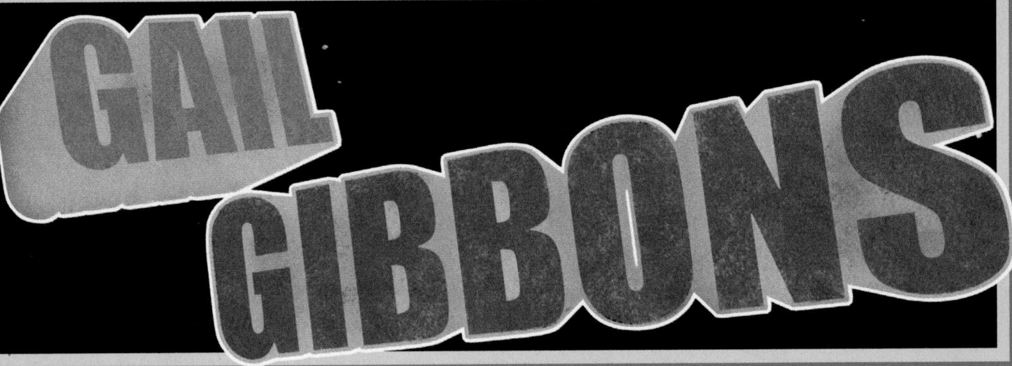

Pregunta: ¿Siempre quiso escribir e ilustrar libros infantiles?

Respuesta: ¡Sí! De hecho, mi primer libro lo terminé cuando tenía sólo diez años.

Pregunta: ¿Cómo elige los temas sobre los que le gusta escribir?

Respuesta: En su mayoría, las ideas que inspiran mis libros surgen de las cosas que me gusta hacer y de las que quiero aprender más.

Pregunta: ¿Cómo es que hace un libro de principio a fin?

Respuesta: Primero, investigo todo lo que sea necesario. Después, empiezo a escribir. Una vez que tengo las palabras, empiezo a tomar fotografías que se correspondan con ellas.

www.harcourtschool.com/reading

La casa de Jeremías

En la casa de Jeremías no hay tejado,
porque a él le gusta mirar las estrellas.
Cuando en su cama está echado
y se deleita con ellas,
imagina que a Marte ha avistado.

Entonces le sorprende un terrible aguacero
y hasta los huesos queda calado,
pero él dice que vale la pena
ver pasar de un avión su melena
mientras yace en su cama tumbado.

A las estrellas de la Vía Láctea les sigue el rastro,
y en contarlas mucho tiempo tardará.
Pero Jeremías es paciente
y cuenta y cuenta sin cesar,
porque sabe que al final lo logrará.

por Lois Simmie
ilustrado por Raúl Colón

Enlaces

Comparar textos

1. ¿Leerías "Los planetas" y "La casa de Jeremías" para obtener información o para divertirte? Explica tu respuesta.

2. ¿De cuál planeta te gustaría conocer más? Explica tu elección.

3. ¿Por qué es importante conocer los planetas y el Sol?

Repaso del vocabulario

El sol se **refleja** en la **superficie** del lago.

Parejas de palabras

Trabaja en equipo con un compañero. Escriban cada palabra del vocabulario en una tarjeta. Pongan las tarjetas boca abajo sobre una mesa. Túrnense para voltear dos tarjetas a la vez y escribir cada uno una oración que incluya ambas palabras. Léanse sus oraciones y comprueben si las palabras del vocabulario se usaron correctamente.

gira
superficie
constante
refleja
despejada
evidencia

Práctica de la fluidez

Lectura en pareja

Trabaja en equipo con un compañero. Elijan un fragmento de "Los planetas" que les interese a ambos. Túrnense para leerlo en voz alta. Presta atención a la manera en que la entonación de tu voz sube y baja al leer. Dense mutuamente su opinión.

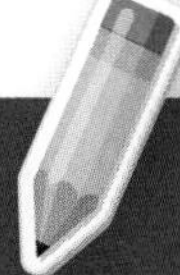

Escritura

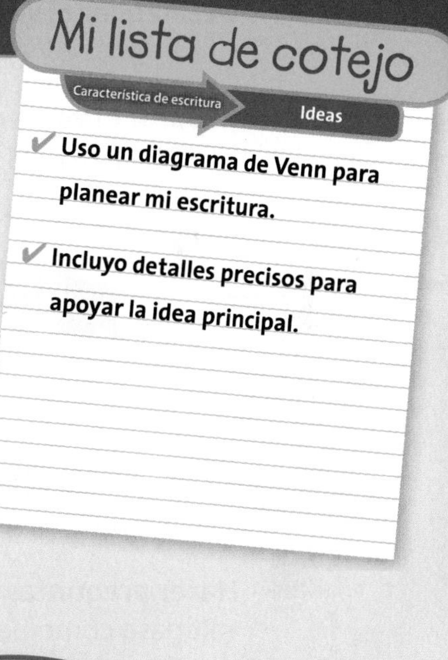

Escribe para comparar y contrastar

Elige dos planetas sobre los que ya hayas leído. Explica por escrito en qué se parecen y en qué se diferencian esos planetas. Usa un diagrama de Venn para bosquejar tus ideas. En tu borrador, incluye detalles precisos para indicar en qué se parecen y en qué se diferencian esos planetas.

CONTENIDO

TEATRO LEÍDO

Diario de viajes

Desarrollar la fluidez

- Usa la puntuación como clave para leer correctamente las frases y su entonación.
- Usa la entonación de tu voz para expresar los sentimientos de un personaje.

Desarrollar el vocabulario

- Lee, escribe y aprende el significado de las palabras nuevas.

Repasar el vocabulario

- Lee las palabras del vocabulario de este tema en un contexto diferente.

ESTRATEGIAS DE COMPRENSIÓN
Repaso

Texto funcional

Hacer preguntas

- Repasa cómo hacer preguntas sobre el texto y buscar después las respuestas.

Hacer una lectura anticipada

- Repasa cómo hacer una lectura anticipada en un texto para hallar las respuestas a tus preguntas.

Lección 30

Repaso del tema y desarrollo del vocabulario

Teatro leído
DIARIO DE VIAJES

Viaje a través del sistema solar

La energía

TEATRO LEÍDO

aumentar

descubrió

genera

confirmar

pintoresca

salvaguardarnos

Leer para adquirir fluidez

Cuando lees un guión en voz alta:

- modula el volumen de tu voz tal como lo haces en una conversación.
- presta atención a los diferentes signos de puntuación.

Viaje a través del sistema solar

Personajes

Capitán	**Doctor**	**Tripulante 1**
Ingeniero	**Piloto**	**Tripulante 2**
	Científico	

Escenario: *A bordo de la nave espacial* Explorador, *que sobrevuela a Plutón*

Capitán: Ésta es la anotación 101 en el cuaderno de bitácora de nuestro viaje espacial.

Ingeniero: Somos los tripulantes de la nave espacial *Explorador.*

Doctor: Llevamos un registro detallado de nuestro viaje.

Piloto: En este momento hemos iniciado nuestro viaje de regreso a través del sistema solar.

Capitán: Estamos observando de cerca a Plutón. Durante mucho tiempo se creyó que Plutón era un planeta y que era el que estaba más lejos del Sol. Hoy se le llama el planeta enano.

Piloto: Nuestra nave funciona con energía solar. Desde esta distancia, apenas alcanzamos a ver el Sol. Por eso no tenemos mucha energía.

Científico: He estado midiendo la cantidad de luz que hay en esta parte del sistema solar. Después de investigar a fondo puedo afirmar que en este lugar hay menos energía solar que en la Tierra.

Doctor: Todo está aquí muy oscuro.

Capitán: Ya vimos a Caronte, la luna más grande de Plutón.

Tripulante 1: Capitán, ¿por qué se sabe tan poco de Plutón? ¿No utilizan los científicos telescopios para aumentar la visión?

Capitán: Es difícil estudiar a Plutón porque está muy lejos de la Tierra. Hasta con los telescopios más poderosos las imágenes se ven borrosas.

Tripulante 2: ¡Debemos ser los primeros humanos que volamos tan cerca de Plutón!

Doctor: Cierto. ¿Es emocionante, verdad?

Todos: Sí, muy emocionante.

Clave para leer con fluidez

Presta atención a la puntuación a medida que lees. Las comas, por ejemplo, te dicen cuándo puedes hacer una pausa.

Registro 102 en el cuaderno de bitácora

Escenario: *A bordo de la nave espacial* Explorador *cerca del planeta Urano*

Capitán: Ésta es la anotación 102 en el registro de nuestro viaje. Ya dejamos detrás a Neptuno y ahora nos dirigimos a Urano.

Ingeniero: A medida que nos acercamos al Sol recibimos más energía. Por eso es que ahora avanzamos más rápido.

Piloto: Un gran científico llamado Galileo descubrió Neptuno en 1613. Pero no sabía que era un planeta.

Científico: Neptuno no es sólido como la Tierra. Es una bola gigante de color azul compuesta de gases en constante movimiento.

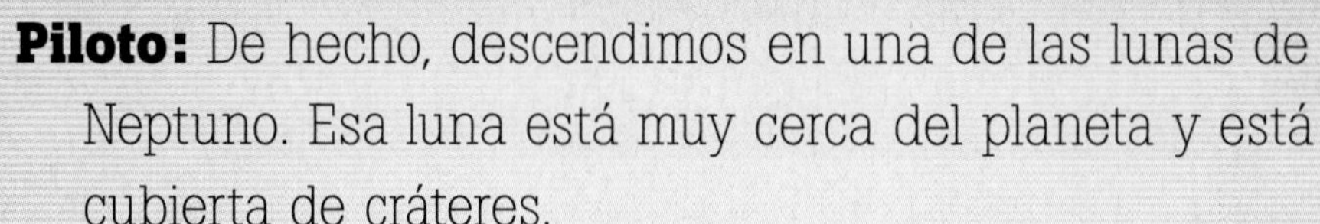

Piloto: De hecho, descendimos en una de las lunas de Neptuno. Esa luna está muy cerca del planeta y está cubierta de cráteres.

Capitán: Ahora sobrevolamos el planeta Urano. Este planeta se encuentra entre Neptuno y Saturno. Desde aquí, el Sol todavía se ve muy pequeño.

Doctor: ¡Está a más de mil millones de millas de aquí!

Ingeniero: Ahora nos encaminaremos a Saturno y muy pronto llegaremos al planeta más grande del sistema solar: ¡Júpiter!

Registro 103 en el cuaderno de bitácora

Escenario: *A bordo de la nave espacial* Explorador *cerca de Ío*

Capitán: Ésta es la anotación 103 en nuestro cuaderno. Hemos logrado pasar a través de los anillos de Saturno.

Ingeniero: Intentamos descender en Titán, la luna gigante de Saturno, pero uno de los anillos nos lo impidió. ¡Todos esos pedazos de hielo de los que se componen los anillos son un verdadero estorbo!

Capitán: Por suerte logramos salir bien librados y ahora estamos descendiendo cerca de uno de los numerosos volcanes de Ío. Ío es uno de los más de sesenta satélites que tiene Júpiter.

Doctor: ¡Debe haber mucho calor en la superficie! ¡Vean todos esos volcanes!

Tripulante 2: ¿Por qué hay tanta actividad volcánica?

Científico: Creemos que es porque Ío se agita como si temblara mientras recorre la órbita de Júpiter. Ese bamboleo genera calor, como cuando tratas de partir un alambre y lo doblas varias veces. El alambre se calienta en el doblez.

Tripulante 1: Entonces, el bamboleo calienta a Ío y esto hace que los volcanes erupcionen.

Científico: Eso pensamos.

Ingeniero: Ahora estamos a sólo 484 millones de millas del Sol. Desde aquí obtenemos más energía solar, por eso vamos más rápido. Muy pronto descenderemos en Marte.

Clave para leer

Pon énfasis en la
más importante
oración que lees

Registro 104 en el cuaderno de bitácora

Escenario: *A bordo de la nave espacial* Explorador *en el planeta Marte*

Capitán: Ésta es la anotación 104 en el registro de nuestro viaje. ¡Hemos descendido en Marte, el Planeta Rojo!

Doctor: Observen la superficie. Pareciera que hay ríos y océanos aquí.

Científico: Posiblemente los hubo hace muchos años, pero ahora, Marte es un planeta seco.

Tripulante 1: ¿Pero no dicen que hay hielo en Marte?

Científico: Sí, en los polos, tal como en la Tierra. Allí se acumula agua congelada y otros materiales. Es probable que en muchas partes de Marte haya habido agua en estado líquido, pero eso habría sido hace millones, o tal vez miles de millones de años atrás. Lo único que los científicos podemos confirmar por ahora es que hay agua en estado sólido.

Doctor: ¿Y dónde están los marcianos? Espero que sean amistosos y sociables.

Capitán: ¡No creo que vayamos a encontrarnos con ellos!

Tripulante 2: Yo no estaría tan seguro. Miren allá. ¿Qué es ese objeto que se ve en la superficie?

Piloto: Ah, ése es uno de los vehículos exploradores que se enviaron desde la Tierra en el año 2004. Al igual que nuestra nave, funciona con energía solar.

Ingeniero: Lo que me recuerda que podemos regresar a la Tierra a toda velocidad porque estamos muy cerca del Sol.

Doctor: ¡Vamos!

Registro 105 en el cuaderno de bitácora

Escenario: *A bordo de la nave espacial* Explorador, *pasando la Tierra a toda velocidad*

Capitán: Ésta es la anotación 105 en el registro de nuestro viaje. Hemos decidido no detenernos en la Tierra. La tripulación del *Explorador* quiere seguir explorando nuestro sistema solar. Ahora nos dirigimos al próximo planeta, Venus.

Doctor: La Tierra se ve realmente hermosa desde el espacio.

Tripulante 1: ¡Con este telescopio creo que puedo ver su casa, doctor!

Doctor: ¡Ay, cómo echo de menos mi casa!

Piloto: No se preocupe, doctor. Ya pronto vamos a llegar.

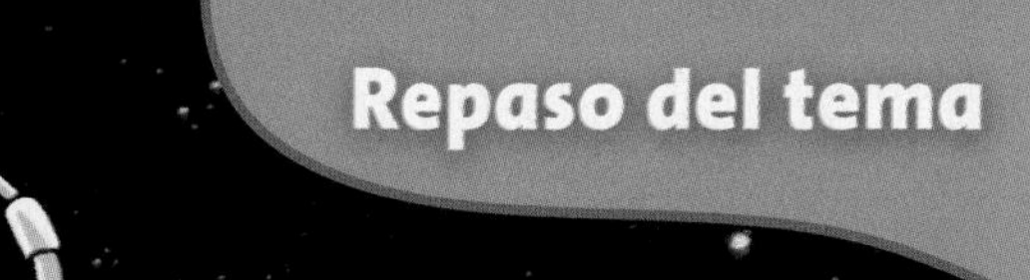

Ingeniero: Mientras tanto, yo voy a dar una caminata espacial alrededor de la nave. Tengo que arreglar algunos de los paneles solares. ¿Alguien quiere ponerse su traje espacial y acompañarme?

Clave para leer con fluidez

Piensa en cómo los tres signos de puntuación distintos de esta sección pueden ayudarte a leer estas oraciones en voz alta.

Doctor: ¡Yo lo acompaño!

Piloto: Desde allá afuera van a tener una vista muy pintoresca de los océanos de la Tierra. Más de la mitad de nuestro planeta está cubierta de agua.

Científico: La Tierra es el único planeta que contiene agua en sus tres estados: sólido, líquido y gaseoso.

Tripulante 2: ¿Qué es esa gran espiral blanca que se ve cerca de Norteamérica?

Piloto: Parece ser una enorme tormenta que se ha desatado en el océano Atlántico.

Científico: Correcto. Las nubes que se mueven en espiral son tormentas tropicales o quizás un huracán.

Registro 106 en el cuaderno de bitácora

Escenario: *A bordo de la nave espacial* Explorador *en dirección a Mercurio*

Capitán: Ésta es la anotación 106 en el registro de nuestro viaje. El *Explorador* acaba de pasar el planeta Venus. El calor aumenta a medida que nos acercamos a Mercurio, el planeta más cercano al Sol.

Tripulante 1: ¡Tenía la esperanza de que nuestra nave pudiera descender en el Sol!

Científico: Eso es totalmente imposible porque el Sol no es sólido. Está formado por gases en combustión. Además, su temperatura tan caliente nos fulminaría en un instante.

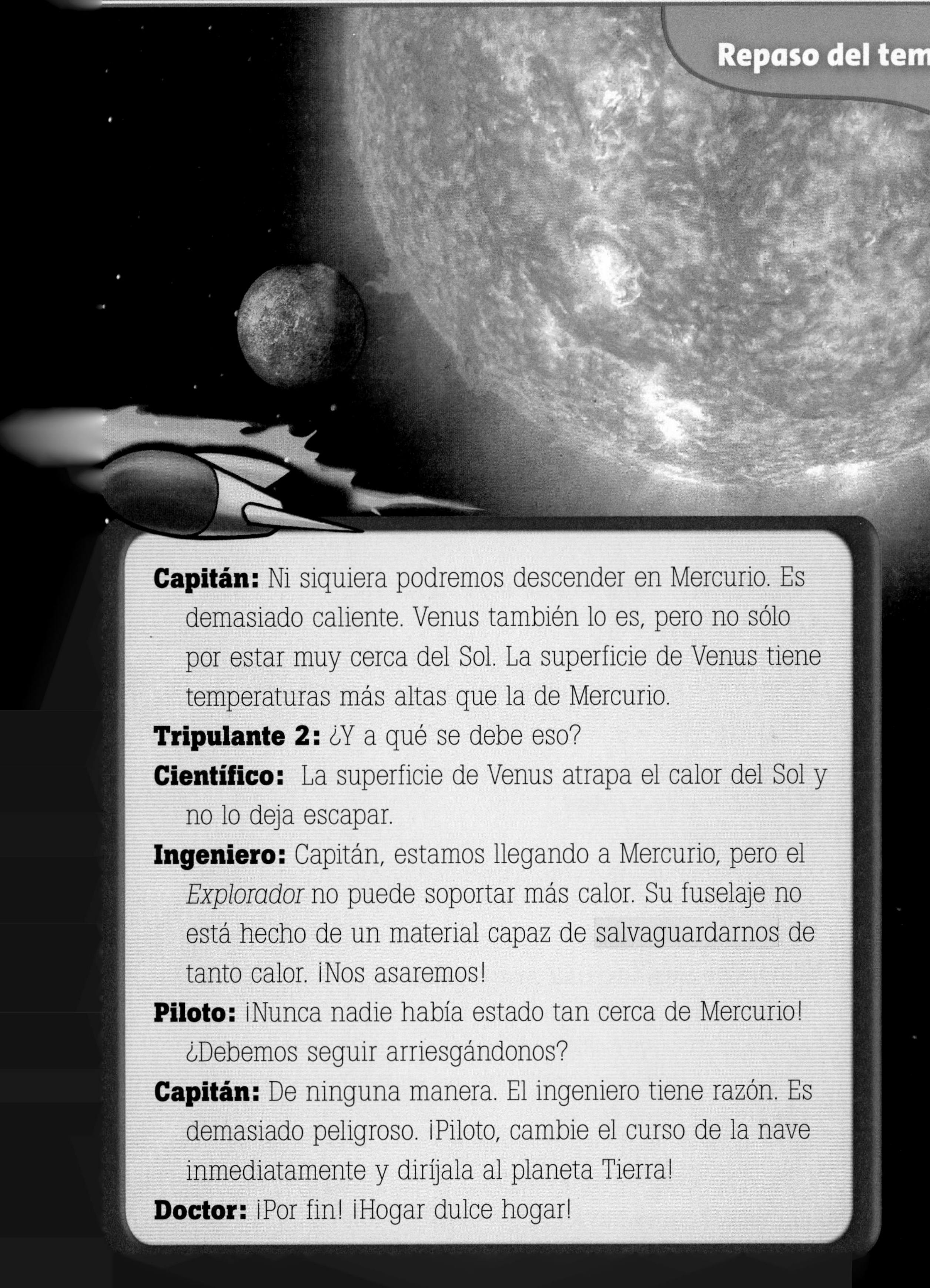

Capitán: Ni siquiera podremos descender en Mercurio. Es demasiado caliente. Venus también lo es, pero no sólo por estar muy cerca del Sol. La superficie de Venus tiene temperaturas más altas que la de Mercurio.

Tripulante 2: ¿Y a qué se debe eso?

Científico: La superficie de Venus atrapa el calor del Sol y no lo deja escapar.

Ingeniero: Capitán, estamos llegando a Mercurio, pero el *Explorador* no puede soportar más calor. Su fuselaje no está hecho de un material capaz de salvaguardarnos de tanto calor. ¡Nos asaremos!

Piloto: ¡Nunca nadie había estado tan cerca de Mercurio! ¿Debemos seguir arriesgándonos?

Capitán: De ninguna manera. El ingeniero tiene razón. Es demasiado peligroso. ¡Piloto, cambie el curso de la nave inmediatamente y diríjala al planeta Tierra!

Doctor: ¡Por fin! ¡Hogar dulce hogar!

Lectura de un texto funcional

Enlace a la lectura informativa Los textos funcionales son textos que se consultan a diario. Gracias a ellos, las personas pueden responderse preguntas y cumplir actividades específicas. Los textos funcionales pueden hallarse, por ejemplo, en las cajas de cereal, en los periódicos y en las guías telefónicas.

Lee las notas de la página 425. ¿Cómo puede ayudarte esa información a leer diferentes tipos de texto funcional?

Repasar las estrategias de enfoque

Las estrategias que aprendiste en este tema también te ayudan a leer textos funcionales.

Hacer preguntas

Hazte preguntas antes, durante y después de leer. ¿Qué información deseas encontrar? ¿Qué instrucciones necesitarás seguir? ¿Cuál es el resultado que deseas obtener?

Hacer una lectura anticipada

Haz una lectura anticipada para que puedas saber si se incluye alguna información explicativa. Cuando sigas instrucciones, haz también una lectura anticipada para que sepas lo que necesitarás y lo que deberás hacer.

Piensa en dónde y cómo puedes usar las estrategias de comprensión mientras lees “La energía” en las páginas 426 y 427.

PALABRAS GUÍA
Este artículo es de una enciclopedia. Las palabras guía aparecen al principio de la página. Estas palabras ayudan al lector a localizar rápidamente la información.

INSTRUCCIONES
Las instrucciones que debes leer para hacer o construir algo son un tipo de texto funcional. Refiérete a esos números e ilustraciones para seguir los pasos en orden.

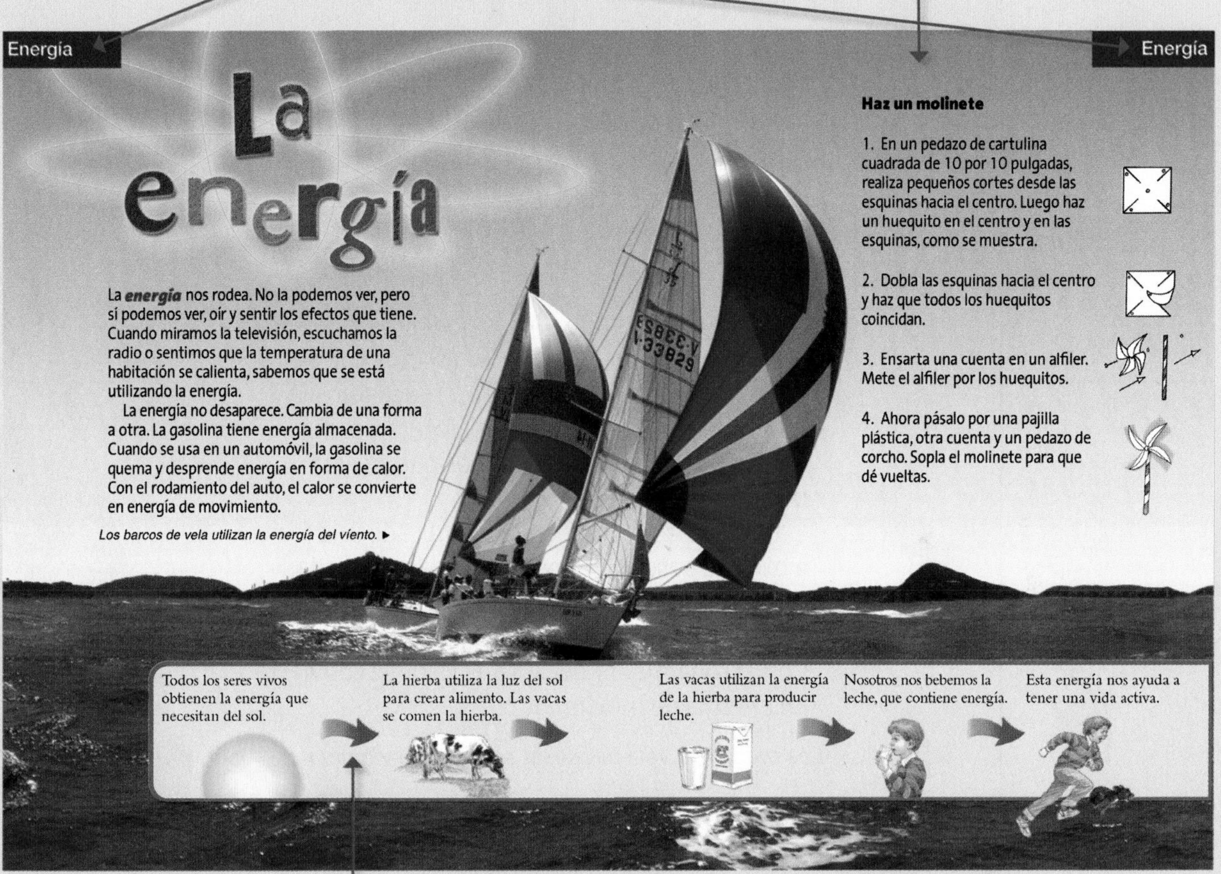

ELEMENTOS GRÁFICOS
Los elementos gráficos —tales como mapas, diagramas y gráficas consecutivas— también pueden ayudarte a obtener rápidamente información.

Aplicar las estrategias Lee estas páginas de una enciclopedia. Mientras lees, detente y piensa en cómo estás usando las estrategias de comprensión.

La ***energía*** nos rodea. No la podemos ver, pero sí podemos ver, oír y sentir los efectos que tiene. Cuando miramos la televisión, escuchamos la radio o sentimos que la temperatura de una habitación se calienta, sabemos que se está utilizando la energía.

La energía no desaparece. Cambia de una forma a otra. La gasolina tiene energía almacenada. Cuando se usa en un automóvil, la gasolina se quema y desprende energía en forma de calor. Con el rodamiento del auto, el calor se convierte en energía de movimiento.

Los barcos de vela utilizan la energía del viento. ▶

Todos los seres vivos obtienen la energía que necesitan del sol.

La hierba utiliza la luz del sol para crear alimento. Las vacas se comen la hierba.

Detente a pensar

¿Cuáles **preguntas** te has hecho al leer este texto? ¿Cómo puedes responderlas si **haces una lectura anticipada**?

Haz un molinete

1. En un pedazo de cartulina cuadrada de 10 por 10 pulgadas, realiza pequeños cortes desde las esquinas hacia el centro. Luego haz un huequito en el centro y en las esquinas, como se muestra.

2. Dobla las esquinas hacia el centro y haz que todos los huequitos coincidan.

3. Ensarta una cuenta en un alfiler. Mete el alfiler por los huequitos.

4. Ahora pásalo por una pajilla plástica, otra cuenta y un pedazo de corcho. Sopla el molinete para que dé vueltas.

Las vacas utilizan la energía de la hierba para producir leche.

Nosotros nos bebemos la leche, que contiene energía.

Esta energía nos ayuda a tener una vida activa.

Cómo consultar el glosario

Al igual que un diccionario, este glosario presenta las palabras en orden alfabético. Para localizar una palabra, sólo debes rastrear su primera o primeras letras.

Con el fin de ahorrar tiempo, lee primero las palabras guía que aparecen en la parte superior de cada página. Éstas indican la primera y la última palabra que se incluyen en esa página. Lee esas palabras guía para saber si la palabra que buscas se encuentra en ese grupo, siguiendo el orden alfabético.

El siguiente es un ejemplo de una entrada del glosario:

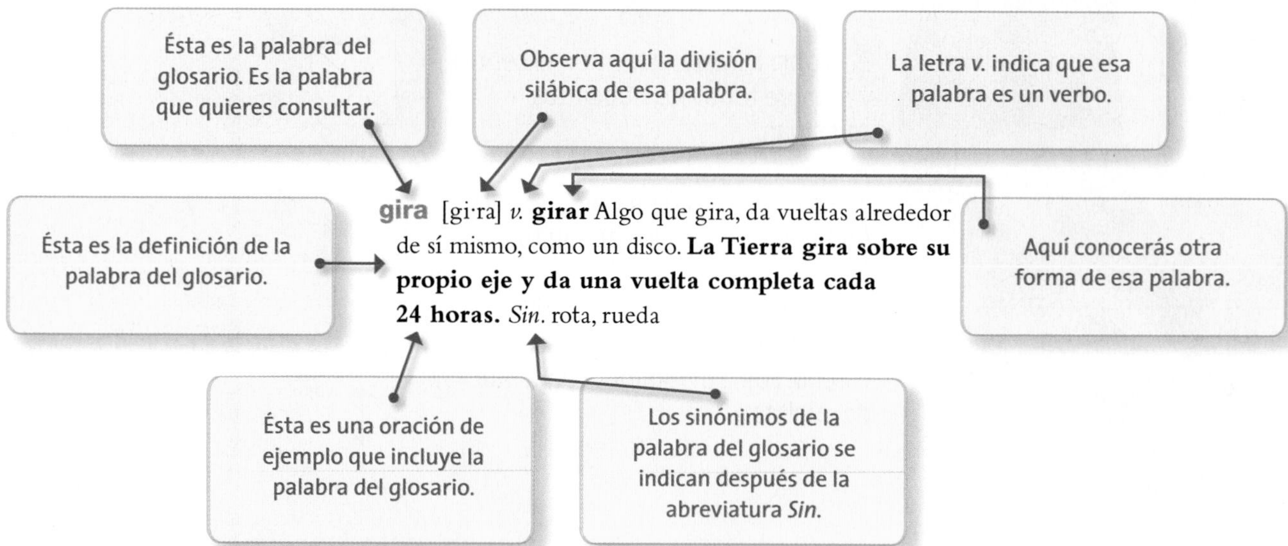

Origen de las palabras

En este glosario encontrarás algunas notas sobre el origen de las palabras o sobre cómo surgieron y cambiaron esas palabras. Frecuentemente, las palabras tienen antecedentes interesantes que pueden ayudarte a recordar lo que significan.

Origen de las palabras

diálogo La palabra diálogo significa "conversación". Proviene de la palabra griega *diálogos*. El prefijo *dia-* significa "a través de" o "en medio", mientras que la raíz *logos* quiere decir "palabra", "verbo" o "tema". Por eso, cuando las personas hablan entre ellas, se dice que sostienen una conversación o diálogo.

La división silábica

Las palabras se dividen en sílabas. Cada sílaba constituye un sonido o un conjunto de sonidos. Las sílabas siempre tienen por lo menos una vocal. En el caso de los diptongos, la sílaba tiene dos vocales, y en los triptongos, la sílaba tiene tres vocales.

REGLAS DE LA DIVISIÓN SILÁBICA

Cada vocal se agrupa con la consonante anterior a ella.

ca·mi·sa **ma·ña·na** **a·bue·la**

Las siguientes combinaciones de consonantes son inseparables: bl, br, cl, cr, dr, fl, fr, gl, gr, pl, pr, tr.

blu·sa **glo·bo**

A excepción de las combinaciones anteriores, cuando hay cualquier otra pareja de consonantes entre dos vocales, cada consonante se agrupa en una sílaba diferente.

bal·sa **lin·ter·na**

Cuando hay tres consonantes juntas y hay una de las combinaciones de consonantes inseparables, la combinación inseparable se queda junta y la otra consonante se separa y forma parte de la otra sílaba.

tem·blar **ren·glón**

Cuando hay cualquier otro grupo de tres consonantes, dos consonantes se agrupan con la primera vocal y la otra consonante con la segunda vocal.

cons·tan·te **ins·tan·te**

Cuando hay cuatro consonantes juntas, se agrupan dos con una sílaba y dos con la otra.

mons·truo **ins·tru·men·to**

Nota
- **divide las palabras en sílabas**

Abreviaturas: ***adj.*** **adjetivo,** ***adv.*** **adverbio,** ***s.*** **sustantivo,** ***v.*** **verbo,** ***Sin.*** **Sinónimo,** ***Ant.*** **Antónimo,** ***Fig.*** **Figurativo**

A

abandonar [a·ban·do·nar] *v.* Cuando abandonas algo o a alguien, te alejas o no te haces más responsable de esa cosa o persona. **Mi familia nunca va a *abandonar* a mi perrito.** *Sin.* dejar, desamparar

abarrotada [a·ba·rro·ta·da] *v.* **abarrotar** Cuando un lugar, como tu escritorio o tu cuarto, está abarrotado, significa que está lleno de cosas y no cabe nada más en él. **La sala está *abarrotada* de libros.** *Sin.* llena, repleta

abrazó [a·bra·zó] *v.* **abrazar** Cuando alguien te saluda rodeándote con sus brazos, te abraza. **Angela *abrazó* a su abuelita tan pronto abrió la puerta.**

abrazó

acopio [a·co·pio] *s.* Si haces acopio de algún recurso, significa que lo juntas o almacenas. **Durante la larga sequía, el gobierno decidió hacer *acopio* de todos los granos disponibles.**

adormilados [a·dor·mi·la·dos] *v.* **adormilarse** Cuando estás medio dormido, estás adormilado. **El ruido del tren despertó a los niños que estaban *adormilados*.** *Sin.* adormitados

afición [a·fi·ción] *s.* Cuando algo te gusta mucho, tienes afición por esa cosa o actividad. **Ernesto tiene *afición* por las obras de teatro.** *Sin.* gusto, predilección

amplio [am·plio] *adj.* Cuando un lugar es amplio, significa que hay mucho espacio en él. **El jardín de mi casa es *amplio* para jugar fútbol.** *Sin.* grande, extenso

arranqué [a·rran·qué] *v.* **arrancar** Cuando arrancas algo, lo desprendes con fuerza de raíz. **El caballo era tan hermoso que *arranqué* una hoja de mi cuaderno para pintarlo.** *Sin.* desprendí, removí

arruinado [a·rrui·na·do] *v.* **arruinar** Cuando algo está arruinado, ya no sirve. **Mi pantalón quedó *arruinado* cuando se manchó de pintura.** *Sin.* dañado, destruido

LENGUAJE ACADÉMICO

artículo de instrucciones Un *artículo de instrucciones* te dice paso a paso cómo realizar una tarea o proyecto.

artículo de revista Un *artículo de revista* es una lectura breve que aparece en una revista y que proporciona información sobre un tema específico.

asombrados [a·som·bra·dos] *v.* **asombrar** Cuando una persona está asombrada es porque algo o alguien causa en ella un sentimiento de sorpresa y fascinación. **Sus papás se quedaron *asombrados* cuando el bebé balbuceó su primera palabra.** *Sin.* maravillados

astuto [as·tu·to] *adj.* Alguien que es astuto usa formas ingeniosas para lograr lo que quiere. **El zorro muy *astuto* esperó a que oscureciera para meterse en el gallinero.** *Sin.* listo, hábil

aumentar [au·men·tar] *v.* Cuando aumentas algo, lo haces ver más grande de lo que es. **Noé usó el microscopio para *aumentar* la superficie de la hoja.** *Sin.* amplificar, acrecentar

ausencia [au·sen·cia] *s.* Ausencia significa que algo o alguien no está presente. **Había una *ausencia* total de agua potable en la isla.** *Sin.* falta

B

bostezan [bos·te·zan] *v.* **bostezar** Cuando alguien bosteza, abre mucho la boca para inhalar y exhalar muy fuerte, generalmente porque está aburrido, cansado o adormilado. **Los cachorros *bostezan* cuando están a punto de dormirse.**

carga [car·ga] *s.* Una carga es algo que es pesado y difícil de llevar. **Para Patricia, el paquete de libros era una *carga* muy pesada.**

cautelosamente [cau·te·lo·sa·men·te] *adv.* Si te mueves cautelosamente es porque avanzas despacio y cuidándote de no ser visto ni oído. **El gato siguió *cautelosamente* al ratón.** *Sin.* precavidamente

cautelosamente

> ***LENGUAJE ACADÉMICO***
>
> **ciencia ficción** La *ciencia ficción* es un cuento inventado que se desarrolla en el futuro y en el que intervienen ideas científicas.

comentario [co·men·ta·rio] *s.* Un comentario es algo que se opina sobre algo o alguien. **Yolanda quedó muy complacida con el grato *comentario* que su maestra hizo sobre su tarea.** *Sin.* opinión

compromiso [com·pro·mi·so] *s.* Si haces un compromiso es porque te obligas a cumplir algo y has dado tu palabra en ello. **Mi mamá estuvo muy contenta al saber mi *compromiso* de leer un libro al mes.**

concavidad [con·ca·vi·dad] *s.* Una concavidad es una hendidura en un objeto o superficie, es decir, el objeto tiene más hundido el centro que las orillas. **El balón chocó con fuerza contra el baúl del auto y le hizo una *concavidad*.** *Sin.* abolladura, cavidad

confirmar [con·fir·mar] *v.* Cuando puedes probar que algo es correcto o cierto, lo puedes confirmar. **El cajero llamó al gerente para que viniera a *confirmar* el precio de las naranjas.** *Sin.* comprobar

consolarla [con·so·lar·la] *v.* **consolar** Cuando alientas o intentas hacer sentir bien a alguien por algo malo que le pasó, consuelas a esa persona. **Al ver que Elisa perdió la carrera, su mamá corrió a *consolarla*.** *Sin.* alentarla, animarla

constante [cons·tan·te] *adj.* Una luz constante no cambia ni se apaga. **El rayo de luz constante de la linterna alumbró claramente al ratón.** *Sin.* continuo

> ***LENGUAJE ACADÉMICO***
>
> **correo electrónico** Un *correo electrónico* es un mensaje escrito que se envía de una computadora a otra.

criticar [cri·ti·car] *v.* Cuando criticas algo o a alguien, dices lo que te parece mal acerca de esa cosa o persona. **Sergio se sintió tranquilo cuando el maestro decidió no *criticar* su pintura.**

cruzaban [cru·za·ban] *v.* **cruzar** Cuando algo o alguien atraviesa un espacio de un lugar a otro, lo cruza. **Los peatones *cruzaban* el parque a toda prisa cuando empezó a llover.** *Sin.* atravesaban

cubierta [cu·bier·ta] *v.* **cubrir** Algo que está cubierto está tapado u oculto. **Nadie supo quién era yo en la fiesta porque tenía la cara *cubierta* con una máscara.** *Sin.* oculta

cubierta

LENGUAJE ACADÉMICO

cuento de hadas Un *cuento de hadas* es un cuento que se desarrolla en un mundo imaginario y donde se cumplen mágicamente los deseos de los protagonistas.

cuento popular Un *cuento popular* es un cuento de una determinada cultura un que se transmite de generación en generación.

D

deliberación [de·li·be·ra·ción] *s.* Una deliberación es una discusión o debate que se hace antes de tomar una decisión. **Después de una larga *deliberación*, los jueces decidieron otorgarle el primer lugar a Miguel.** *Sin.* debate, discusión

descubrió [des·cu·brió] *v.* **descubrir** Si alguien descubrió algo es porque supo o dio a conocer algo que no se conocía antes. **Al ver mi colección de calcomanías, mi mamá *descubrió* mi pasión por el béisbol.**

deshonra [des·hon·ra] *s.* Una deshonra es el resultado de una acción que causa vergüenza y pena. **Fue una *deshonra* para el equipo de fútbol haberse ausentado a las prácticas.** *Sin.* desprestigio

despejada [des·pe·ja·da] *adj.* Algo que está despejado, no tiene nada que lo cubra o lo tape y se puede ver claramente. **Cuando la noche está *despejada*, apenas se ve una nube.** *Sin.* clara

detalle [de·ta·lle] *s.* Un detalle es una pequeña parte de información que pertenece a un hecho o cosa mayor. **Marta preparó con gran esmero cada *detalle* de su fiesta de cumpleaños.** *Sin.* parte

diálogo [diá·lo·go] *s.* A una conversación entre dos o más personas se le llama diálogo. **Los actores tuvieron que memorizar todo el *diálogo* para representar la obra de teatro.** *Sin.* conversación

Origen de las palabras

diálogo La palabra *diálogo* proviene de la palabra griega *diálogos* que significa "conversación". El prefijo *dia-* significa "a través de" o "en medio", mientras que la raíz *logos* quiere decir "palabra", "verbo" o "tema". Por eso, cuando las personas hablan entre ellas, se dice que sostienen una conversación o diálogo.

LENGUAJE ACADÉMICO

diario de viajes Un *diario de viajes* es un registro personal de los sucesos que le ocurren a la persona que lo escribe.

disfrazado [dis·fra·za·do] *v.* **disfrazarse** Cuando alguien está disfrazado, está usando algo que impide que los demás sepan quién es. **Raúl estaba *disfrazado* de astronauta cuando llegó a la fiesta.** *Sin.* vestido

dormita [dor·mi·ta] *v.* **dormitar** Cuando una persona dormita, duerme brevemente o toma una siesta. **Después de comer, el bebé *dormita* en su cuna.**

E

emoción [e·mo·ción] *s.* Una emoción es un sentimiento que te conmueve profundamente, como la felicidad. **Oscar se llenó de *emoción* cuando supo que el libro había pertenecido a su bisabuelo.**

encantado [en·can·ta·do] *v.* **encantar** Cuando estás muy contento por algo, estás encantado. **Gustavo estaba *encantado* con sus buenas calificaciones.** *Sin.* contento, feliz

encantado

enorme [e·nor·me] *adj.* Algo enorme es algo muy grande. **La trompa del elefante era *enorme*.** *Sin.* grande, gigantesca

ensayar [en·sa·yar] *v.* Ensayar es practicar algo para presentarlo públicamente. **Jazmín decidió *ensayar* todas las tardes sus diálogos de la obra de teatro.** *Sin.* practicar

LENGUAJE ACADÉMICO

entonación La *entonación* es subir y bajar la voz de manera natural cuando lees en voz alta.

entrevista Una *entrevista* es una conversación en la cual una persona hace preguntas y la otra responde.

erupcionan [e·rup·cio·nan] *v.* **erupcionar** Algo que erupciona arroja violentamente lo que contiene. **Los volcanes *erupcionan* lava.**

Origen de las palabras

erupcionar La palabra *erupcionar* proviene del latín *eruptio-onis* o *erumpo-ere* que significa "reventar, arrojar, sacar".

escasea [es·ca·sea] *v.* **escasear** Algo que escasea es algo que no existe abundantemente. **El agua *escasea* en épocas de poca lluvia.** *Sin.* falta

espiral [es·pi·ral] *s.* algo que tiene forma de espiral tiene forma curva y da vueltas y más vueltas sobre sí mismo. **El resorte tiene forma de *espiral* y se utiliza para muchas cosas.** *Sin.* caracol

Origen de las palabras

espiral La palabra *espiral* proviene del griego *spirax* que significa "caracol". El latín la adoptó como *spiralis* y de allí llegó a nuestra lengua con el mismo significado: "encorvarse, doblarse, torcerse, dar vueltas sobre sí mismo".

estupendo [es·tu·pen·do] *adj.* Si algo te parece estupendo es porque lo consideras muy bueno y maravilloso. **El espectáculo de juegos pirotécnicos fue un evento *estupendo* para la ciudad.** *Sin.* admirable, maravilloso

estupendo

evidencia [e·vi·den·cia] *s.* Una evidencia es la prueba de que algo ha ocurrido. **Las huellas fueron una clara *evidencia* de que un venado había merodeado por el patio.** *Sin.* prueba

exclamó [ex·cla·mó] *v.* **exclamar** Cuando exclamas, dices algo con gran entusiasmo. **—¡No puedo creer que hayamos ganado! —*exclamó* Elizabeth al terminar el partido.**

expandan [ex·pan·dan] *v.* **expandir** Cuando las cosas se expanden, se hacen más grandes. **El calor y el aire hacen que los globos se *expandan*.** *Sin.* dilaten, agranden

expandan

LENGUAJE ACADÉMICO

expresión Leer en voz alta con *expresión* significa usar la voz de manera que describa apropiadamente las acciones del cuento y los sentimientos de los personajes.

LENGUAJE ACADÉMICO

fábula Una *fábula* es un cuento corto que enseña una lección sobre la vida. La fábula suele incluir animales que se comportan como personas.

fácil [fá·cil] *adj.* Si algo es fácil es porque no tiene mucha dificultad para hacerse. **Arreglar mi cuarto fue más *fácil* de lo que pensaba.** *Sin.* sencillo, simple

LENGUAJE ACADÉMICO

fantasía La *fantasía* es un cuento cuya trama no podría ocurrir en la vida real.

ficción histórica La *ficción histórica* es un relato inventado que se desarrolla en una época del pasado, con personas, lugares y sucesos que sí existieron o pudieron haber existido.

ficción realista La *ficción realista* es un cuento que podría suceder en la vida real.

flota [flo·ta] *v.* **flotar** Algo o alguien que flota está suspendido sobre el agua o el aire y se mueve sin dirección. **Maura ve que el bote *flota* a la deriva y pide ayuda.**

LENGUAJE ACADÉMICO

frasear *Frasear* es agrupar las palabras en partes pequeñas o frases cuando lees en voz alta.

funcional [fun·cio·nal] *adj.* Algo que sirve para cierto objetivo es funcional. **La calculadora que recibí como regalo de cumpleaños es muy moderna y *funcional*.** *Sin.* útil, práctica

G

genera [ge·ne·ra] *v.* **generar** Generar algo es producirlo. **Compramos una máquina que *genera* electricidad.** *Sin.* produce

> **LENGUAJE ACADÉMICO**
> **género** El *género* en literatura es un estilo de escritura, como el género de ficción o el de no ficción.

gesto [ges·to] *s.* Un gesto es una señal o actitud con la que intentas comunicarle algo a alguien. **Con un *gesto* le pedí a Julio que se acercara.** *Sin.* ademán

gira [gi·ra] *v.* **girar** Algo que gira, da vueltas alrededor de sí mismo, como un disco. **La Tierra *gira* sobre su propio eje y da una vuelta completa cada 24 horas.** *Sin.* rota, rueda

granulosa [gra·nu·lo·sa] *adj.* Algo que es granuloso, no es suave al tacto porque tiene esparcidas muchas piezas duras y diminutas. **La mezcla quedó muy *granulosa* después de que mezclamos la pintura con arena.**

H

habitantes [ha·bi·tan·tes] *s.* **habitante** Las personas y los animales que viven en un lugar determinado son los habitantes de ese sitio. **Los únicos *habitantes* de la pecera eran dos diminutos peces dorados.**

hebras [he·bras] *s.* **hebra** Las hebras son piezas largas y delgadas de alguna cosa. **Las *hebras* de una telaraña son muy difíciles de ver. *Sin.* hilos**

heredará [he·re·da·rá] *v.* **heredar** Cuando heredas algo, recibes una posesión que pertenecía a otra persona. **Lucía *heredará* la bicicleta de su hermana cuando ésta crezca y no pueda usarla más.**

heroico [he·roi·co] *adj.* Hacer un acto heroico es hacer algo muy arriesgado por el bien de los demás, y por consiguiente, comportarse como un héroe. **El alcalde felicitó a los bomberos por su *heroico* comportamiento.** *Sin.* valeroso, valiente

honesto [ho·nes·to] *adj.* Alguien que es honesto es bueno y justo. **A Bruno siempre le va bien en su negocio porque es muy *honesto* con sus clientes.** *Sin.* honrado

I

involucrar [in·vo·lu·crar] *v.* Cuando te involucras en alguna cosa, participas en ella. **El maestro dijo que era muy importante *involucrar* a todos los estudiantes en los problemas de la escuela.** *Sin.* comprometer

jactó [jac·tó] *v.* **jactarse** Cuando alguien se jacta de algo, se está alabando a sí mismo frente a otras personas. **Abel se *jactó* de lo rápido que corría.** *Sin.* vanaglorió

> **LENGUAJE ACADÉMICO**
> **libro de texto** Un *libro de texto* es un libro que se usa en las escuelas para enseñar una materia.

mencionó [men·cio·nó] *v.* **mencionar** Cuando mencionas una cosa, hablas brevemente de ella. **El director *mencionó* que debíamos llevar paraguas en nuestra visita al zoológico.** *Sin.* comentó

LENGUAJE ACADÉMICO

mito Un *mito* es una leyenda que muestra lo que un grupo de personas creía en el pasado acerca de cómo se originó alguna cosa en particular.

molestia [mo·les·tia] *s.* Algo o alguien que te enfada puede ser una molestia para ti. **El ladrido del perro del vecino es una *molestia* durante la noche.** *Sin.* engorro, fastidio

LENGUAJE ACADÉMICO

narrativa informativa La *narrativa informativa* presenta información por medio de un cuento.

nerviosa [ner·vio·sa] *adj.* Cuando una persona está nerviosa, tiene miedo o le aflige el resultado de alguna cosa. **Silvia se pone muy *nerviosa* cuando tiene que leer en voz alta.** *Sin.* preocupada, ansiosa

nocturnas [noc·tur·nas] *adj.* **nocturna** Lo que es nocturno ocurre de noche. **Los murciélagos buscan su alimento en largas jornadas *nocturnas.***

Origen de las palabras

nocturna La palabra *nocturna* proviene de la palabra latina *nocturnus* que significa "perteneciente a la noche".

obligatorios [o·bli·ga·to·rios] *adj.* **obligatorio** Algo que es obligatorio debe cumplirse sin excusas de por medio. **Los exámenes de fin de curso son *obligatorios.*** *Sin.* mandatorios, inexcusables

LENGUAJE ACADÉMICO

obra de teatro Una *obra de teatro* es un relato escrito de modo tal que pueda representarse ante un público.

permanentemente [per·ma·nen·te·men·te] *adv.* Si algo se queda sin cambiar para siempre, se quedará de esa forma permanentemente. **La estatua fue colocada *permanentemente* en la plaza y nadie podrá moverla de allí.** *Sin.* perpetuamente

pintoresca [pin·to·res·ca] *adj.* Algo que es pintoresco es digno de ser pintado. **La aldea, con sus flores multicolores y sus casas de rojos tejados, es muy *pintoresca.*** *Sin.* encantadora

LENGUAJE ACADÉMICO

poesía La *poesía* usa ritmo e imaginación para expresar ideas y sentimientos.

precisión Cuando lees con *precisión,* lo haces sin cometer ningún error.

preciso [pre·ci·so] *adj.* Si haces algo de modo preciso, haces cuidadosa y completamente esa tarea. **Federico fue muy *preciso* al limpiar su cuarto.** *Sin.* cabal

presas [pre·sas] *s.* Una presa es un animal que caza otro animal para alimentar se. **Las cebras recién nacidas son *presas* fáciles para los leones hambrientos.**

LENGUAJE ACADÉMICO

propaganda Una *propaganda* es un mensaje que se escribe con la intención de vender un producto específico.

puntuación Para leer correctamente un texto, te será muy útil poner atención a la *puntuación*, como la coma y el punto.

Q

quebradizo [que·bra·di·zo] *adj.* Algo que es quebradizo puede quebrarse por ser muy frágil. **Un vaso puede romperse porque el vidrio es *quebradizo*.** *Sin.* rompible

R

recoge [re·co·ge] *v.* **recoger** Cuando recoges una cosa, la levantas porque se ha caído. **Jorge *recoge* todos sus lápices del piso.** **2.** *v.* Cuando recoges dinero, lo juntas y lo guardas con algún objetivo. **Luisa *recoge* dinero entre los estudiantes para celebrar los cumpleaños del mes de enero.** *Sin.* reúne

recuerdo [re·cuer·do] *s.* Un recuerdo es algo de lo que te acuerdas. **El *recuerdo* favorito de Lilia es el día que su papá le regaló un cachorrito.** *Sin.* memoria, remembranza

refleja [re·fle·ja] *v.* **reflejar** Cuando algo refleja la luz, su superficie hace rebotar la luz en lugar de dejarla pasar a través de su masa. **El espejo *refleja* cualquier imagen que se ponga frente a él.** **2.** *v.* Cuando una persona o situación refleja algo, manifiesta lo que hay en su interior. **Con su gran sonrisa, Guillermo *refleja* la alegría que le da jugar básquetbol.** *Sin.* expresa, manifiesta

refleja

refugio [re·fu·gio] *s.* Un refugio te protege y te mantiene seguro. **La sombra de los árboles es un *refugio* ideal contra los rayos del sol.**

regañándolos [re·ga·ñán·do·los] *v.* **regañar** Cuando alguien reprende a otra persona de manera muy molesta por algo que no hizo bien, lo está regañando. **Los niños rompieron un florero y su mamá estuvo *regañándolos* toda la tarde.** *Sin.* sermoneándolos, reprendiéndolos

requieren [re·quie·ren] *v.* **requerir** Todo lo que se requiere se necesita. **Los entrenadores *requieren* que sus jugadores acudan a todas las prácticas.** *Sin.* necesitan

responsabilidad [res·pon·sa·bi·li·dad] *s.* Una responsabilidad es un deber que se espera que tú cumplas. **Es *responsabilidad* de Gregorio recoger las raquetas después de cada partido de tenis.** *Sin.* deber

revolotea [re·vo·lo·te·a] *v.* **revolotear** Cuando algo se mueve en el aire ligera y rápidamente, es porque está revoloteando. **Me fascina ver cómo la gaviota *revolotea* sobre las olas del mar.**

ridícula [ri·dí·cu·la] *adj.* Algo que es muy torpe es ridículo. **Fue tan *ridícula* la broma que quiso gastarme Sofía, que ni siquiera pude reírme.** *Sin.* tonta, torpe

LENGUAJE ACADÉMICO

ritmo Leer a un *ritmo* adecuado significa leer a la velocidad correcta.

ritmo de lectura Tu *ritmo de lectura* es la velocidad máxima en que puedes leer un texto sin equivocarte, pero siendo capaz de comprender lo que lees.

S

salpicado [sal·pi·ca·do] *v.* **salpicar** Algo que está salpicado tiene muchas piezas diminutas o gotas de un material o líquido que se ha esparcido sobre él. **El piso azul estaba *salpicado* de manchas amarillas.**

salvaguardarnos [sal·va·guar·dar·nos] *v.* **salvaguardar** Si proteges o cuidas algo, lo estás salvaguardando. **Cuando empezó la tormenta, corrimos al cobertizo para *salvaguardarnos* del agua.** *Sin.* protegernos, guarecernos

sedentaria [se·den·ta·ria] *adj.* Quien realiza una actividad sedentaria, está sentado la mayor parte del tiempo. **La gallina se ha vuelto muy *sedentaria* desde que empolla sus huevos.**

LENGUAJE ACADÉMICO

sílaba Una *sílaba* es la parte más pequeña de una palabra y contiene el sonido de una o más vocales o una o más consonantes.

social [so·cial] *adj.* Un animal social es el que vive en un grupo con otros animales de su misma especie. **El chimpancé es un animal tan *social* que comparte con otros chimpancés el cuidado de sus crías.**

sugirió [su·gi·rió] *v.* **sugerir** Si alguien te sugiere algo es porque te da un consejo o una idea. **Minerva *sugirió* que hiciéramos la tarea antes de cenar.** *Sin.* propuso

superficie [su·per·fi·cie] *s.* La superficie de una cosa es la parte de arriba de esa cosa. **Los delfines deben salir a la *superficie* del agua para respirar.**

Origen de las palabras

superficie La palabra *superficie* proviene del latín. El prefijo *super–* significa "sobre" y *ficie* quiere decir "faz" o "cara". Y como la cara es lo que vemos al frente y arriba de algo, entonces la *superficie* es la parte sobresaliente de alguna cosa.

temblar [tem·blar] *v.* Cuando algo tiembla, se mueve lentamente hacia los lados. **La brisa hacía *temblar* suavemente las ramas del árbol.** *Sin.* mecer

tenue [te·nue] *adj.* Lo que es tenue no tiene mucha luz para verlo con claridad. **La luz *tenue* del cuarto hizo imposible que Victoria leyera el libro.** *Sin.* leve, débil

tierno [tier·no] *adj.* Cuando algo, como un alimento, está tierno es porque está fresco y es fácil de cortar o masticar. **El cordero estaba *tierno* y jugoso.** *Sin.* blando **2.** *adj.* Cuando alguien es tierno, es muy cariñoso. **Mi hermanito es muy *tierno* con mi mamá.** *Sin.* afectuoso, amoroso

vanidoso [va·ni·do·so] *adj.* Si eres vanidoso es porque tienes una idea exagerada de ti mismo y te crees mejor que los demás. **El joven era tan *vanidoso* que pasaba toda la tarde viéndose en el espejo.** *Sin.* arrogante

veloces [ve·lo·ces] *adj.* **veloz** Algo que es veloz se mueve muy rápido. **Los corredores más *veloces* llegaron primero a la meta.** *Sin.* rápidos

versiones [ver·sio·nes] *s.* **versión** Si un cuento tiene varias versiones, quiere decir que ese cuento ha sido escrito de muchas maneras. **Joaquín se preguntó cuál de las *versiones* de su cuento era la mejor.**

Origen de las palabras

versión La palabra *versión* proviene del latín *versionem*, que significa "dar un giro, hacer un cambio". Así, pues, cuando oyes la nueva versión de un cuento, significa que ese cuento está narrado de manera distinta y tiene algunas variantes.

vuelo [vue·lo] *s.* Un vuelo es el recorrido que hace en el aire un animal o cualquier artefacto volador, como un cometa o avión. **El águila emprendió el *vuelo* por encima de las montañas.**

vuelo

Índice de títulos y autores

Los números de página en color verde se refieren a información biográfica.

Acknowledgments

For permission to translate/reprint copyrighted material, grateful acknowledgment is made to the following sources:

Bayard Presse Canada Inc.: From "Bottlenose Dolphins" in *chickaDEE* Magazine, April 1999.

Candlewick Press, Inc., Cambridge, MA: From "The Science Fair" in *Beany and the Meany* by Susan Wojciechowski, illustrated by Susanna Natti. Text copyright © 2005 by Susan Wojciechowski; illustrations copyright © 2005 by Susanna Natti.

Candlewick Press, Inc, Cambridge, MA, on behalf of Walker Books Ltd., London: From *Bat Loves the Night* by Nicola Davies, illustrated by Sarah Fox Davies. Text copyright © 2001 by Nicola Davies; illustrations copyright © 2001 by Sarah Fox Davies.

Chelsea House Publishers: From "The life cycle of moths and butterflies" (Retitled: "Caterpillars Spin Webs Too!") in *Insects and Spiders: Moths and butterflies* by Shane F. McEvey, for the Australian Museum. Text copyright © 2001 by the Australian Museum Trust.

Dell Publishing, a division of Random House, Inc.: Mediopollito/Half-Chicken by Alma Flor Ada, illustrated by Kim Howard. Text copyright © 1995 by Alma Flor Ada; illustrations copyright © 1995 by Kim Howard.

Dial Books for Young Readers, a Division of Penguin Young Readers Group, A Member of Penguin Group (USA) Inc., 345 Hudson St., New York, NY 10014: From *Me and Uncle Romie: A Story Inspired by the Life and Art of Romare Bearden* by Claire Hartfield, illustrated by Jerome Lagarrigue. Text copyright © 2002 by Claire Hartfield; illustrations copyright © 2002 by Jerome Lagarrigue.

Sheldon Fogelman Agency, Inc.: Illustrations by Jose Aruego and Ariane Dewey from "Diary of a Very Short Winter Day" in *Antarctic Antics* by Judy Sierra. Illustrations copyright © 1998 by Jose Aruego and Ariane Dewey.

Carolyn Han: "The Cracked Chinese Jug" by Carolyn Han. Text © 2003 by Carolyn Han.

Harcourt, Inc.: Untitled poem (Titled: "For You") from *Oddhopper Opera: A Bug's Garden of Verses* by Kurt Cyrus. Copyright © 2001 by Kurt Cyrus. "Diary of a Very Short Winter Day" from *Antarctic Antics: A Book of Penguin Poems* by Judy Sierra. Text copyright © 1998 by Judy Sierra

HarperCollins Publishers: From *empieza el curso* by Beverly Cleary, translated by Gabriela Bustelo, cover illustration by Alan Tiegreen. Text and cover illustration copyright © 1981 by Beverly Cleary; Spanish translation copyright © 1997 by HarperCollins Publishers. "I Sailed on Half a Ship" from *a Pizza the size of the Sun* by Jack Prelutsky. Text copyright © 1994, 1996 by Jack Prelutsky. From *La telaraña de Carlota* by E. B. White, translated by Guillermo Solana Alonso, revised translation by Omar Amador, illustrated by Garth Williams. Copyright 1952 by E. B. White; text copyright © renewed 1980 by E. B. White; translation © 1986 by Editorial Noguer, S.A; revised translation © 2005 by HarperCollins Publishers; illustrations copyright © renewed 1980 by Estate of Garth Williams.

Holiday House, Inc.: Adapted from *The Planets* by Gail Gibbons. Copyright © 1993, 2005 by Gail Gibbons.

Henry Holt and Company, LLC: Antarctic Ice by Jim Mastro and Norbert Wu, photographs by Norbert Wu. Text copyright © 2003 by Jim Mastro and Norbert Wu; photographs copyright © 2003 by Norbert Wu.

Houghton Mifflin Company: From *Chestnut Cove* by Tim Egan. Copyright © 1995 by Tim Egan. "Energy" from *The Kingfisher Young World Encyclopedia.* Text copyright © 1994 by Larousse plc.

Lee & Low Books Inc., New York 10016: "En el regazo de abuelita" from *Confeti: poemas para niños* by Pat Mora, translated by Queta Fernández and Pat Mora, cover illustration by Enrique O. Sanchez. Text copyright © 1996 by Pat Mora; translation copyright © 2006 by Lee & Low Books, Inc.; cover illustration copyright © 1996 by Enrique O. Sanchez.

Lerner Publications Company: From *Mayors* by Shannon Knudsen, photographs by Stephen G. Donaldson. Text copyright © 2006 by Lerner Publications Company; photographs copyright © 2006 by Stephen G. Donaldson.

McIntosh & Otis, Inc., on behalf on Ed Young: Lon Po Po: A Red-Riding Hood Story from China, translated and illustrated by Ed Young, cover calligraphy by John Stevens. Copyright © 1989 by Ed Young; cover calligraphy copyright © 1989 by John Stevens. Published by Philomel Books.

National Geographic Society: From *Spiders and Their Webs* by Darlyne A. Murawski, illustrated by Mark Burrier. Copyright © 2004 by Darlyne A. Murawski.

Christine Joy Pratt: Illustrations by Christine Joy Pratt from "The Cracked Chinese Jug" by Carolyn Han in *Spider* Magazine, July 2003. Illustrations copyright © 2003 by Christine Joy Pratt.

Lois Simmie: From "Jeremy's House" in *Auntie's Knitting a Baby* by Lois Simmie. Text copyright © 1984 by Lois Simmie.

Photo Credits

Placement Key: (t) top; (b) bottom; (l) left; (r) right; (c) center; (bg) background; (fg) foreground; (i) inset

16 (b) PhotoDisc; 17 (cr) PhotoDisc; 37 (br) Tom Sobolik/Black Star; 42 Rick Orrell/shutterstock; 48 (bl) James L. Amos/Corbis; 51 (cr) NORBERT WU/Minden Pictures; 72 (br) David Toerge/Black Star; 73 (bl) Henry Feather/Black Star; 85 (cr) Morgan and Marvin Smith/Monica Smith (copyright holder) and Photographs and Prints Division, Schomburg center for Research in Black Culture, the New York Public Library, Astor, Lenox, and Tilden Foundations; 86 (bl) Art Resource; 87 (tr) Art Resource; (cr) Chester Higgins, Jr.; 108 (bl) Larry Evans/Black Star; 109 (br) Courtesy Jerome LaGarrigue; 110 (cr) Mike Maloney/Black Star; 111 (tr) © Martin Heitner/SuperStock; 112 (t) Telescope; 115 (bl) Royalty-Free/Corbis; 116 (t) Jason Cheever; RF/Shutterstock; 117 (tr) Ingram; 119 (tr) ©BAUMANN, PETER/Animals Animals/Earth Scenes All rights reserved; 137 (br) Kirsten Shultz; 140 (t) Chow Shue Ma; RF/Shutterstock; 141 (tr) Photodisc Green/Getty Images; 156 © 2007 Artists Rights Society, NY/Erich Lessing/Art Resource, NY; 158 Raldi Somers; RF/Shutterstock; 160 (bl) John Parker/Getty Images; 161 (tr) Corbis; 162 (bl) Getty; 163 (tr) Corbis; 165-182 Norbert Wu norbertwu.com; 184 (bc) Michael J. Maloney/Black Star; 185 ©2006 Peter Brueggeman, www.norbertwu.com; 196 (bl) David A. Northcott/Corbis; 197 (tr) David A. Northcott/Corbis; 198 (bc) Edgar T. Jones/Bruce Coleman USA; 199 (tr) J.S. Dunning/Bruce Coleman USA; 216 (tr) Michael St Maur Sheil/Black Star; 221 (tr) Getty Images RF; 249 (br) Kieth Skelton/Black Star; 253 (tr) foodfolio/Alamy Images; 255 (br) Larry Williams/Corbis; 256 (cr) Getty; 257 (cr) Dorling Kindersley/Getty; 273 (tr) Alan McEwen; 274 © Grace/zefa/Corbis; 275 (c) Mitchell Layton/Duomo/CORBIS; 276 (t) PhotoCreate; RF/Shutterstock; 292 SuperStock Rights Managed; 295 (bl) Digital Stock, Corbis Corporation; 296 (bl) Amy Ford/Shutterstock; 297 (cr) OSF/MANTIS W.F./Animals Animals—Earth Scenes; 298 (br) Ingram; 298 (t) Rustam Burganov; RF/Shutterstock; 299 (tr) Bogdan Postelnicu/Shutterstock; 312 (br) Louis Fabian Bachrach; 314 Marco Regalia; RF/Shutterstock; 315 (tr) Creativ Studio Heinem/age fotostock; 315 (br) Svetlana Larina/Shutterstock; 317 (tr) PhotoDisc; 324 (bl) Digital Vision; 326 (t) Mike Brake/Shutterstock; 326 (bl) LESZCZYNSKI, ZIGMUND/Animals Animals—Earth Scenes; 345 (br) Mike Maloney/Black Star; 354 (bl) PhotoDisc, Inc.; 355 (tr) StockFood Creative; 374 (bl) © Royalty-Free/Corbis; 375 (bl) David Michael Zimmerman/Corbis; 377 (tr) PhotoDisc; 379 (bl) StockTrek; 381 (cr) NASA; 382 (bl) The Yohkoh Soft X-ray Telescope was a collaborative project of the Lockheed Palo Alto Research Laboratory, the National Astronomical Observatory of Japan, and the University of Tokyo, supported by NASA and ISAS.; 383 (tr) National Geographic; 405 (br) Mike Maloney/Black Star; 409 (tr) StockTrek; 413 Sebastian Kaulitzki/shutterstock; 420 (bl) © Brand X/Imagestate; 420 Geoffrey Clements/Corbis; 423 (tr) Associated Press, NASA.

All other photos © Harcourt School Publishers. Harcourt photos provided by Harcourt Index, Harcourt IPR, and Harcourt Photographers: Weronica Ankarorn, Eric Camden, Doug DuKane, Ken Kinsie, April Riehm and Steve Williams.

Illustration Credits

Cover Art; Laura and Eric Ovresat, Artlab, Inc.